新东方
XDF.CN

CW01636807

乱序便携版

雅思词汇

词根+联想记忆法

俞敏洪 · 编著

浙江教育出版社 · 杭州

图书在版编目(CIP)数据

雅思词汇词根＋联想记忆法：乱序便携版 / 俞敏洪编著. —杭州：浙江教育出版社，2011（2016.3 重印）

ISBN 978-7-5338-9054-4

Ⅰ. ①雅…　Ⅱ. ①俞…　Ⅲ. ①IELTS—词汇—自学参考资料　Ⅳ. ①H313

中国版本图书馆 CIP 数据核字(2011)第 092116 号

雅思词汇词根＋联想记忆法：乱序便携版

出版发行	浙江教育出版社 （杭州市天目山路 40 号　　邮编：310013）
编　　著	俞敏洪
责任编辑	屠凌云
责任校对	吕涵智
责任印务	温劲风
封面设计	大愚设计
印　　刷	北京慧美印刷有限公司
开　　本	787mm×1092mm　1/32
印　　张	12.5
字　　数	292 000
版　　次	2011 年 6 月第 1 版
印　　次	2016 年 3 月第 11 次印刷
标准书号	ISBN 978-7-5338-9054-4
定　　价	22.00 元
联系电话	0571－85170300－80928
电子邮箱	bj62605588@163.com
网　　址	www.zjeph.com

前言

Foreword

词汇的积累需要平时点滴的努力，同时一本好的词汇书也是必备的。《雅思词汇词根＋联想记忆法：乱序版》(以下简称“雅思乱序版”）出版后，因其词汇量大、记忆方法实用有趣、乱序编排等特点而广受考生欢迎，被亲切地称为“雅思绿宝书”。但也有很多考生提到，这本书太厚，开本大，不便于携带，使得随时随地学习单词的想法难以实现。因此，我们特地推出“雅思乱序版”的姊妹篇《雅思词汇词根＋联想记忆法：乱序便携版》(以下简称“雅思乱序便携版”)，希望能为考生的学习提供更多的便利。

本书的主要特色如下：

“雅思乱序版”瘦身，随时随地记忆单词

“雅思乱序便携版”保留了“雅思乱序版”中收录的所有词汇，沿袭了其实用的“词根＋联想”记忆法，保留了常用搭配、部分同/反义词和派生词。因此，本书是“雅思乱序版”的浓缩精华版，以口袋书的形式帮助考生充分利用零散时间进行复习，提高备考效率。

收词全面，涵盖考试重点词汇

本书以历次雅思考试为依据，精心选取约4500个核心单词，并给出一些重点词汇的同/反义词和派生词，共收录约6000个常用单词，基本涵盖雅思考试所有重点词汇。

“词根 + 联想”，记忆障碍一扫而光

如果缺少科学的记忆方法，记忆单词会是个枯燥乏味的过程。实践证明，“词根 + 联想”记忆法能够在最大程度上提升单词记忆的趣味性和考生背单词的成就感。

词根记忆法通过归纳常用词根，使考生可以举一反三，短时间内记忆海量单词。

联想记忆法主要利用单词的拆分、形近词、同音词、情景联想等有趣的方式，激发考生的想象力，帮助考生强化记忆。

发音记忆法则利用英文单词与中文的谐音，帮助考生巧妙记忆单词。

“词根 + 联想”记忆法把考生从记忆单词的枯燥劳役中解放出来，有助于考生克服背诵单词的畏惧心理，提高词汇学习效率。

标记听说词汇，攻克听说难关

对大部分中国考生而言，雅思听力、口语是最大的障碍。因此，本书将雅思听力、口语中常见的单词和词组用*标出，便于考生在备考听说时更加有的放矢。

作为“雅思乱序版”的姊妹篇，本书保留了其精华，考生可以在认真学习“雅思乱序版”的基础上，将本书作为有效补充。在复习的初级阶段通过本书“过单词”，熟悉雅思考试中的常考词汇；待具备一定的词汇量后利用“雅思乱序版”进一步全面巩固学习，通过例句深化理解与记忆，熟悉真实考试的难度，同时通过其丰富的派生词、同/反义词等，全面拓展词汇量；在冲刺阶段再利用本书快速巩固单词。

广大考生长期的支持和宝贵的建议促成了本书的完成，同时要特别感谢世纪友好的编辑们，是他们的努力工作使得本书能够及时与大家见面。衷心希望本书能够帮助考生们克服词汇难关，最终收获精彩！

新东方教育科技集团董事长兼总裁

目录
Contents

Word List 1

emperor [ˈempərə(r)] *n.* 皇帝；君主

exact* [ɪɡˈzækt] *a.* 精确的；准确的

[记] 词根记忆：ex(出) + act(做) → 做出精确的结果 → 精确的；准确的

[派] exactly(*ad.* 正确地；完全地)

traditional* [trəˈdɪʃənl] *a.* 传统的，惯例的；口传的，传说的

[搭] traditional views 传统观点；traditional belief 传统信条；traditional industry 传统工业；traditional methods 传统方法

lack* [læk] *n./vt.* 缺乏，不足，没有

[搭] lack of 缺乏，没有；lack (for) nothing 什么都不缺

pardon* [ˈpɑːdn] *excl.* (用于请求别人重复某事)什么，请再说一遍 *n./vt.* 原谅，宽恕；赦免

regent [ˈriːdʒənt] *n.* 摄政者(代国王统治者)

[记] 词根记忆：reg(统治) + ent(表人) → 统治者 → 摄政者

burgeon* [ˈbɜːdʒən] *vi.* 迅速成长；发展

[记] 词根记忆：burg(=bud 花蕾) + eon → 像花蕾一样成长 → 迅速成长

argue* [ˈɑːɡjuː] *v.* 争论；说服

[记] 发音记忆："阿 Q" → 阿 Q 喜欢和人争论 → 争论

[搭] argue sb. into/out of doing sth. 说服某人做/不做某事；argue for 赞成；要求；argue about 议论…；argue over 辩论/争论…

[派] arguably(*ad.* 可论证地，可辩解地)

barely* [ˈbeəli] *ad.* 仅仅，几乎不；赤裸裸地，无遮蔽地

methane* [ˈmiːθeɪn] *n.* 甲烷，沼气

hierarchy [ˈhaɪərɑːki] *n.* 领导层；层次，等级

[记] 词根记忆：hier(神圣) + arch(统治) + y(名词后缀) → 统治 → 领导层

guidance* [ˈgaɪdns] *n.* 指引，指导

[搭] guidance system 向导系统；moral guidance 精神指导

easy-going* [ˈiːziˌgəʊɪŋ] *a.* 脾气随和的，心平气和的；随便的

electrical* [ɪˈlektrɪkl] *a.* 电的，电学的，有关电的

[搭] an electrical fault 电故障

electronic* [ɪˌlekˈtrɒnɪk] *a.* 电子的

[记] 来自 electric(*a.* 电的)

roll film 胶卷

philosophy [fəˈlɒsəfɪ] *n.* 哲学；哲理

[记] 词根记忆：philo(爱) + soph(聪明，智慧) + y(名词后缀) → 爱智慧的学问 → 哲学；哲理

[派] philosopher(*n.* 哲学家，哲人)

chronic [ˈkrɒnɪk] *a.* (疾病)慢性的；积习难改的

[记] 词根记忆：chron(时间) + ic(形容词后缀) → 长时间的 → (疾病)慢性的

[搭] a chronic smoker 积习难改的烟民；a chronic disease 慢性疾病

[同] inveterate(*a.* 根深蒂固的，成癖的)

desirable [dɪˈzaɪərəbl] *a.* 值得拥有的；合意的；可取的，有利的

[记] 来自 desire(*v.* 渴望)

consortium* [kənˈsɔːtɪəm] *n.* 集团；财团；社团，协会

[记] 联想记忆：consort(陪伴，结交) + ium → 结交组成团体 → 社团，协会

buckle [ˈbʌkl] *n.* 皮带扣环 *v.* 扣紧；(使)变形；弯曲

[记] 联想记忆：扣紧(buckle)雄鹿(buck)，拿来煮肉

curry [ˈkʌri] *n.* 咖喱，咖喱饭菜 *vt.* 把(肉、蔬菜等)做成咖喱食品；梳刷(马毛等)

[搭] curry powder 咖喱粉

subliminal [ˌsʌbˈlɪmɪnl] *a.* 下意识的，潜意识的

[记] 联想记忆：sub（下面）+ limin（=limen 最小限度的神经刺激）+ al (形容词后缀) → 下意识的，潜意识的

[派] subliminally（*ad.* 下意识地，潜意识地）

chamber* [ˈtʃeɪmbə(r)] *n.* 室；洞穴；(枪)膛

frequent* [ˈfriːkwənt] *a.* 频繁的，常见的，常用的

[记] 词根记忆：frequ（频繁，频率）+ ent（形容词后缀）→ 频繁的，常见的

prosperous* [ˈprɒspərəs] *a.* 繁荣的，兴旺的；成功的

[搭] a prosperous city 繁华都市

purpose* [ˈpɜːpəs] *n.* 目的，意图；用途，效果 *v.* 打算，企图，决心

[搭] on purpose 故意，有意；with the purpose of 为了；statement of purpose 目的陈述

variety* [vəˈraɪəti] *n.* 品种，种类；变化，多样化

[记] 词根记忆：var（改变，变化）+ iety → 变化

[搭] a variety of 许多，各种各样

immigration* [ˌɪmɪˈgreɪʃn] *n.* 外来的移民；移居

[记] 词根记忆：im（向内）+ migr（迁移）+ ation → 向内迁移 → 移居

[搭] immigration law 移民法；immigration controls 移民管制；immigration application 移民申请

natural* [ˈnætʃrəl] *a.* 正常的，普通的，自然的；自然界的，天然的；天赋的，固有的

[搭] natural disaster 自然灾害；natural scenery 自然景观

bet* [bet] *v.* 赌，打赌 *n.* 打赌，赌注

[搭] bet on 打赌；赌博；bet with sb. 和某人打赌

consumer [kənˈsjuːmə(r)] *n.* 消费者；用户

[派] consumerism（*n.* 消费主义）

physician [fɪˈzɪʃn] *n.* 内科医生，医师

[记] 词根记忆：physic（医学）+ian（表人）→ 医师

equal [ˈiːkwəl] *a.* 相等的 *vt.* 比得上
[派] equality(*n.* 同等，平等); equally(*ad.* 平等地，相等地)

resort* [rɪˈzɔːt] *n.* 求助，诉诸；胜地 *vi.* 求助，诉诸
[记] 联想记忆：报告(report)上级，紧急求助(resort)

leadership* [ˈliːdəʃɪp] *n.* 领导，领导层；领导能力
[记] 联想记忆：leader(领导者) + ship(表身份) → 领导，领导层

equity* [ˈekwəti] *n.* 公平，公正
[记] 词根记忆：equ(相等) + ity → 等价交换→公平，公正

excavate* [ˈekskəveɪt] *vt.* 挖掘，开凿
[记] 词根记忆：ex(出)+ cav(洞) + ate(动词后缀) → 挖出洞 → 挖掘，开凿

nuclear* [ˈnjuːklɪə(r)] *a.* 核能的，原子能的
[记] 联想记忆：nu + clear(清除) → 清除核危机 → 核能的

mutual [ˈmjuːtʃuəl] *a.* 相互的；共同的
[记] 词根记忆：mut(变) + ual(形容词后缀) → 穷则思变，共同发展 → 相互的；共同的
[搭] mutual understanding 相互理解

hectare* [ˈhekteə(r)] *n.* 公顷
[记] 联想记忆：hect(=hecto 一百) + are(公亩) → 一百公亩 → 公顷

density [ˈdensəti] *n.* 密集；浓度，密度
[搭] population density 人口密度

massive [ˈmæsɪv] *a.* 大而重的，厚实的，粗大的；大量的，大规模的

congratulate [kənˈɡrætʃuleɪt] *vt.* 祝贺
[记] 词根记忆：con(共同) + grat(喜好) + ulate → 同喜同贺 → 祝贺

companion [kəmˈpænɪən] *n.* 共事者；同伴
[记] 词根记忆：com(共同) + pan(面包) + ion → 共享面包的人 → 共事者；同伴

rig [rɪg] *vt.* 操纵，垄断 *n.* 船桅(或船帆等)的装置；成套器械

[记] 联想记忆：挖(dig)个洞把器械(rig)藏起来

input* [ˈɪnpʊt] *n.* 投入，输入；输入的数据 *vt.* 把…输入计算机

[记] 来自词组 put in(投入；输入)

merely* [ˈmɪəli] *ad.* 仅仅，只不过

impart [ɪmˈpɑːt] *vt.* 给予，赋予；传授；告知，透露

[搭] impart knowledge 传授知识

forfeit* [ˈfɔːfɪt] *v.* (因犯规等而)丧失，失去 *n.* 罚款；代价

[记] 联想记忆：for(因为) + feit(看做词根 fect，做) → 因为做错事，所以被处罚 → 罚款

calorie [ˈkæləri] *n.* 卡(路里)，大卡(食物的热量)

[记] 发音记忆："卡路里"

van [væn] *n.* 运货车

[记] 联想记忆：运货车(van)一般能(can)载多少货物

ventilation [ˌventɪˈleɪʃn] *n.* 空气流通；通风设备，通风方法

[记] 来自 ventilate(*vt.* 使通风)

[搭] ventilation system 通风系统

intermediate* [ˌɪntəˈmiːdiət] *a.* 中间的，中级的

[记] 词根记忆：inter(在…之间) + medi(中间) + ate(形容词后缀) → 中间的

eternal [ɪˈtɜːnl] *a.* 永恒的

[记] 联想记忆：外面(external)世界是永恒的(eternal)诱惑

[同] endless(*a.* 无止境的)；everlasting(*a.* 永恒的，持久的)；permanent(*a.* 永久的，持久的)

[反] momentary(*a.* 瞬间的，刹那的)；temporary(*a.* 暂时的)

invasion* [ɪnˈveɪʒn] *n.* 入侵，侵略

[记] 词根记忆：in(进入) + vas(走) + ion(名词后缀) → 走进来 → 入侵，侵略

nevertheless [ˌnevəðəˈles] *ad.* 仍然；然而 *conj.* 然而，不过

celebrate* [ˈselɪbreɪt] *v.* 赞扬，歌颂；庆祝

[派] celebration(*n.* 庆祝，庆典)

inspiring* [ɪnˈspaɪərɪŋ] *a.* 鼓舞人心的；启发灵感的

[记] 词根记忆：in(使…) + spir(呼吸) + ing → 使呼吸的 → 鼓舞人心的

attendance* [əˈtendəns] *n.* 到场，出席；出勤；伺候，照料

[搭] take attendance 点名；attendance record 考勤记录

[派] attend(*v.* 出席；照顾，护理)

optional* [ˈɒpʃənl] *a.* 可选择的，非强制的，随意的

[记] 来自 option(*n.* 选择；选择权)

[搭] an optional course 选修课

enable* [ɪˈneɪbl] *vt.* 使能够，使成为可能

[记] 联想记忆：en(使…) + able(能够的) → 使能够，使成为可能

[搭] enable sb. to do sth. 使某人能够做某事

departmental* [ˌdiːpɑːtˈmentl] *a.* 部门的

heal [hiːl] *v.* 治愈，康复；调停

dismantle* [dɪsˈmæntl] *vt.* 拆除；废除，取消

[记] 联想记忆：dis(去掉) + mantle(覆盖) → 拆除；废除

wage [weɪdʒ] *n.* 工资；[常 *pl.*] 报酬

landscape [ˈlændskeɪp] *n.* 风景 *vt.* 对…作景观美化，美化(自然环境等)

emotion* [ɪˈməʊʃn] *n.* 感情；情绪

[记] 词根记忆：e(出) + mot(动) + ion(名词后缀) → 心里释放出的东西 → 感情；情绪

commonwealth [ˈkɒmənwelθ] *n.* [the C-] 英联邦；联合体

[记] 组合词：common(共同的) + wealth(财富) → 共创财富 → 联合体

newsletter* [ˈnjuːzletə(r)] *n.* 时事通讯，业务通讯

[记] 组合词：news(消息，新闻) + letter(文字) → 时事通讯

periodical* [ˌpɪəriˈɒdɪkl] *n.* 期刊，杂志 *a.* 周期的，定期的
[记] 来自 period(*n.* 时期，周期)
[派] periodically(*ad.* 周期地；定期地，按时地)
[同] journal(*n.* 定期刊物)；magazine(*n.* 杂志，期刊)

receptionist* [rɪˈsepʃənɪst] *n.* 接待员

security* [sɪˈkjʊərəti] *n.* 安全，保障；抵押品；[*pl.*] 证券
[记] 来自 secure(*v.* 获得；防护，保卫)
[搭] security checks 安全检查；job securities 工作保障

clip [klɪp] *n.* (弹簧)夹子，回形针，别针；弹夹；修剪；剪报，电影(或电视)片断 *v.* (用夹子、回形针等)夹住，扣住；剪，修剪
[搭] clip on 用夹子夹上去，可夹住

apace* [əˈpeɪs] *ad.* 快速地，急速地

yield [jiːld] *n.* 产量 *v.* 出产；放弃
[搭] boost crop yield 提高作物产量

fair* [feə(r)] *a./ad.* 公平的/地
[派] unfair(*a.* 不公平的)

Happy is the man who learns from the misfortunes of others.
吸取他人教训，自己才会走运。

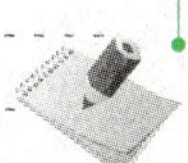

Word List 2

regional* [ˈriːdʒənl] *a.* 局部范围的；地方(性)的，区域性的；全地区的，整个地区的

[搭] regional accent 地方口音

secure* [sɪˈkjʊə(r)] *v.* 得到某物，获得；防护，保卫 *a.* 安全的；可靠的，放心的

[记] 联想记忆：se(看做 see，看) + cure(治愈) → 亲眼看到治愈，确定其是安全的 → 安全的；可靠的

[派] security(*n.* 安全，保障)；securable(*a.* 可得到的)

preserve [prɪˈzɜːv] *vt.* 保护；维持；保存，保藏；腌渍

[记] 联想记忆：pre(在前面) + serve(服务) → 在前面提供服务 → 保护；维持；保存

[搭] preserve one's eyesight 保护视力

reject [rɪˈdʒekt] *vt.* 拒绝

[ˈriːdʒekt] *n.* 被拒货品，不合格品

[记] 词根记忆：re(反) + ject(扔) → 被扔回来 → 拒绝

code [kəʊd] *n.* 密码；代码 *vt.* 把…编码

[搭] an error code 错误代码；break a code 破译密码

seek [siːk] *v.* 寻找；探索；追求

item* [ˈaɪtəm] *n.* 条款，项目；(新闻等)一则

[搭] single item 单件物品

crown* [kraʊn] *n.* 王冠；花冠；齿冠

[记] 联想记忆：crow(乌鸦) + n → 给乌鸦戴王冠 → 王冠

effort* [ˈefət] *n.* 努力，艰难的尝试；成就

[搭] make an/every effort 努力，出力，费力

point* [pɔɪnt] *n.* 尖，尖端；点，小数点；条款，细目；分

数，得分；要点，论点，观点 *v.* 指，指向；表明；瞄准

[搭] come to the point 说到要点，扼要地说；on the point of 即将…的时候；point out 指出

[派] pointed(*a.* 有尖的；明显的；犀利的)；pointer(*n.* 指针)

review* [rɪˈvjuː] *vt.* 回顾；复习；评论 *n.* 回顾；评论

[记] 联想记忆：re(重新，再)+view(看)→回顾；复习

[派] reviewer(*n.* 评论家)

fabrication* [ˌfæbrɪˈkeɪʃn] *n.* 捏造，伪造；制作；构成

[搭] metal fabrication 金属预制件

series* [ˈsɪəriːz] *n.* 一系列，连续；丛书

[记] 联想记忆：电视连续剧可用 TV serial 和 TV series 表示

[搭] a series of 一系列，一连串

variation* [ˌveəriˈeɪʃn] *n.* 变化，变动；变种，变异；变更；变奏

[记] 词根记忆：vari(改变)+ation(表状态，名词后缀)→变化，变动；变异

margin* [ˈmɑːdʒɪn] *n.* 差额，差距；页边空白；边缘；余地；幅度 *v.* 加旁注于；加边于

[记] 词根记忆：mar(是 mark 的变体，记号、符号)+in→记号常标于书页空白处→页边空白

distraction* [dɪˈstrækʃn] *n.* 分散注意力的事，使人分心的事；娱乐，消遣

complicate* [ˈkɒmplɪkeɪt] *vt.* 使变复杂

[记] 词根记忆：com(全部)+plic(重叠)+ate(使…)→使全部重叠→使变复杂

tram* [træm] *n.* 有轨电车，电车轨道 *v.* 乘电车

[搭] tram tour 有轨电车游览

maturity* [məˈtʃʊərəti] *n.* 成熟；完善，完备，准备就绪；到期(应付款)

[搭] at maturity 成熟；full maturity 完全成熟

download* [ˌdaʊnˈləʊd] *v.* 下载

refer* [rɪˈfɜː(r)] *v.* 参考，查阅，查询；提到，谈及；引用；提交，上呈

[记] 词根记忆：re(又) + fer(带来，拿来) → 参考，查阅；提到，谈及

[搭] refer to 参考，查阅；涉及，提到；refer to... as 把…称为，把…当做

interview* [ˈɪntəvjuː] *v./n.* 接见，会见；采访；面试

[记] 联想记忆：inter(相互) + view(看) → 相互观察 → 接见；面试

[搭] personal interview 私人会晤；job interview 求职面试；group interview 小组访谈；have an interview with sb. 会见某人

extent* [ɪkˈstent] *n.* 范围；面积；广度，长度；程度

[记] 词根记忆：ex(出) + tent(伸展) → 伸展出的距离 → 范围；广度

[搭] to some extent 在某种程度上

evacuate [ɪˈvækjueɪt] *v.* 疏散；撤离

[记] 词根记忆：e(出) + vacu(空的) + ate(动词后缀) → 空出去 → 疏散；撤离

[派] evacuation(*n.* 撤退，撤离)

stint [stɪnt] *n.* 定量；限额

[记] 联想记忆：定量(stint)支取染发剂(tint)

embankment* [ɪmˈbæŋkmənt] *n.* 筑堤；堤岸，路基

[记] 联想记忆：em(使…) + bank(岸) + ment → 使有堤岸 → 筑堤

squash [skwɒʃ] *n.* 软式墙网球，壁球 *v.* 压碎，挤压；挤进，塞入；镇住，镇压；制止

[记] 联想记忆：squ(看做 squeeze，挤) + ash(灰) → 挤成灰 → 挤压

federation [ˌfedəˈreɪʃn] *n.* 联邦；同盟

surge* [sɜːdʒ] *v.* (人群等)蜂拥而出；波动，涌动 *n.* (感情等的)洋溢；猛增

[记] 联想记忆：s + urge(急迫的) → 水流湍急 → 波动，涌动；洋溢

physical* [ˈfɪzɪkl] *a.* 身体的，肉体的；物理的，物理学的；物质的，有形的 *n.* 体检

[搭] physical endurance 身体的忍耐力；physical exercise 体育锻炼

justify [ˈdʒʌstɪfaɪ] *v.* 证明…为正当的；为…辩护

[记] 词根记忆：just(正确) + ify(使…) → 证明…为正当的；为…辩护

score* [skɔː(r)] *v.* 得分，记分；给(试卷等)打分，给…评分；刻痕于，画线于；获胜，成功 *n.* 得分，分数；乐谱；抓痕，划痕；二十

[记] 联想记忆：分，分(score)，考试的核心(core)

persuade* [pəˈsweɪd] *v.* 说服，劝说；使相信

[搭] persuade sb. to do sth. 劝说某人做某事；persuade sb. into/out of sth. 劝说某人做/不做某事

migration* [maɪˈgreɪʃn] *n.* 迁徙，移居，移民

[记] 来自 migrate(*v.* 迁移)

[搭] language migration 语言迁徙

overweight* [ˌəʊvəˈweɪt] *a.* 超重的，过重的 *n.* 超重，过重 *vt.* 使负担过重

[搭] overweight baggage 超重行李

cooperation* [kəʊˌɒpəˈreɪʃn] *n.* 合作，协作；配合

zoological* [ˌzəʊəˈlɒdʒɪkl] *a.* 动物学的

[记] 来自 zoology(*n.* 动物学)

stamp [stæmp] *v.* 跺(脚)，重踏；在…上盖(字样或图案等)；重步走 *n.* 邮票，印花；印，图章；标志，印记；跺脚，顿足

[搭] stamp tax 印花税；stamp collecting 集邮；commemorative stamp 纪念邮票；visa stamps 签证章

whistle [ˈwɪsl] *v.* 吹口哨 *n.* 口哨；呼啸而过

[记] 联想记忆：w + hist(嘘) + le → 嘘的一声 → 吹口哨；口哨

detective [dɪˈtektɪv] *n.* 侦探 *a.* 侦探的

occupy [ˈɒkjupaɪ] *vt.* 占用，占领；(使)忙碌于；(使)从事

[记] 联想记忆：发生(occur)了大事，敌人占领(occupy)了该市

ceremony [ˈserəmənɪ] *n.* 典礼；仪式

[记] 联想记忆：cere(蜡) + mony(看做 money，钱) → 为办典礼花钱去买蜡 → 典礼

diagnose [ˈdaɪəgnəʊz] *v.* 诊断；判断

[记] 词根记忆：dia + gno(知道) + se → 专家会诊，知道病情 → 诊断；判断

denote* [dɪˈnəʊt] *v.* 表示，指示；意味着

[记] 词根记忆：de(向下) + not(知道) + e → 深究 → 表示，指示；意味着

[同] signify(*v.* 表示，意味)；indicate(*v.* 指出，显示)；mean(*v.* 意味着)

chink* [tʃɪŋk] *n.* 裂缝，裂口；一缕光；叮当声 *v.* (使)发出叮当声

[记] 联想记忆：chin(看做 china，瓷器) + k(口) → 瓷器有缺口 → 裂口

iris* [ˈaɪərɪs] *n.* [*pl.* irises 或 irides] 虹；(眼球的)虹膜

[记] 本身为词根，意为"彩虹；虹膜"

resource* [rɪˈsɔːs] *n.* [*pl.*] 资源，财力；应付办法，谋略，应变之才

[记] 联想记忆：re(再，又) + source(源泉) → 可再用的源泉 → 资源

[搭] human resources 人力资源；productive resources 生产资料；teaching resources 教学资源；resource management 资源管理

entire* [ɪnˈtaɪə(r)] *a.* 全部的，整个的

[记] 词根记忆：en(进去) + tir(拉) + e → 拉进去，不留在外的 → 全部的，整个的

[派] entirely(*ad.* 完全地，一概地)

epitomise* [ɪˈpɪtəmaɪz] *vt.* 集中体现；概括

[记] 词根记忆：epi(在…上) + tom(切) + ise → 剪切下来放在上面 → 概括

crocodile [ˈkrɒkədaɪl] *n.* 鳄鱼；鳄鱼皮

summit [ˈsʌmɪt] *n.* (山等的)最高点，峰顶

ensure [ɪnˈʃʊə(r)] *vt.* 确保，保证；担保；赋予

[记] 联想记忆：en(使…) + sure(确定的) → 使确定 → 确保，保证

odour [ˈəʊdə(r)] *n.* 气味

accurate [ˈækjərət] *a.* 正确无误的；精确的

[派] accuracy(*n.* 正确度；精确性)；inaccurate(*a.* 错误的，不准确的)

superior [suːˈpɪərɪə(r); sjuː-] *a.* 上级的，(在职位、地位等方面)较高的；优越的，优于…的，较…多的；优良的，卓越的；有优越感的，高傲的 *n.* 上级，长官
[记] 联想记忆：super(在…上面)+ior→上级的
[搭] superior to 比…好的，超过…的；较高的

tender [ˈtendə(r)] *a.* 嫩的；脆弱的；温柔的
[记] 联想记忆：婴儿太脆弱(tender)，需悉心照料(tend)

willing [ˈwɪlɪŋ] *a.* 愿意的，乐意的
[派] willingness(*n.* 自发；愿意)

perform* [pəˈfɔːm] *v.* 履行，执行，完成；表演，演出；(机器)运作
[记] 联想记忆：per(每)+form(形式)→表演是各种艺术形式的综合→表演，演出
[搭] perform on 演奏

seep [siːp] *vi.* 漏出，渗漏
[记] 联想记忆：深(deep)层渗漏(seep)

ambassador* [æmˈbæsədə(r)] *n.* 大使，使节
[搭] a former ambassador to the UN 前任驻联合国大使

delinquency* [dɪˈlɪŋkwənsi] *n.* 失职；行为不良
[搭] juvenile delinquency 青少年犯罪

deliberate [dɪˈlɪbərət] *a.* 故意的；深思熟虑的；从容不迫的
[dɪˈlɪbəreɪt] *v.* 深思熟虑；审议
[记] 词根记忆：de(表加强)+liber(权衡)+ate→反复权衡→深思熟虑的
[同] ponder(*v.* 沉思，考虑)

implication [ˌɪmplɪˈkeɪʃn] *n.* 含意；暗示，暗指；卷入，牵连
[记] 词根记忆：im(在里面)+plic(重叠，折叠)+ation→有双重意思→含意；暗示，暗指
[搭] political implication 政治含意

broom [bruːm] *n.* 扫帚

opponent* [əˈpəʊnənt] *n.* 敌手，对手；反对者 *a.* 对立的，对抗的
[记] 词根记忆：op(反)+pon(放)+ent→处于对立面的→对手，敌手；对立的，对抗的

sponsor* [ˈspɒnsə(r)] *n.* 发起者，赞助人，主办者；主顾 *vt.* 发起，主办；赞助，资助；惠顾

[记] 联想记忆：spons（看作 spoon，勺子）+ or（表人）→ 揭勺而起者 → 发起者

decisive [dɪˈsaɪsɪv] *a.* 决定性的；果断的

[记] 来自 decide(*v.* 决定)

substantial* [səbˈstænʃl] *a.* 可观的，大量的；坚固的，结实的；实质的；大体上的

[记] 词根记忆：sub(在下面) + stant(站立) + ial(形容词后缀) → 站在下面的 → 实质的

[派] substantially(*ad.* 充分地；可观地；实质上)

questionnaire* [ˌkwestʃəˈneə(r)] *n.* 问卷，调查表

[同] questionary(*n.* 调查表，问卷)

viewpoint [ˈvjuːpɔɪnt] *n.* 观点，看法

[记] 组合词：view(见解) + point(点) → 观点

routine* [ruːˈtiːn] *n.* 例行公事；惯例 *a.* 例行的；常规的

nurture [ˈnɜːtʃə(r)] *vt.* 培养；滋养 *n.* 营养品

[记] 联想记忆：大自然(nature)滋养(nurture)着人类

[同] nourish(*vt.* 养育，喂养)；cultivate(*vt.* 教养，培养)；foster(*v.* 养育，培养)

slight* [slaɪt] *a.* 轻微的，不足道的；纤细的，瘦弱的 *vt./n.* 轻视，藐视，轻蔑

[记] 联想记忆：s + light(轻的) → 轻微的

[搭] a slight girl 一个苗条的女孩

[派] slightly(*ad.* 些微)

genetic* [dʒəˈnetɪk] *a.* 遗传的 *n.* [-s] 遗传学

[记] 联想记忆：gene（基因）+ tic → 基因的 → 遗传的

[搭] genetic code 遗传密码；genetic engineering 基因工程

[派] genetical(*a.* 遗传的；起源的)

similarly [ˈsɪmələli] *ad.* 同样地，类似地

Word List 3

leak* [liːk] *n.* 漏洞；泄露 *v.* (使)漏，(使)渗出
[记] 联想记忆：湖(lake)面上的船漏出(leak)很多油

literature [ˈlɪtrətʃə(r)] *n.* 文学(作品)；文献
[记] 词根记忆：liter(文字) + ature → 文学(作品)；文献

suffer* [ˈsʌfə(r)] *v.* 遭受，忍受；忍耐；容许；患病；受损失
[记] 词根记忆：suf(在下面) + fer(拿来，带来) → 带到下面去 → 遭受，忍受

impede* [ɪmˈpiːd] *vt.* 阻碍，妨碍
[记] 词根记忆：im + ped(脚) + e → 插一脚 → 阻碍，妨碍

spring* [sprɪŋ] *n.* 春天，春季；弹簧，发条；弹性，弹力；(源)泉；跳跃 *v.* 跳跃；涌现，突然出现；突然提出(或说出)
[记] 联想记忆：sp + ring(铃声) → 泉水叮咚似铃声 → 泉
[搭] spring up 跳起来

biological [ˌbaɪəˈlɒdʒɪkl] *a.* 生物的；生物学的，有关生物学的

deduce [dɪˈdjuːs] *v.* 演绎，推断
[记] 词根记忆：de(向下) + duc(拉) + e → 向下拉 → 演绎，推断

doctorate* [ˈdɒktərət] *n.* 博士学位

absolute* [ˈæbsəluːt] *a.* 完全的，绝对的，纯粹的
[记] 词根记忆：ab(表加强) + solut(松开) + e → 完全松开 → 完全的，绝对的，纯粹的

theoretical* [ˌθɪəˈretɪkl] *a.* 理论(上)的
[搭] theoretical background 理论背景
[派] theoretically(*ad.* 理论上)

internship* [ˈɪntɜːnʃɪp] *n.* 实习生身份；实习医师

slender* [ˈslendə(r)] *a.* 修长的，细长的，苗条的；微小的，微薄的

[记] 联想记忆：并非所有女子都得温柔(tender)纤细(slender)才好看

[派] slenderness(*n.* 苗条，纤细)

respondent* [rɪˈspɒndənt] *n.* 回答者，响应者；调查对象；被告

surroundings* [səˈraʊndɪŋz] *n.* 周围的事物，环境

[搭] working surroundings 工作环境

couple* [ˈkʌpl] *n.* (一)对，(一)双；夫妇 *v.* 连接，联合，结合；结婚

[搭] a couple of 两个；几个

voluntary* [ˈvɒləntrɪ] *a.* 自愿的，志愿的

[记] 词根记忆：volunt(意愿) + ary → 出于自身意愿的 → 自愿的

[派] voluntarily(*ad.* 自愿地，自动地，主动地)

submarine [ˌsʌbməˈriːn] *n.* 潜水艇 *a.* 水底的，海底的

[记] 联想记忆：sub(在…下面) + marine(海洋的；船舶的) → 在海底航行的 → 潜水艇

[同] underwater(*a.* 水面下的)

commercial* [kəˈmɜːʃl] *a.* 商业的，商品化的，贸易的 *n.* 商业广告

[记] 来自 commerce(*n.* 商业)

[搭] commercial intercourse 通商，贸易往来；commercial venture 商业投资

notion [ˈnəʊʃn] *n.* 概念，观念；想法

[记] 词根记忆：not(知道) + ion(名词后缀) → 知道的东西 → 观念；想法

lavatory [ˈlævətrɪ] *n.* 盥洗室，厕所

[记] 词根记忆：lav(洗) + at + ory(表地点，名词后缀) → 盥洗室

tablet [ˈtæblət] *n.* 药片

actual* [ˈæktʃuəl] *a.* 实际的；真实的

fold [fəʊld] *v.* 折叠 *n.* 皱；折

instrument [ˈɪnstrəmənt] *n.* 仪器；手段；工具；乐器

[搭] strategic instruments 战略工具；measuring instruments 测量工具；musical instruments 乐器

simplify [ˈsɪmplɪfaɪ] *vt.* 使简化

compulsory [kəmˈpʌlsəri] *a.* 义务的，必须做的，强制性的；(课程)必修的

[记] 词根记忆：com(共同)＋puls(推)＋ory → 共同推进的 → 义务的；必修的

[派] compulsory education 义务教育

[同] mandatory(*a.* 命令的，强制的)

irritation* [ˌɪrɪˈteɪʃn] *n.* 激怒，恼怒；刺激物，恼人的事

[记] 来自 irritate(*vt.* 激怒；刺激)

expense* [ɪkˈspens] *n.* 花费，开支；消费，消耗；代价，损失

[记] 词根记忆：ex(出)＋pens(支付)＋e → 花费；消费

[搭] at the expense of 以…为代价；at sb.'s expense 由…付费；public expenses 公共开支

[派] expensive(*a.* 昂贵的，费钱的)

muddle* [ˈmʌdl] *n.* 一团糟，凌乱，混乱；(头脑)糊涂，困惑 *vt.* 将…弄成一团糟；使困惑，使糊涂；混淆

[记] 联想记忆：mud(泥)＋dle → 把泥弄得到处都是 → 一团糟，凌乱

originate* [əˈrɪdʒɪneɪt] *v.* 起源，发生；首创，创造

[记] 联想记忆：origin(起源，产生)＋ate(动词后缀) → 起源，发生

[搭] originate in/from 起源于，由…引起/产生

[派] origination(*n.* 起源)；originator(*n.* 发起者，发明人)；originative(*a.* 有创作力的)

induce* [ɪnˈdjuːs] *vt.* 引诱，劝使；引起，导致；感应

[记] 词根记忆：in(内)＋duc(拉)＋e → 向内拉 → 引诱；引起

[搭] induce sb. to do sth. 引诱某人做某事

[派] inducement(*n.* 引诱；劝诱)；inducible(*a.* 可诱导的，可诱发的)

exchange [ɪks'tʃeɪndʒ] *v.* 交换，调换；交易；兑换；交流；谈话，争论 *n.* 交换，调换；交易(所)；兑换(率)；交流

[搭] in exchange for 交换；stock exchange 证券交易(所)；part exchange 部分抵价交易

disharmony [ˌdɪs'hɑːməni] *n.* 不一致；不和谐

[记] 联想记忆：dis(不)+harmony(一致，协调)→不一致；不和谐

cosset* ['kɒsɪt] *vt.* 宠爱，溺爱 *n.* 宠儿

[记] 联想记忆：cos(看做 cost，花费)+set(固定的)→每天固定花一大笔钱为某人买礼物→宠爱，溺爱

unique* [ju'niːk] *a.* 唯一的，独一无二的；极不寻常的，极好的

[记] 词根记忆：uni(单一)+que(有…特点的)→唯一的，独一无二的

[搭] a unique style 独特的风格；unique copy 珍本，孤本

crossword* ['krɒswɜːd] *n.* 纵横填字游戏

atomic [ə'tɒmɪk] *a.* 原子(能)的

disagree* [ˌdɪsə'griː] *v.* 不同意；不一致

[记] 联想记忆：dis(不)+agree(同意；一致)→不同意；不一致

[搭] disagree with 不同意；不一致

[派] disagreement(*n.* 争执，不和)

check-up* ['tʃekʌp] *n.* 检查

silt* [sɪlt] *n.* 淤泥 *v.* (用淤泥)阻塞

[记] 联想记忆：坐(sit)于淤泥(silt)而不染

inclusive* [ɪn'kluːsɪv] *a.* 包括一切费用在内的；所有数目(或首尾日期)包括在内的；包容广阔的

[记] 词根记忆：in(向内)+clus(关闭)+ive(形容词后缀)→向内关闭的→包括一切费用在内的；包容广阔的

[派] inclusively(*ad.* 全部)

reservation* [ˌrezəˈveɪʃn] *n.* 保留意见，存疑；预定，预订

[记] 来自 reserve(*vt.* 保留；预订)

[搭] make a reservation 预订；confirm a reservation 确认预订；cancel one's reservation 取消预订

transcript* [ˈtrænskrɪpt] *n.* 抄本，副本；文字记录

include* [ɪnˈkluːd] *v.* 包括，包含；计入

[记] 词根记忆：in(向内)＋clud(关闭)＋e → 向内关闭 → 包括，包含

[反] exclude(*v.* 把…排除在外)

reasonable* [ˈriːznəbl] *a.* 合理的，有道理的；通情达理的；适度的

[记] 联想记忆：reason(道理)＋able(能…的) → 能讲理的 → 通情达理的

[搭] at reasonable prices 以公道的价格

[派] unreasonable(*a.* 不合理的)

abode* [əˈbəʊd] *n.* 房屋，家，住所

[搭] right of abode 居住权

gadget* [ˈgædʒɪt] *n.* 小巧的器械，精巧的装置；小玩意

[记] 联想记忆：gad(尖头棒)＋get(得到) → 好不容易得到的尖头棒是他钟爱的小玩意 → 小玩意

[搭] kitchen gadgets 厨房小用具

[派] gadgetry(*n.* 小器具，小装置)

emergency* [iˈmɜːdʒənsi] *n.* 紧急情况，突发事件

[记] 来自 emerge(*vi.* 出现)

[搭] emergency funding 应急基金；emergency contact person 紧急联系人；emergency shelter 应急避难所

legacy* [ˈlegəsi] *n.* 遗产；遗赠

[记] 词根记忆：leg(送)＋acy → 去世时送出的东西 → 遗产；遗赠

leisure* [ˈleʒə(r)] *n.* 空闲时间；悠闲

overlap [ˌəʊvəˈlæp] *v.* (使)部分重叠，交叠

[记] 联想记忆：over(在…上)＋lap(大腿) → 把一条腿放在另一条腿上 → (使)部分重叠

counterpart* [ˈkaʊntəpɑːt] *n.* 与对方地位相当的人；配对物；副本

[记] 组合词：counter(相反) + part(部分) → 配对物

tune [tjuːn] *vt.* 调音；调节，调整 *n.* 调子；和谐

[记] 联想记忆：转动(turn)旋钮调音(tune)

strike [straɪk] *v.* 打；折磨 *n.* 罢工

ambiguous [æmˈbɪgjuəs] *a.* 含糊其辞的；不明确的，模棱两可的

[记] 词根记忆：amb(周围) + ig(走) + uous(形容词后缀) → 在周围走动的 → 模棱两可的

represent* [ˌreprɪˈzent] *vt.* 代表；表示；表现

[记] 联想记忆：re(再，又) + present(出席) → 一再代表出席 → 代表

[派] representative (*a.* 有代表性的 *n.* 代表)

vanish* [ˈvænɪʃ] *vi.* 突然消失；不复存在，消逝

[记] 词根记忆：van(空) + ish → 空无一物 → 不复存在

mechanism [ˈmekənɪzəm] *n.* 机械装置；机制，机理；办法

dispute* [dɪˈspjuːt] *n.* 争论，争端，争吵 *v.* 对…表示异议；争论，争吵

[记] 词根记忆：dis(分开) + put(思考) + e → 分开思考 → 争论，争吵

[搭] in dispute 在争论中的，未决的；beyond dispute 毫无争议，不容争辩；dispute over 就…争论；dispute with 与…争论/争执

furniture [ˈfɜːnɪtʃə(r)] *n.* 家具

standard* [ˈstændəd] *n.* 标准 *a.* 标准的

[搭] standard of education 教育标准；up to standard 合格

typical* [ˈtɪpɪkl] *a.* 典型的

[记] 联想记忆：typ(e)(典型) + ical → 典型的

[派] typically(*ad.* 典型地)

strengthen [ˈstreŋθn] *vt.* 加强，巩固

[记] 联想记忆：strength（力量）+ en（使…）→（使）有力量 → 加强，巩固

workaholic* [ˌwɜːkəˈhɒlɪk] *n.* 工作狂

[记] 联想记忆：work（工作）+ aholic（着迷于…的，对…上瘾的）→ 工作狂

unaware* [ˌʌnəˈweə(r)] *a.* 未意识到的

[记] 联想记忆：un（不，没有）+ aware（意识到的）→ 未意识到的

erosion [ɪˈrəʊʒn] *n.* 腐蚀；磨损

[搭] soil erosion 土壤侵蚀

[同] corrosion（*n.* 侵蚀）

exclusively [ɪkˈskluːsɪvli] *ad.* 专有地，专门地

feather [ˈfeðə(r)] *n.* 羽毛，翎毛

[记] 联想记忆：父亲（father）爱戴有羽毛（feather）装饰的帽子

pronounceable [prəˈnaʊnsəbl] *a.*（指声音）发得出的；（指词）可发音的

[记] 联想记忆：pronounce（发音）+ able（能…的）→ 可发音的

bare* [beə(r)] *a.* 赤裸的，光秃的

luggage* [ˈlʌgɪdʒ] *n.* 行李

hose* [həʊz] *n.* 软管 *vt.* 用软管淋

[记] 联想记忆：要想玫瑰花（rose）开，需把软管（hose）拿来浇水

bulb* [bʌlb] *n.* 灯泡

internal [ɪnˈtɜːnl] *a.* 内部的；国内的

[搭] internal organs 内脏；internal clock 生物钟；internal trade 国内贸易

ion* [ˈaɪən] *n.* 离子

[派] ionizer（*n.* 负离子发生器）

cruise [kruːz] *v.* 航游，巡航；（出租车、船等）缓慢巡行 *n.* 航游，游弋

[记] 联想记忆：汤姆·克鲁斯（Tom Cruise）在巡游（cruise）

illusion [ɪˈluːʒn] *n.* 幻想中的事物，错误的观念；错觉，幻觉，假象

[记] 词根记忆：il（不，无）+ lus（=lust 光）+ ion（名词后缀）→ 看到根本没有的光 → 幻觉

[同] mirage（*n.* 幻景，幻想）

shave [ʃeɪv] *n./v.* 修面

[记] 联想记忆：在阴暗处（shade）修面（shave）

Handsome is he who does handsomely.

行为漂亮才算美。

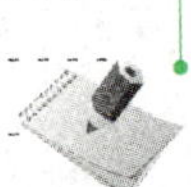

Word List 4

incredible [ɪnˈkredəbl] *a.* 不可信的；难以置信的

[记] 词根记忆：in(不) + cred(相信) + ible(能…的) → 不可信的

vertebrate* [ˈvɜːtɪbrət] *n.* 脊椎动物 *a.* 有脊椎的

[记] 来自 vertebra(*n.* 脊椎骨)

[搭] vertebrate animals 脊椎动物

industrious [ɪnˈdʌstriəs] *a.* 勤奋的，勤勉的，勤劳的

intestine [ɪnˈtestɪn] *n.*【解】肠

[记] 联想记忆：in(内) + test(检查) + ine → 对身体内部进行检查 → 肠

outpost [ˈaʊtpəʊst] *n.* 前哨(站)；偏远村落

[记] 组合词：out(外面的) + post(柱；岗位) → 靠外的岗位 → 前哨(站)

general* [ˈdʒenrəl] *a.* 一般的，普通的；全体的，普遍的；大体的，概括的；首席的 *n.* 将军

[记] 词根记忆：gen(产生) + er + al → 产生一切的 → 普遍的

[搭] in general 通常，大体上

[派] generalisation(*n.* 归纳，概括)

bother* [ˈbɒðə(r)] *v.* 打扰，烦扰；烦恼，操心 *n.* 麻烦

[搭] bother sb. about/with sth. 用某事打扰某人；bother to do sth. 操心做某事

consignment* [kənˈsaɪnmənt] *n.* 交付，委托；投递，发送；所托运的货物

[搭] on consignment 以寄售方式；consignment store 寄售店

administrator* [ədˈmɪnɪstreɪtə(r)] *n.* 管理者，管理人员；行政人员

convention* [kən'venʃn] *n.* 大会，会议；惯例，常规，习俗；公约，协定

[记] 词根记忆：con(共同)+vent(来)+ion → 大家共同来到 → 大会，会议

[搭] social conventions 社会习俗

[派] conventional(*a.* 习惯的，常规的；符合习俗的)；unconventional(*a.* 非传统的)

organic* [ɔː'gænɪk] *a.* 器官的；有机的；有机体的；组织的

[搭] organic being 有机体；organic food 有机食品

trapeze* [trə'piːz] *n.* 高空秋千；吊架

[记] 联想记忆：trap(陷阱)+eze(看做 eye，眼睛) → 乱吊秋千，陷阱无眼 → 高空秋千

intersection [ˌɪntə'sekʃn] *n.* 道路交叉口，十字路口

[记] 词根记忆：inter(在…中间)+sect(切割)+ion(名词后缀) → 在路面中间切割 → 道路交叉口，十字路口

[同] crossroad(*n.* 十字路口)

concept* ['kɒnsept] *n.* 概念，观念；设想

[记] 词根记忆：con(共同)+cept(拿，取) → 共同拿取 → 概念

cardiovascular* [ˌkɑːdiəʊ'væskjələ(r)] *a.* 心血管的

[搭] cardiovascular disease 心血管疾病

humble* ['hʌmbl] *a.* 谦逊的，谦虚的；地位(或身份)低下的，卑贱的；简陋的，低劣的 *vt.* 使谦恭；使卑下；贬低

[记] 词根记忆：hum(地)+ble → 接近地面的 → 谦逊的；卑贱的

[搭] a man of humble origin 出身寒微的人

lecture* ['lektʃə(r)] *n.* 演讲，讲课

[记] 词根记忆：lect(讲)+ure → 演讲，讲课

[派] lecturer(*n.* 讲师)

counter* ['kaʊntə(r)] *n.* 柜台 *ad.* 相反

[记] 联想记忆：与 count(*v.* 计算)一起记

[搭] under the counter (商品销售)秘密地，暗地里，非法地

brass* [brɑːs] *n.* 黄铜；黄铜器；铜管乐器

[记] 联想记忆：敲击黄铜器(brass)，声音低沉(bass)

[搭] brass band 军乐队；as bold as brass 大模大样地，粗鲁无礼地

fauna* [ˈfɔːnə] *n.* (某地区或某时期的)所有动物

[记] 来自 Faunus(潘纳斯，神话中的动物之神)

expel [ɪkˈspel] *vt.* 把…开除；驱逐

[记] 词根记忆：ex(出)+pel(驱动，推)→把…开除；驱逐

equator [ɪˈkweɪtə(r)] *n.* (地球)赤道

[记] 联想记忆：equat(看做 equal，相等的)+or→把地球等分的线→赤道

invest* [ɪnˈvest] *v.* 投资；投入(时间、精力等)；授予，赋予

[派] investment(*n.* 投资，投入)；investor(*n.* 投资者)

essay [ˈeseɪ] *n.* (作为课程作业的)短文，文章；评论文

dedicate [ˈdedɪkeɪt] *vt.* 献(身)；(在著作等上)题献词

[记] 词根记忆：de(表加强)+dic(分配，分派)+ate(动词后缀)→为…献出→献(身)

[搭] dedicate oneself to 献身于

[同] devote(*vt.* 献身于)

astrology [əˈstrɒlədʒi] *n.* 占星学；占星术

[记] 词根记忆：astro(星)+(o)logy(…学)→占星学

attain [əˈteɪn] *vt.* 达到；获得；完成

[记] 词根记忆：at+tain(拿住)→稳稳拿住→达到；获得；完成

divisional* [dɪˈvɪʒənl] *a.* 部门的

ambition* [æmˈbɪʃn] *n.* 雄心，抱负；野心

[记] 词根记忆：amb(周围)+it(走)+ion→在周围走动→雄心；野心

[搭] fulfill one's ambition 实现抱负

range* [reɪndʒ] *n.* 范围，领域；系列；(山)脉；射程 *v.* (在一定范围内)变化，变动；排列

[搭] a wide range of 一系列；range between... and... 范围在…与…之间不等；range from 延伸；(在一定程度或范围内)变动，变化

ultimate* [ˈʌltɪmət] *a.* 最后的，最终的；根本的 *n.* 最好(或先进、伟大等)的事物，极品，精华

[记] 词根记忆：ultim(最后)+ate → 最后的，最终的

[搭] the ultimate authority 最高当局；the ultimate principle 基本原理；in ultimate 到最后，结果

[派] ultimately(*ad.* 最后，终于)

counsellor* [ˈkaʊnsələ(r)] *n.* 顾问，辅导顾问

flap [flæp] *v.* 拍打；(翅膀)拍动 *n.* 薄片；封盖；振动；激动

[记] 联想记忆：f(看做 fly，飞)+lap(拍打) → 拍动

[搭] flap wings 振动翅膀；get in a flap over sth. 因某事而激动/不安

[同] flutter(*v.* 振翼；飘动)

wastage* [ˈweɪstɪdʒ] *n.* 消耗量；损耗；(雇员的)减员

[记] 联想记忆：waste(浪费；消耗)+age(集体名词后缀) → 消耗量；损耗

earthquake [ˈɜːθkweɪk] *n.* 地震

[记] 组合词：earth(地球)+quake(震动) → 地震

device* [dɪˈvaɪs] *n.* 装置，设备，仪表；方法；设计；手段，策略

[记] 词根记忆：de(向下)+vic(看)+e → 用于向下观看的(东西) → 装置

[搭] a marketing device 营销手段；leave sb. to one's own devices 听任某人自行其是，对某人不加干涉

regulate [ˈregjuleɪt] *v.* 管制，控制；调节，校准；调整

[记] 词根记忆：reg(统治) + ul + ate(动词后缀) → 统治并加以管理 → 管制

[搭] regulate the traffic 管制交通；regulate one's spending 控制开支

[派] regulation(*n.* 规章；管理)

mould* [məʊld] *n.* 霉，霉菌；模型，铸模；(人的)性格，气质 *v.* 用模子制作，浇铸；使形成，把…塑造成

[搭] mould one's character 塑造性格

potential* [pəˈtenʃl] *a.* 潜在的；可能的 *n.* 潜力，潜能

[记] 词根记忆：po + tent(伸展) + ial → 无限伸展的 → 潜在的；可能的

[搭] a potential customer/client 潜在顾客/客户；potential threat 潜在威胁；potential abilities 潜能

discretion [dɪˈskreʃn] *n.* 判断力；谨慎，审慎；明智

[记] 来自 discreet(*a.* 小心的，谨慎的)

[搭] act at one's discretion 自行决断

ambitious* [æmˈbɪʃəs] *a.* 有抱负的，有雄心的，有野心的

[记] 词根记忆：amb(周围) + it(走) + ious(多…的) → 四处多走动的 → 有野心的

brief [briːf] *a.* 短时间的，短暂的；简短的，简洁的 *n.* 概要，摘要 *vt.* 向…介绍基本情况，为…提供资讯

[搭] in brief 简单地说，简言之

dorm [dɔːm] *n.* 宿舍

substitute [ˈsʌbstɪtjuːt] *v.* 代替，替换 *n.* 代替者，代替物，代用品

[搭] substitute for 代替

striking [ˈstraɪkɪŋ] *a.* 显著的，惹人注目的

pirate [ˈpaɪərət] *n.* 侵犯版权者；海盗 *vt.* 盗用，盗版

[记] 联想记忆：与 private(*a.* 私人的；秘密的) 一起记

refrigerator* [rɪˈfrɪdʒəreɪtə(r)] *n.* 冰箱；冷藏库

minimise [ˈmɪnɪmaɪz] *vt.* 使减到最低限度；最小化

[记] 词根记忆：min(小的) + im + ise(使…) → 使变成最小 → 最小化

imaginative [ɪˈmædʒɪnətɪv] *a.* 富有想象力的；创新的

[记] 来自 imagine(*v.* 想象)

profit* [ˈprɒfɪt] *n.* 利润；益处 *v.* 有利于；获益

[搭] pursue maximum profit 追求最大利润；net profit 纯利润；profit from... 从…中受益

[派] profitable (*a.* 有利润的；有益的)

decrepit* [dɪˈkrepɪt] *a.* 破旧的；衰老的

[记] 词根记忆：de + crep(发出破裂声) + it → 破旧的

[派] decrepitude(*n.* 衰老，老朽；破旧)

ignorant [ˈɪgnərənt] *a.* 无知的；愚昧的

[同] stupid(*a.* 愚蠢的)；retarded(*a.* 弱智的)

leopard* [ˈlepəd] *n.* 豹，美洲豹

[记] 联想记忆：leo(狮子) + pard(豹) → 像狮子一样凶猛的豹 → 美洲豹

mastery* [ˈmɑːstəri] *n.* 精通，熟练；控制

[记] 来自 master(*n.* 熟练技工)

forecast* [ˈfɔːkɑːst] *n./vt.* 预报；预测；预想

[记] 联想记忆：fore(在前面) + cast(扔) → 预先扔下 → 预报；预测；预想

[搭] weather forecast 天气预报

precision* [prɪˈsɪʒn] *n.* 准确，精确；精确度

quote* [kwəʊt] *n.* 引文，引语；估价，报价；[*pl.*] 引号 *v.* 引用，引述，引证；提出，提供；报价

[记] 词根记忆：quot(数目) + e → 估价，报价

[搭] quote from 从…引用

[派] quotation(*n.* 引文；报价)

comparative* [kəmˈpærətɪv] *a.* 比较的；相当的

[记] 词根记忆：com (共同) + par (相等的) + ative → 差不多的 → 相当的

[搭] comparative advantage 相对优势

[派] comparatively(*ad.* 相对地；相当地)

recruit * [rɪˈkruːt] *v.* 招募(新兵),招收(新成员);复原,恢复;补充 *n.* 新兵,新成员,新会员

[记] 词根记忆:re + cruit(=cres 成长) → 使成长壮大 → 招募(新兵),招收(新成员)

[搭] recruit...to 招募,征募

[派] recruitment(*n.* 招聘);recruiter(*n.* 征兵人员;为学校招生的人)

gloss * [glɒs] *n.* 光泽,色泽;虚假的外表,假象;注解,解释 *v.* 使具有光泽;掩饰;曲解;作注释;发光,发亮

[记] 注意不要和 gross(*a.* 总的,粗略的) 相混

committee * [kəˈmɪti] *n.* 委员会,全体委员

[记] 词根记忆:com(共同) + mitt(=mit 发送) + ee(表人) → 共同发送指令的人 → 委员会,全体委员

exile * [ˈeksaɪl] *vt.* 放逐,流放,使流亡 *n.* 流放,流亡;被流放者,背井离乡者,流犯

[记] 联想记忆:ex(出) + il(=sil 跳跃) + e → 跳出去 → 放逐,流放

[搭] in exile 在流放中

[同] expel(*vt.* 驱逐,开除);banish(*vt.* 流放)

representative * [ˌreprɪˈzentətɪv] *n.* 代表,代理人 *a.* 典型的,有代表性的

[搭] sales representative 销售代表

reverse * [rɪˈvɜːs] *n.* 相反,颠倒;背面,后面 *a.* 相反的;倒转的,颠倒的 *v.* 颠倒,(使)倒退

[记] 词根记忆:re (反) + vers(转) + e → 反转 → 颠倒

[搭] in reverse 顺序相反,反向;in reverse order 以颠倒的次序

[派] reversal(*n.* 颠倒,倒转);reversible(*a.* 可反转的,可逆的)

finance * [faɪˈnæns] *vt.* 为…提供资金 *n.* 财政,金融;[常 *pl.*] 财务情况

[记] 词根记忆：fin(最后) + ance → 最后起作用的东西 → 财政，金融

[搭] raise finance for 为…提供更多资金

[派] financial(*a.* 财政的，金融的)；financially (*ad.* 财政上，金融上)

resign [rɪˈzaɪn] *v.* 辞职；辞去；放弃

[记] 联想记忆：re(回) + sign(签名) → 要回签名 → 辞职；放弃

preparation [ˌprepəˈreɪʃn] *n.* 准备(工作)，预备；制剂

eyesight [ˈaɪsaɪt] *n.* 视力

[记] 组合词：eye(眼睛) + sight(看见) → 视力

thrive* [θraɪv] *vi.* 兴旺，繁荣

[记] 联想记忆：th + rive(r)(河) → 古时有河的地方大多是文明的发源地 → 兴旺，繁荣

judgment [ˈdʒʌdʒmənt] *n.* 意见；审判；判断(力)

outward [ˈaʊtwəd] *a.* 外面的；外表的，表面的

consequently* [ˈkɒnsɪkwəntli] *ad.* 因此，因而

entertain* [ˌentəˈteɪn] *v.* (使)欢乐，(使)娱乐；招待

[记] 词根记忆：enter(进入) + tain(拿住) → 拿着东西进入 → 招待

[搭] entertain sb. with sth. 以某物娱乐某人；以某物招待某人

[派] entertainment(*n.* 娱乐；招待)

withstand [wɪðˈstænd] *vt.* 抵挡；经受住

[记] 联想记忆：with(与…在一起) + stand(站) → 武警官兵手拉手站在一起抵挡洪流 → 抵挡

anthropologist* [ˌænθrəˈpɒlədʒɪst] *n.* 人类学家

[记] 词根记忆：anthrop (人，人类) + olog(y) (…学) + ist (表人) → 研究人类学的人 → 人类学家

comb* [kəʊm] *n.* 梳子；蜂巢；(鸡等的)肉冠，冠状物 *v.* 梳理；搜寻，彻底搜查

suitably* [ˈsuːtəbli] *ad.* 合适地，适宜地，相称地

Word List 5

pulley [ˈpʊli] *n.* 滑轮；滑车

[记] 联想记忆：pull(推) + ey → 滑轮；滑车

privilege [ˈprɪvəlɪdʒ] *n.* 特权，优惠，特许 *vt.* 给予特权，特别优待

[记] 词根记忆：priv(单个) + i + leg(法律) + e → 法律上的独享权利 → 特权

[派] privileged(*a.* 有特权的)

infrastructure* [ˈɪnfrəstrʌktʃə(r)] *n.* 基础结构，基础设施

[记] 词根记忆：infra(在…下面) + struct(结构，建造) + ure → 下面的结构 → 基础结构

allocate [ˈæləkeɪt] *vt.* 分配；分派

[记] 词根记忆：al(=ad 向) + loc(地方) + ate → 向地方发送 → 分配；分派

[派] allocation(*n.* 分配)

qualification* [ˌkwɒlɪfɪˈkeɪʃn] *n.* 资格，合格；技能；限定，条件；合格证

[记] 来自 qualify(*v.* 合格，具备资格)

expand* [ɪkˈspænd] *v.* (使)膨胀，(使)扩张；张开，展开；详述

[记] 词根记忆：ex(向外) + pand(张开) → 向外张开 → (使)膨胀，(使)扩张

[搭] expand one's knowledge 扩大知识面

[派] expansion(*n.* 扩张，膨胀)；expanse(*n.* 宽广空间)

trap* [træp] *n.* 陷阱，圈套，诡计 *vt.* 诱捕，诱骗，使中圈套；使陷入困境，使受限制

[搭] fall into a trap 陷入圈套；debt trap 负债困境

intern* [ɪnˈtɜːn] *vt.* 拘禁，软禁 [ˈɪntɜːn] *n.* 实习生

[记] 联想记忆：与 internal(*a.* 内部的)一起记

repaint* [rɪˈpeɪnt] *v.* 重新油漆，重画

specialist* [ˈspeʃəlɪst] *n.* 专家；专科医生

[记] 联想记忆：special(专门的)+ist(从事某职业的人)→专家

[搭] specialist knowledge 专业知识

migratory* [ˈmaɪɡrətri] *a.* 迁徙的，移居的；流动的，游牧的

[记] 词根记忆：migr(迁移)+at+ory→迁徙的；流动的

[搭] migratory birds 候鸟

nutrition* [njuˈtrɪʃn] *n.* 营养；营养学

[记] 词根记忆：nutri(营养)+tion→营养；营养学

[派] nutritional(*a.* 营养的)；nutritionist(*n.* 营养学家)；malnutrition(*n.* 营养不良)

[同] nourishment(*n.* 营养品)；sustenance(*n.* 食物，营养物)

inlet [ˈɪnlet] *n.* 入口；进(水)口，水湾

[记] 联想记忆：in(进入)+let(让)→让…进入→入口

censor* [ˈsensə(r)] *vt.* 审查，检查(书报) *n.* 检查员

[记] 词根记忆：cens(审查；评估)+or→审查，检查(书报)

[派] censorship(*n.* 审查制度)

widespread [ˈwaɪdspred] *a.* 分布广的；普遍的

[记] 组合词：wide(宽广的)+spread(传播，分布)→分布广的

hazard [ˈhæzəd] *n.* 危险，冒险 *v.* 尝试着做（或提出）；冒…风险

[记] 发音记忆："骇人的"→危险

[搭] a safety/health hazard 安全/健康隐患

[派] hazardous(*a.* 危险的，冒险的)

rear* [rɪə(r)] *a.* 后方的，后部的；背后的 *n.* 后部，尾部 *v.* 饲养，抚养；种植

[搭] at/in the rear of 在…的后面；rear sb. on sth. 用某物喂养某人

shareholder [ˈʃeəhəʊldə(r)] *n.* 股票持有人；股东

[记] 组合词：share(分享；股票) + holder(持有者) → 股票持有人

bid [bɪd] *n./v.* 出价；投标

[记] 发音记忆："必得" → 抱着必得的态度出价 → 出价；投标

alight* [əˈlaɪt] *a.* 点着的 *vi.* 降落，飞落；从(公共汽车等)下来

[记] 联想记忆：a + light(点着) → 点着的

[搭] set alight 使…燃烧；alight on/upon (偶然)想到，注意到

credit* [ˈkredɪt] *vt.* 记入贷方；把…归于 *n.* 信用贷款，赊欠；信任，相信；贷方；荣誉，名望；光荣，功劳；学分

[记] 词根记忆：cred(相信) + it → 信任，相信

[搭] on credit 赊账

[派] discredit(*vt.* 使丧失信誉，使怀疑)

shrewd [ʃruːd] *a.* 机灵的；精明的

[记] 发音记忆："熟的" → 对某事很熟，因此反应灵敏 → 机灵的

[同] smart(*a.* 聪明的)；keen(*a.* 敏锐的)

[反] dull(*a.* 迟钝的)

desert* [ˈdezət] *n.* 沙漠；荒地 *a.* 沙漠的；荒凉的

[dɪˈzɜːt] *v.* 舍弃

[记] 词根记忆：de(分开) + sert(放置) → 不放进去 → 舍弃

conclude* *v.* 推断出；作结论

[记] 词根记忆：con(共同) + clud(关闭) + e → 共同关闭 → 推断出；作结论

[搭] conclude with 以…作结论；to conclude 最后

explosive* [ɪkˈspləʊsɪv] *n.* 爆炸物，炸药 *a.* 爆炸的，爆发的；使人冲动的

inherent [ɪnˈhɪərənt] *a.* 内在的；生来就有的

[记] 词根记忆：in(向内) + her(黏附) + ent(形容词后缀) → 黏附在内的 → 内在的

[同] natural(*a.* 天生的，天赋的)；inborn(*a.* 天生的，天赋的)；innate(*a.* 天生的，天赋的)

world-wide [ˈwɜːldwaɪd] *a./ad.* 遍及全球的/地

grope [grəʊp] *v.* (暗中)摸索

[记] 联想记忆：g + rope(绳子) → 抓住绳子向前走 → (暗中)摸索

lever [ˈliːvə(r)] *vt.* (用杠杆)撬动 *n.* 杠杆；施压手段

[记] 词根记忆：lev(举起) + er → 给我一根杠杆，我能撬动地球 → 撬动；杠杆

ethical* [ˈeθɪkl] *a.* (有关)道德的；伦理的

[搭] ethical standards 道德标准

improvement* [ɪmˈpruːvmənt] *n.* 改进，进步；改进措施；改进处

[搭] improvement in 在…有改进/好转

vacant* [ˈveɪkənt] *a.* 未占用的，空的

[记] 词根记忆：vac(空) + ant(形容词后缀) → 未占用的，空的

[派] vacancy(*n.* 空处；空缺)

truant* [ˈtruːənt] *vi.* 逃避责任；旷课 *n.* 逃学者；逃避者

scandal* [ˈskændl] *n.* 丑事，丑闻；恶意诽谤；流言飞语；反感，愤慨

[记] 联想记忆：scan(扫描) + dal → 扫描时事，揭露丑闻 → 丑事，丑闻

[派] scandalise (*vt.* 使…愤慨或震惊)；scandalous (*a.* 出丑的，可耻的；诽谤的)

latent* [ˈleɪtnt] *a.* 潜在的，潜伏的，不易察觉的

[记] 联想记忆：lat(看做 late，后面的) + ent(形容词后缀) → 后面的 → 潜在的，潜伏的

[搭] latent capital 潜在资本；latent infection 潜伏性传染病；latent period 潜伏期

tenant* [ˈtenənt] *n.* 承租人；房客；佃户

[记] 联想记忆：ten(十) + ant(蚂蚁) → 十只蚂蚁来住店，虽小也是客 → 房客

[搭] a sitting tenant 老房客

[同] lodger(*n.* 投宿者)；leaseholder(*n.* 承租人)

psychiatric* [ˌsaɪkiˈætrɪk] *a.* 精神病的；治疗精神病的

campfire [ˈkæmpfaɪə(r)] *n.* 营火

[记] 组合词：camp(露营，宿营) + fire(火) → 营火

bolster * [ˈbəʊlstə(r)] *vt.* 支持，支撑；改善 *n.* 垫子

immigrant [ˈɪmɪɡrənt] *n.* 移民；侨民

[记] 词根记忆：im(向内) + migr(迁移) + ant(表人) → 向内迁移的人 → 移民；侨民

sequence * [ˈsiːkwəns] *n.* 一系列，一连串；顺序，次序

[记] 词根记忆：sequ(跟随) + ence → 紧随其后 → 顺序，次序

ecosystem * [ˈiːkəʊsɪstəm] *n.* 生态系统

[记] 联想记忆：eco(家庭的) + system(系统) → 有关家庭的系统 → 生态系统

concern * [kənˈsɜːn] *vt.* 涉及；使关心；让(人)担忧 *n.* 关心，关注

[记] 词根记忆：con(表加强) + cern(观察) → 关心；关注

[搭] as/so far as...be concerned 就…来说；be concerned with 涉及，有关；concern with/about 关心…

[派] concerned (*a.* 担心的，忧虑的；关注的，感兴趣的)；concerning(*prep.* 关于，涉及)

transfer * [træsˈfɜː(r)] *v.* 搬，转移；调动，转学；转让，过户；转车，换乘

[ˈtræsfɜː(r)] *n.* 转移；调动；转车，换乘

[记] 词根记忆：trans(穿过，越过) + fer(带来) → 转移；调动

[搭] transfer from...to... 从…转换成…

[派] transference (*n.* 转移；转让)；transferable (*a.* 可转移的)

exotic [ɪɡˈzɒtɪk] *a.* 外来的；奇异的；醒目的，吸引人的

[同] foreign(*a.* 外国的，外来的)

[反] native(*a.* 本地的)；indigenous(*a.* 本土的)

evaporate* [ɪˈvæpəreɪt] *v.* (使)蒸发；消失；不复存在

[记] 词根记忆：e(出)+vapor(水汽)+ate(使…)→使水汽出去→(使)蒸发

[同] vanish(*vi.* 消失)；vaporize〔*v.* (使)蒸发〕

destiny [ˈdestəni] *n.* 命运，定数

[记] 联想记忆：音乐组合 Destiny's Child(真命天子)

hide [haɪd] *v.* (躲)藏 *n.* 皮革，兽皮

former* [ˈfɔːmə(r)] *a.* 以前的 *n.* 前者

[记] 联想记忆：form(形成)+er(表人或物)→已形成的东西→前者

[派] formerly(*ad.* 从前，以前)

awful* [ˈɔːfl] *a.* 糟糕的

sore [sɔː(r)] *a.* 痛的；恼火的；剧烈的 *n.* 疮

virtually [ˈvɜːtʃuəli] *ad.* 几乎，差不多；实际上，事实上

tangibly* [ˈtændʒəbli] *ad.* 可触摸地；可感知地；有形地

[记] 词根记忆：tang(触摸)+ibl(=ible 能…的)+y→可触摸地

windscreen [ˈwɪndskriːn] *n.* 挡风玻璃，风挡

[记] 组合词：wind(风)+screen(屏，遮蔽物)→挡风玻璃

decent [ˈdiːsnt] *a.* 大方的，体面的，像样的；正派的，合乎礼仪的

alluvial* [əˈluːviəl] *a.* 【地】冲积的，淤积的 *n.* 冲积土(或层、矿床)，淤积土

[搭] alluvial gold 冲积沙金

slum* [slʌm] *n.* 贫民窟，贫民区

distill [dɪˈstɪl] *vt.* (使)蒸馏，提取

economical [ˌiːkəˈnɒmɪkl] *a.* 节约的；经济的

[派] economically(*ad.* 节约地；经济上)

fate* [feɪt] *n.* 命运，天数

medication* [ˌmedɪˈkeɪʃn] *n.* 药，药物

[记] 词根记忆：med(医疗)+ication→药；药物

[搭] be on medication for sth. 因…而吃药

target * [ˈtɑːɡɪt] *n.* 目标；对象，靶子 *vt.* 对准，面向

[记] 联想记忆：tar(音似：她) + get(得到) → 我的目标是得到她 → 目标

[搭] target sth. at/on sb./sth. 把…作为…的目标

independent * [ˌɪndɪˈpendənt] *a.* 独立的，自主的，不受约束的 *n.* 中立派，无党派议员

[搭] be independent of 独立于，不受约束

radius * [ˈreɪdiəs] *n.* 半径；周围，范围

[记] 词根记忆：rad(光线) + ius → 半径像是从同一点散发出的许多光线 → 半径

[同] range(*n.* 范围)

fossil [ˈfɒsl] *n.* 化石；老顽固

[记] 发音记忆："佛说" → 一开口就是 "佛说…"，真是个老顽固 → 老顽固

shade [ʃeɪd] *n.* 阴凉处；(灯)罩；暗部；色度；细微差别 *vt.* 遮蔽，遮光；把…涂暗

headmaster * [ˌhedˈmɑːstə(r)] *n.* (中小学)校长

wean * [wiːn] *vt.* (使)断奶，(使)戒掉

comprise [kəmˈpraɪz] *vt.* 包含；由…组成

[记] 词根记忆：com(共同) + pris(抓住) + e → 共同抓住 → 包含

[搭] be comprised in 归入…

stable * [ˈsteɪbl] *a.* 稳定的，稳固的，安定的；沉稳的，持重的 *n.* 马厩

[记] 联想记忆：那张破桌子(table)居然很稳(stable)

disappointing * [ˌdɪsəˈpɔɪntɪŋ] *a.* 令人失望的

[记] 来自 disappoint(*v.* 失望)

delta [ˈdeltə] *n.* 三角洲；希腊字母表的第四个字母

urban [ˈɜːbən] *a.* 都市的；住在都市的

[记] 发音记忆："饿奔" → 初到大都市闯荡，饿得狂奔 → 都市的

[派] urbanisation(*n.* 都市化)

compliment* [ˈkɒmplɪment] *n.* 赞美；[*pl.*] 问候，祝贺

[记] 词根记忆：com(一起) + pli(满足，填满) + ment(名词后缀) → 一起满足某人的愿望 → 赞美

execution [ˌeksɪˈkjuːʃn] *n.* 执行，实施；处决

[记] 词根记忆：ex(表加强) + ecut(追踪) + ion → 加强追踪 → 执行，实施

[派] executioner(*n.* 行刑者)

Great trees are good for nothing but shade.

大树底下好乘凉。

Word List 6

heritage [ˈherɪtɪdʒ] *n.* 遗产；传统

[记] 词根记忆：her(遗传) + it + age(集体名词后缀) → 遗传下来的东西 → 遗产；传统

[搭] cultural heritage 文化遗产

[同] legacy(*n.* 遗产，遗赠物)；inheritance(*n.* 遗产，继承物)

appropriate* [əˈprəʊpriət] *a.* 适当的

[əˈprəʊprieɪt] *vt.* 占有，挪用；拨出(款项)

[记] 词根记忆：ap(=to) + propr(自身的，固有的) + iate → 变为自己的 → 占有，挪用

[搭] be appropriate to 适于

annual* [ˈænjuəl] *a.* 每年的，年度的 *n.* 年刊，年鉴；一年生植物

[记] 词根记忆：ann(年) + ual → 每年的，年度的

depict [dɪˈpɪkt] *vt.* 描绘，描述

[记] 词根记忆：de(表加强) + pict(描写，画) → 描绘，描述

[同] describe(*v.* 描写，描述)；represent(*vt.* 表现，描绘)；picture(*vt.* 画，描绘)

literacy* [ˈlɪtərəsi] *n.* 有文化；有教养；读写能力

[记] 词根记忆：liter(文字) + acy → 有文化

[派] illiteracy(*n.* 文盲)

calculate [ˈkælkjuleɪt] *v.* 计算，推算；估计，推测；计划，打算

[记] 词根记忆：calcul(计算) + ate → 计算

[搭] be calculated to do sth. 旨在，打算；故意做

luxury* [ˈlʌkʃəri] *n.* 豪华(品)；奢侈(品) *a.* 奢华的

[记] 词根记忆：lux(光) + ury → 光彩的 → 奢侈(品)；奢华的

[派] luxuriant(*a.* 繁茂的；肥沃的；奢侈的)

souvenir [ˌsuːvəˈnɪə(r)] *n.* 纪念品，纪念物

[记] 词根记忆：sou(=sub 在某地) + ven(来) + ir → 在某地游玩带回来的东西 → 纪念品

[搭] a souvenir shop 纪念品商店

purchase* [ˈpɜːtʃəs] *vt.* 买，购买 *n.* 购买的物品

[记] 联想记忆：pur + chase（追逐）→ 为得到紧俏的商品而竞相追逐 → 购买

[搭] purchase from 从…处购买

[派] purchaser(*n.* 购买者，采购人)

constant* [ˈkɒnstənt] *a.* 经常的，不断的；坚定的，永恒的，忠实的；持续的，不变的 *n.* 常数，恒量

[记] 词根记忆：con(共同) + stant(站立) → 永远站在一起 → 坚定的，永恒的，忠实的

[搭] constant temperature 恒温；constant speed 恒定速度；constant value 不变价值

[派] constancy(*n.* 恒定不变)

dormancy* [ˈdɔːmənsi] *n.* 休眠；催眠状态；冬眠；隐匿

[记] 词根记忆：dorm(睡眠) + ancy → 休眠；催眠状态；冬眠

particular* [pəˈtɪkjələ(r)] *a.* 特殊的，特别的；特定的，个别的；详细的 *n.* 详情，细目，细节

[记] 词根记忆：part(部分) + icular(属于…的) → 只属于部分的 → 特别的

[搭] in particular 特别，尤其

subscription* [səbˈskrɪpʃn] *n.* 订阅，订购；订阅费，订购款；捐赠，捐助；签字，签署

pitch* [pɪtʃ] *v.* 投掷；颠簸；为…定音高 *n.* 沥青；场地；程度；最高点；音高

[派] pitcher(*n.* 投球手)

entitle [ɪnˈtaɪtl] *vt.* 给…权利(或资格)；给(书、文章等)题名；给…以称号

[记] 联想记忆：en(使…) + title(题目，标题) → 使有题目或标题 → 给(书、文章等)题名

shutter* [ˈʃʌtə(r)] *n.* 百叶窗；(照相机的)快门

[记] 来自 shut(*v.* 关闭)

demolish * [dɪˈmɒlɪʃ] *vt.* 破坏；拆除；驳倒(论点等)，推翻
[记] 词根记忆：de(表加强) + mol(磨) + ish → 完全磨成粉 → 破坏；拆除

durable [ˈdjʊərəbl] *n.* 耐用品 *a.* 耐久的；耐用的
[记] 词根记忆：dur(持续) + able(可…的) → 耐久的；耐用的
[派] durability(*n.* 耐久性；耐用性)

cope * [kəʊp] *vi.* (成功地)应付；(妥善地)处理
[搭] cope with 应付；处理

circulation [ˌsɜːkjəˈleɪʃn] *n.* (体液的)循环，(水、空气等的)流通；流传，传播；发行，发行量
[记] 来自 circulate(*v.* 循环，流通)

tradition * [trəˈdɪʃn] *n.* 传统；惯例
[派] traditional(*a.* 传统的；惯例的)

benefit * [ˈbenɪfɪt] *v.* 使受益；有益于，得益于 *n.* 益处，好处；恩惠；救济金，保险金，津贴
[记] 词根记忆：bene(善，好) + fit(做) → 益处，好处
[搭] benefit from/by 从…得益，受益于；for the benefit of 为了…的利益(或好处)

decay * [dɪˈkeɪ] *n.* 腐烂，腐朽；衰败(或衰退)状态 *v.* 腐烂，腐朽；衰败，衰退
[记] 联想记忆：骗(decoy)人变坏(decay)

distribution * [ˌdɪstrɪˈbjuːʃn] *n.* 分发，分配；配给物；散布，分布

defect [ˈdiːfekt] *n.* 缺点，不足之处 [dɪˈfekt] *vi.* 叛变
[记] 词根记忆：de(离开) + fect(做) → 没做好 → 缺点，不足之处
[派] defective(*a.* 有缺点的；不完全的)

oppose [əˈpəʊz] *v.* 反对，反抗
[记] 词根记忆：op(相反) + pos(放) + e → 反着放 → 反对，反抗
[搭] oppose oneself to 反对

statistics * [stəˈtɪstɪks] *n.* 统计数字，统计资料；统计学

stuffy* [ˈstʌfi] *a.* 不透气的，(空气)不新鲜的，不通风的；乏味的

[记] 来自 stuff (*v.* 塞满)

approximately* [əˈprɒksɪmətli] *ad.* 近似，大约

excusable* [ɪkˈskjuːzəbl] *a.* 可原谅的；可谅解的；可容许的

[记] 来自 excuse(*n./vt.* 原谅)

propose* [prəˈpəʊz] *v.* 提议，建议；提名，推荐；打算；(向某人)求婚

[记] 词根记忆：pro(在前面) + pos(放) + e → 在前面放出 → 行动之前指出 → 建议，提议

[派] proposal(*n.* 提案；建议)

ornament* [ˈɔːnəmənt] *n.* 装饰；装饰物 *vt.* 装饰，修饰，美化

[记] 词根记忆：orn(装饰) + ament → 装饰；装饰物

[搭] for ornament 以作装饰；be ornamented with sth. 用…装饰

[派] ornamental(*a.* 装饰性的，装饰用的)

energetic* [ˌenəˈdʒetɪk] *a.* 有力的，精力旺盛的；积极的

[记] 来自 energy(*n.* 精神，活力)

atmospheric* [ˌætməsˈferɪk] *a.* 大气的，空气的；大气层的；大气所引起的

[搭] atmospheric pressure 大气压；atmospheric conditions 大气状况

cooperative* [kəʊˈɒpərətɪv] *a.* 合作的，协作的 *n.* 合作社

[搭] cooperative enterprises 合作企业；make a cooperative effort 共同努力

[派] uncooperative(*a.* 不合作的，不配合的)

corrode* [kəˈrəʊd] *v.* 腐蚀；侵蚀

[记] 词根记忆：cor(表加强) + rod(咬) + e → 用力咬掉 → 腐蚀；侵蚀

honour [ˈɒnə(r)] *n.* 光荣；尊敬 *vt.* 向…示敬意；信守，执行(承诺)

except* [ɪkˈsept] *vt.* 将…除外 *prep.* 除…外

[记] 词根记忆：ex(出) + cept(拿，取) → 不拿 → 将…除外

[派] exceptional(*a.* 例外的；异常的)

soluble [ˈsɒljəbl] *a.* 可溶的；可解决的

[记] 词根记忆：solu(溶解；解开)+ble(可…的)→可溶的；可解决的

[同] resoluble(*a.* 可解决的；可分解的)

[反] unsolvable(*a.* 不能溶解的；无法解决的)

administration* [ədˌmɪnɪˈstreɪʃn] *n.* 管理(部门)；行政(机关)

[记] 联想记忆：ad+ministr(看做 minister，部长)+ation→部长的工作→管理；行政

environment* [ɪnˈvaɪərənmənt] *n.* 周围状况；环境

[派] environmental(*a.* 环境的)

licence [ˈlaɪsns] *n.* 许可(证)，执照 *vt.* 批准，准许

[搭] a driving licence 驾驶执照；grant a licence 颁发许可证

underline* [ˌʌndəˈlaɪn] *vt.* 画线于…之下；强调

[记] 组合词：under（在…下）+ line（画线）→在…下面画线→画线于…之下；强调

activate* [ˈæktɪveɪt] *vt.* 激活；使活动，使活化

[记] 词根记忆：act(做)+iv+ate(使…)→使开始做某事→激活

[派] activator(*n.* 催化剂)

major* [ˈmeɪdʒə(r)] *a.* 主要的 *n.* 专业(学生) *vi.* 主修，专攻

[记] 词根记忆：maj(大)+or→较大的→主要的

specific [spəˈsɪfɪk] *a.* 特定的；明确的

[派] specifically(*ad.* 特定地；明确地)

objective* [əbˈdʒektɪv] *n.* 目标，目的 *a.* 客观的

[搭] strategic objective 战略目标；achieve the objective 达到目的；be objective about sth. 客观看待某事；objective reality 客观事实

concentrate* [ˈkɒnsntreɪt] *v.* 全神贯注，全力以赴；集中，聚集；浓缩 *n.* 浓缩物，浓缩液

[记] 词根记忆：con(共同，一起)+centr(中心)+ate→置于同一个中心→集中，聚集

[搭] concentrate on 集中，专心，全神贯注于

[派] concentration(*n.* 集中，聚集)

conflict * [ˈkɒnflɪkt] *n.* 冲突 [kənˈflɪkt] *vi.* 冲突，抵触

[记] 词根记忆：con(共同)＋flict(击，打)→互相打→冲突，抵触

[搭] come into conflict with sb. 与…起冲突

antidote * [ˈæntidəʊt] *n.* 解毒药；矫正方法

[记] 词根记忆：anti(反)＋dot(给予，捐赠)＋e→解毒药

discover * [dɪˈskʌvə(r)] *vt.* 发现，找到；发觉

necessarily * [ˈnesəsərəli] *ad.* 必要地；必然地

continent [ˈkɒntɪnənt] *n.* 大陆，陆地；洲

[派] continental(*a.* 欧洲大陆的 *n.* 欧洲人)

turret [ˈtʌrət] *n.* 塔楼，角楼

elastic [ɪˈlæstɪk] *a.* 有弹性的；灵活的 *n.* 松紧带

[记] 联想记忆：e(出)＋last(延长)＋ic(形容词后缀)→可延长的→有弹性的；灵活的

enhance [ɪnˈhɑːns] *vt.* 提高，增强，增进

demonstration * [ˌdemənˈstreɪʃn] *n.* 论证，证明；示范；显示，表露；示威游行

[记] 词根记忆：de(完全)＋monstr(展示)＋ation→论证；示范

interrupt * [ˌɪntəˈrʌpt] *v.* 中断，中止；阻碍；打断，打扰

[记] 词根记忆：inter(在…之间)＋rupt(打破，断裂)→在中间断裂→中断，中止；打断

[派] interruption(*n.* 打扰，打断)

redundant * [rɪˈdʌndənt] *a.* (因人员过剩而)被解雇的；多余的，过剩的；累赘的，冗长的

[记] 词根记忆：red(=re 一再)＋und(波动)＋ant→反复波动，反复出现→多余的

[派] redundancy(*n.* 裁员；过多，过剩)

[同] superfluous(*a.* 多余的，过剩的)；excessive(*a.* 过多的)

[反] indispensable(*a.* 不可或缺的)；scanty(*a.* 不够的，贫乏的)

mishandle * [ˌmɪsˈhændl] *vt.* 粗暴地对待；错误地处理，胡乱操作

discovery [dɪˈskʌvəri] *n.* 发现

alcohol [ˈælkəhɒl] *n.* 含酒精饮料，酒；酒精

suppression * [səˈpreʃn] *n.* 镇压，压制，抑制；扑灭

[记] 来自 suppress(*vt.* 镇压；抑制)

mainly * [ˈmeɪnli] *ad.* 大体上，主要地

property [ˈprɒpəti] *n.* 财产，所有物；性质，特性；房产，地产

[记] 联想记忆：proper(固有的)+ty(表物)→固有物→财产，所有物

[搭] intellectual property 知识产权

naked [ˈneɪkɪd] *a.* 裸体的，无遮蔽的

feature * [ˈfiːtʃə(r)] *n.* 特征，特色；[*pl.*] 面貌，相貌；特写，专题节目；故事片 *v.* 以…为特色；由…主演；占重要地位

[记] 联想记忆：我的未来(future)我主演(feature)

lens * [lenz] *n.* 透镜；镜片；镜头

[记] 联想记忆：借(lend)你透镜(lens)用用

coordinator * [kəʊˈɔːdɪneɪtə(r)] *n.* 协调者

[记] 来自 coordinate(*v.* 调整；整理)

nourish [ˈnʌrɪʃ] *vt.* 养育，滋养；培养(情绪、观点等)

[派] nourishing(*a.* 有营养的)

[同] nurture(*vt.* 抚育，教养)；foster(*v.* 培养)

crisp [krɪsp] *a.* 脆的；利落的 *n.* [*pl.*] 油炸土豆片

guilty * [ˈgɪlti] *a.* 内疚的；有罪的

[搭] be guilty of doing sth. 因做某事而内疚；因做某事而获罪

crack [kræk] *n.* 裂缝，缝隙；爆裂声 *v.* (使)破裂；(使)发出爆裂声；重击；崩溃，瓦解

[搭] crack up (身体或精神等)崩溃；crack down on 镇压

Word List 7

flourish* [ˈflʌrɪʃ] *v.* 繁荣；茂盛；兴旺；健康幸福 *n.*（为引起注意的）夸张动作；修饰

[记] 词根记忆：flour（=flor 花）+ ish → 像花一样绽放 → 繁荣；茂盛

[搭] in full flourish 盛极一时

reserve* [rɪˈzɜːv] *vt.* 预订，预约；保留；储备 *n.* 储备（量）；自然保护区

[记] 词根记忆：re（再，又）+ serv（保持）+ e → 预订；保留

[派] reservation（*n.* 预订；保留）

dimensional [daɪˈmenʃnl] *a.* …度空间的，…维的

[搭] three-dimensional image 三维图像

gravel [ˈɡrævl] *n.* 沙砾，砾石

[记] 词根记忆：grav（重的）+ el（表小玩意、小东西）→ 重的小东西 → 沙砾

advertisement* [ədˈvɜːtɪsmənt] *n.* 广告，公告；广告活动，宣传

[搭] advertisement industry 广告业

insulation* [ˌɪnsjuˈleɪʃn] *n.* 隔绝，隔绝状态；绝缘（材料），隔热，隔音

hesitation* [ˌhezɪˈteɪʃn] *n.* 犹豫，踌躇

[搭] without hesitation 毫不犹豫；have no hesitation in doing sth. 做某事时没有犹豫

undermine* [ˌʌndəˈmaɪn] *vt.* 削弱；破坏

[记] 组合词：under（下面）+ mine（挖）→ 在下面挖 → 削弱；破坏

[同] weaken〔*v.* 削弱；（使）变弱〕

[反] strengthen（*vt.* 加强，巩固）；intensify（*v.* 增强，加强）；reinforce（*vt.* 加强，加固）

eliminate [ɪˈlɪmɪneɪt] *vt.* 消灭，消除；淘汰

[记] 词根记忆：e（出）+ limin（界限）+ ate → 划在界限之外 → 消灭，消除

volcano * [vɒlˈkeɪnəʊ] *n.* 火山

[记] 联想记忆：vol(=will 意志力) + can(会) + (n)o → 火山爆发不以人的意志为转移 → 火山

exclude [ɪkˈskluːd] *vt.* 把…排斥在外；将(某物)排除，不包括

[记] 词根记忆：ex(出) + clud(关闭) + e → 关出去 → 把…排斥在外

laundry * [ˈlɔːndri] *n.* 洗衣房；待洗衣服

[记] 词根记忆：lau(洗) + nd + (o)ry(表地点) → 洗衣房

apparently * [əˈpærəntli] *ad.* 显然；看来，似乎

gelatin [ˈdʒelətɪn] *n.* 明胶

stimulate [ˈstɪmjuleɪt] *vt.* 刺激；使兴奋；激发，激励

fuel [ˈfjuːəl] *n.* 燃料 *v.* 给…加燃料

[搭] solid fuel 固体燃料；add fuel to the fire/flames 火上浇油

operational [ˌɒpəˈreɪʃənl] *a.* 运转的；操作的；运营的，业务的

[记] 来自 operate(*v.* 操作；运转)

image [ˈɪmɪdʒ] *n.* 形象；印象；图像

distribute [dɪˈstrɪbjuːt] *vt.* 分发，分配，分送；散布，分布；分类，分区

[记] 词根记忆：dis(分开) + tribut(给予) + e → 分开给予 → 分发，分送

[派] distribution(*n.* 分配；分布)

notice board * 布告牌，公告牌

intend [ɪnˈtend] *v.* 想要，打算

[记] 词根记忆：in(向内) + tend(伸展) → 向内伸展 → 想要，打算

empirical * [ɪmˈpɪrɪkl] *a.* 经验主义的，以经验为依据的

probation * [prəˈbeɪʃn] *n.* 缓刑(制)；(对人的)试用；试用期

[记] 词根记忆：prob(检查，试验) + ation → 察看 → 试用；试用期

depression * [dɪˈpreʃn] *n.* 忧愁，消沉；低气压，低压；不景气，萧条(期)

[记] 来自 depress(*vt.* 使消沉，使沮丧)

proximity * [prɒkˈsɪməti] *n.* 接近，邻近；亲近
[记] 词根记忆：prox(近) + im + ity → 接近，邻近；亲近
[同] vicinity(*n.* 邻近，附近)
[反] distance(*n.* 远离，远隔)

attention * [əˈtenʃn] *n.* 注意(力)，留心；立正
[记] 词根记忆：at + tent(伸展) + ion → (听得)伸长了脖子 → 注意(力)
[搭] attract/draw (sb's) attention to 吸引注意力，令（某人）注意某事物；pay attention to 注意；catch the attention of 引起…的注意

factual * [ˈfæktʃuəl] *a.* 事实的；真实的，确凿的
[记] 来自 fact(*n.* 事实)

acclaim * [əˈkleɪm] *vt.* 向…欢呼，为…喝彩 *n.* 称赞；欢迎
[记] 词根记忆：ac(向) + claim(大声呼喊) → 向某人大声叫喊 → 向…欢呼，为…喝彩
[派] acclaimed(*a.* 受欢呼的，受称赞的)

carry * [ˈkæri] *v.* 运送，搬运；传送，传播 *n.* 运载；射程
[搭] carry on 继续下去，坚持下去；carry out 贯彻，实现；carry...through 成功完成

devastate * [ˈdevəsteɪt] *vt.* 破坏，毁坏；使震惊，使极为悲痛
[记] 词根记忆：de(表加强) + vast(空) + ate(使…) → 使完全变空 → 破坏，毁坏

response * [rɪˈspɒns] *n.* 回答，答复；反应，响应
[记] 词根记忆：re(再，又) + spons(允诺，约定) + e → 回答；反应
[搭] response for 对…负责，是造成…的原因；in response to 答复，响应；适应
[派] responsive(*a.* 反应积极的)

postcode * [ˈpəʊstkəʊd] *n.* 邮政编码

dull * [dʌl] *a.* 乏味的；阴沉的
[记] 联想记忆：和充实的(full)相反的是乏味的(dull)

basis * [ˈbeɪsɪs] *n.* 基础；根据；原则
[搭] on the basis of 根据…，在…的基础上

tropical* [ˈtrɒpɪkl] *a.* 热带的；炎热的

[记] 词根记忆：trop(转)+ical → 热得令人晕头转向 → 热带的；炎热的

rumour [ˈruːmə(r)] *n.* 谣传，谣言

[记] 发音记忆："辱骂" → 谣言往往比辱骂更伤人 → 谣言

endeavour* [ɪnˈdevə(r)] *n./vi.* 努力，尽力；尝试

[记] 联想记忆：end(尽头)+eav(看做eager，热情)+our(我们的) → 用尽了我们的热情 → 尽力

address* [əˈdres] *vt.* 致函，写姓名地址；向…讲话，演说；处理，对付 *n.* 地址；致词

payment* [ˈpeɪmənt] *n.* 支付；支付的款项

superb [suːˈpɜːb; sjuˈpɜːb] *a.* 极好的；高质量的

intention [ɪnˈtenʃn] *n.* 意图，目的

[记] 词根记忆：in(向内)+tent(伸展)+ion → 向内伸展 → 意图，目的

demonstrate* [ˈdemənstreɪt] *v.* 论证，证实；演示，说明；举行示威游行(或集会)

[记] 词根记忆：de(完全)+monstr(展示)+ate → 完全展示 → 论证；说明

[同] display(*v.* 展览；显示)；show(*v.* 说明，显示)；illustrate(*vt.* 举例说明，阐明)

agenda* [əˈdʒendə] *n.* 议程；议程表

[记] 词根记忆：ag(做)+enda(表名词复数) → 做的事情 → 议程

illuminate [ɪˈluːmɪneɪt] *vt.* 照亮；阐明，解释；启发

[记] 词根记忆：il(向内)+lumin(光)+ate → 向内投入光 → 照亮；启发

slim [slɪm] *a.* 苗条的；薄的 *vi.* 变苗条

[记] 联想记忆：sim卡通常很薄(slim)

warrant* [ˈwɒrənt] *v.* 保证；证明…正当 *n.* 授权；许可证

optimism [ˈɒptɪmɪzəm] *n.* 乐观，乐观主义

[记] 词根记忆：optim(最好)+ism(抽象名词后缀) → 认为自己是最好的 → 乐观，乐观主义

rank [ræŋk] *v.* 排列；分等 *n.* 等级；军衔
[记] 联想记忆：银行(bank)拥有不同社会阶层(rank)的客户

dimension [daɪˈmenʃn] *n.* 尺寸，(长、宽、厚、深)度；方面，特点；维，元；[*pl.*]面积
[记] 词根记忆：di + mens(测量) + ion → 测量 → 尺寸；面积

avail [əˈveɪl] *vt.* 有帮助，有益，有用 *n.* 效用；利益
[记] 词根记忆：a(对，向) + vail(价值) → 对…有价值 → 有帮助，有益

dioxide* [daɪˈɒksaɪd] *n.* 二氧化物
[记] 联想记忆：di(二) + oxide(氧化物) → 二氧化物

block [blɒk] *n.* 一排房屋，街区；阻塞；大块木料(或石料、金属) *vt.* 阻塞，拦阻；封锁
[派] blockage(*n.* 障碍物)

administrative* [ədˈmɪnɪstrətɪv] *a.* 管理的，行政的

frustrating* [frʌˈstreɪtɪŋ] *a.* 令人泄气的，使人沮丧的

resistant* [rɪˈzɪstənt] *a.* 抵抗的，有抵抗力的
[搭] be resistant to 对…有抵抗力

overdue* [ˌəʊvəˈdjuː] *a.* 过期未付的，逾期的；过度的，过火的；迟到的，延误的
[记] 组合词：over(超过) + due(预期的) → 超过期限的 → 逾期的

impressive* [ɪmˈpresɪv] *a.* 给人深刻印象的，令人敬佩的
[记] 来自 impress(*vt.* 给…以深刻印象)

analysis* [əˈnæləsɪs] *n.* 分析，分解
[记] 词根记忆：ana(贯穿) + lys(分开) + is → 整个分开 → 分析，分解

verdict* [ˈvɜːdɪkt] *n.* 裁定；定论；判断；意见
[记] 词根记忆：ver(真实) + dict(说) → 说出事实 → 裁定；判断
[同] opinion(*n.* 主张，判断)；judgment(*n.* 判断；看法)

refresher* [rɪˈfreʃə(r)] *n.* 提神物；帮助记忆的东西或人；补习课程

[搭] refresher course 进修课程；refresher leave 进修假期

blaze [bleɪz] *v.* 熊熊燃烧；发(强)光；迸发 *n.* 火焰

[记] 联想记忆：复仇的火焰(blaze)烧得正旺，人们谴责(blame)不断

misjudge* [ˌmɪsˈdʒʌdʒ] *vt.* 判断错误

[记] 联想记忆：mis(错) + judge(判断) → 判断错误

pregnant [ˈpreɡnənt] *a.* 怀孕的，妊娠的；充满的

[记] 词根记忆：pre(在…之前) + gn(=gen 出生) + ant(形容词后缀) → 在出生之前的 → 怀孕的

unyielding* [ʌnˈjiːldɪŋ] *a.* 顽强的；坚硬的；不能弯曲的，坚固的

[记] 联想记忆：un(不) + yielding(屈从的，易弯曲的) → 顽强的；坚固的

exterior [ɪkˈstɪərɪə(r)] *a.* 外部的，外表的 *n.* 外部，外表

[记] 联想记忆：金玉其外(exterior)，败絮其中(interior)

approve* [əˈpruːv] *v.* 赞成；批准，同意

[记] 联想记忆：ap + prove(证实) → 经过证实才能批准 → 批准，同意

[搭] approve of 同意…

client* [ˈklaɪənt] *n.* 委托人；顾客，客户

vernacular* [vəˈnækjələ(r)] *n.* 本国话；方言；土语；(建筑的)民间风格 *a.* 本国语的

[记] 发音记忆："我奶哭了"→ 离乡多年，我奶奶一听到熟悉的乡音就激动地哭了 → 方言

compare* [kəmˈpeə(r)] *v.* 比较；对比

[记] 词根记忆：com(一起) + par(相等) + e → 放在一起看看是否相等 → 对比；比较

[搭] compare to 比喻成…；compare with 与…相比较

[派] comparable(*a.* 可比较的)；comparison(*n.* 比较，对比)

transplarent [træns'pærənt] *a.* 透明的，清澈的；明显的；易懂的

[记] 联想记忆：trans(穿过)+parent(双亲)→父母之间没有什么可隐瞒的→透明的

cassette [kə'set] *n.* 盒式录音(或录像)带

deputy ['depjuti] *n.* 代理人；代表

[记] 联想记忆：de+puty(看做 duty，责任)→应负责任的人→代理人

fraud* [frɔːd] *n.* 诈骗罪；骗子；伪劣品，冒牌货

[记] 发音记忆："富饶的"→骗子愿意去富饶的地区骗人→骗子

bind [baɪnd] *v.* 捆绑，系；约束；凝结

[记] 发音记忆："绑的"→捆绑

fragrance ['freɪgrəns] *n.* 芳香，香味；香水

[记] 联想记忆：frag(打碎)+rance(看做 France，法国)→从法国买回来的香水被打碎，芳香四溢→芳香；香水

[同] scent(*n.* 香味)；perfume(*n.* 香味；香水)

[反] stink(*n.* 恶臭)；stench(*n.* 臭气，恶臭)

marketplace* ['mɑːkɪtpleɪs] *n.* 市场，集市

[记] 组合词：market(市场)+place(地点，场所)→市场

acute [ə'kjuːt] *a.* 灵敏的；剧烈的，猛烈的

ripe [raɪp] *a.* (水果或庄稼)成熟的；时机成熟的

[记] 联想记忆：稻熟(ripe)米(rice)香

[派] ripen(*v.* 使成熟；成熟)

vet* [vet] *vt.* 审查，仔细检查 *n.* 兽医

[同] screen(*vt.* 审查，检查)

Word List 8

formulate [ˈfɔːmjuleɪt] *vt.* 系统阐述，明确表达；构想出(计划、方法等)，规划(制度等)

[记] 词根记忆：form(形式，形态)+ul+ate(使…)→使具备形式→系统阐述

collate* [kəˈleɪt] *vt.* 对照；核对；整理(文件、书页等)

[记] 词根记忆：col(共同)+lat(搬运)+e→一起搬运→对照；核对

infer [ɪnˈfɜː(r)] *v.* 推断，猜想

[记] 词根记忆：in(进入)+fer(带来)→带进(意义)→推断，猜想

fiction* [ˈfɪkʃn] *n.* 小说

[记] 发音记忆："费口舌"→费口舌瞎编→小说

[搭] science fiction 科幻小说

ability* [əˈbɪləti] *n.* 能力；本领；才能

[搭] have the ability to do sth. 有做…的能力

sector [ˈsektə(r)] *n.* 部分，部门；防御地段，防区；扇形

creep* [kriːp] *vi.* 悄悄移动；缓慢行进；爬行

[记] 联想记忆：兔子偷懒睡觉(sleep)时乌龟继续缓慢行进(creep)

[搭] creep in/into 开始发生

[派] creeping(*a.* 逐渐发生的)

casual* [ˈkæʒuəl] *a.* 偶然的，碰巧的，不经意的；临时的，非正式的

[记] 联想记忆：平常(usual)时候可以穿非正式的(casual)服装

[派] casualness(*n.* 偶然性)

interpretation* [ɪnˌtɜːprɪˈteɪʃn] *n.* 口译；解释，诠释；(表演、演奏的)艺术处理

trimester* [traɪˈmestə(r)] *n.* 三月期；学期

consensus * [kən'sensəs] *n.* 共识；(意见)一致

[记] 词根记忆：con(共同) + sens(感觉) + us → 感觉相同 → 共识

[同] unanimity(*n.* 全体一致)

redevelopment * [ˌriːdɪ'veləpmənt] *n.* 重新规划；重新建设

[搭] economic redevelopment 经济重建

auditorium * [ˌɔːdɪ'tɔːriəm] *n.* 礼堂；观众席

[记] 词根记忆：aud(听) + it + orium(表场所、地点，名词后缀) → 听(讲座等)的地方 → 礼堂

condition * [kən'dɪʃn] *n.* 状况，状态；[*pl.*] 环境，形势；条件，前提 *vt.* 训练；使适应，使习惯于；对…有重要影响

[搭] indoor conditions 室内环境；out of condition 情况不好；on (the) condition that 以…为条件

furnish * ['fɜːnɪʃ] *vt.* 布置，为…配备家具；供应，提供；装备

[记] 联想记忆：fur(皮毛) + nish → 供应皮毛 → 供应

[派] unfurnished(*a.* 无家具的)

stabilise ['steɪbəlaɪz] *v.* (使)稳定，(使)稳固

[记] 来自 stable(*a.* 稳定的)

incoming * ['ɪnkʌmɪŋ] *a.* 进来的 *n.* [*pl.*] 收入

alignment [ə'laɪnmənt] *n.* 排成直线；联盟

[记] 联想记忆：a + lign(看做 line，线) + ment → 排成直线

boot * [buːt] *n.* (长筒)靴子；(汽车的)行李箱；[the ~] 解雇

[记] 联想记忆：足(foot)蹬长靴(boot)

ozone layer 臭氧层

acid * ['æsɪd] *n.* 酸 *a.* 酸的；尖刻的

booming * ['buːmɪŋ] *a.* 发展迅速的；激增的

[记] 来自 boom(*n./vi.* 繁荣)

definite * ['defɪnət] *a.* 明确的，肯定的；清楚的

[记] 词根记忆：de + fin(界限，范围) + ite → 划定界限的 → 明确的，肯定的

deem [diːm] *vt.* 认为

[记] 联想记忆：和 seem(*v.* 似乎)一起记

narrator* [nəˈreɪtə(r)] *n.* 讲述者，叙述者

reorient* [ˌriːˈɔːrient] *vt.* 重新定方位，重新定位；使适应

[记] 联想记忆：re(重新) + orient(确定方向) → 重新定位

reckon* [ˈrekən] *v.* 认为，估计；测算，测量；料想，指望

[记] 词根记忆：reck(注意，留心) + on → 估计；测算

tutorial* [tjuːˈtɔːriəl] *n.* 大学导师的辅导课；指南 *a.* 家庭教师的，辅导教师的，大学导师的；辅导的，指导的

reference* [ˈrefrəns] *n.* 参考，参考书目；提及，涉及；证明书(或人)；介绍(人)

[记] 来自 refer(*v.* 提及)

[搭] with/in reference to 关于

sledge* [sledʒ] *n.* 雪橇 *vi.* 乘雪橇

exaggerate* [ɪgˈzædʒəreɪt] *v.* 夸大，夸张

[记] 词根记忆：ex(出) + ag(表加强) + ger(搬运) + ate → 过多搬运 → 夸大，夸张

[派] exaggeration(*n.* 夸张)；exaggerated(*a.* 夸张的；故作姿态的)

restriction* [rɪˈstrɪkʃn] *n.* 限制，约束

[搭] speed restriction 速度限制；impose restriction on sth. 对…进行限制

abandon [əˈbændən] *vt.* 放弃，遗弃

[记] 联想记忆：a + band(乐队) + on → 乐队解散，放弃演出 → 放弃

priority [praɪˈɒrəti] *n.* 优先(权)，重点；优先考虑的事

[搭] give priority to 给…优先权，优先考虑

terrify* [ˈterɪfaɪ] *vt.* 使恐惧，使惊吓

habitat* [ˈhæbɪtæt] *n.* 栖息地，住处

[记] 词根记忆：hab(住) + it + at → 住的地方 → 栖息地，住处

encourage* [ɪnˈkʌrɪdʒ] *v.* 鼓励；促进，激发

[记] 联想记忆：en(使…) + courage(精神) → 使有精神 → 鼓励

celebrity* [sə'lebrəti] *n.* 名声；知名人士

significance* [sɪg'nɪfɪkəns] *n.* 重要性，意义

magnetic [mæg'netɪk] *a.* 磁的，有磁性的；有吸引力的

[搭] magnetic fields 磁场

slippery ['slɪpəri] *a.* 滑的，滑溜的；油滑的，狡猾的；棘手的

graphic ['græfɪk] *a.* 文字的；生动的，形象的；绘画的，图表的

[记] 词根记忆：graph(书写)+ic(形容词后缀)→文字的；生动的

[同] lifelike(*a.* 逼真的)；vivid(*a.* 逼真的)；pictorial(*a.* 绘画的)

[反] vague(*a.* 含糊的，模糊的)；obscure(*a.* 模糊的)

examine* [ɪg'zæmɪn] *vt.* 检查；调查，研究；测验

[派] examiner(*n.* 主考者)；examination(*n.* 考试；检查)

opportunity [ˌɒpə'tjuːnəti] *n.* 机会，时机

[记] 联想记忆：opportun(e)(合适的，适当的)+ity→合适的时机→机会，时机

distinguish [dɪ'stɪŋgwɪʃ] *v.* 区别，辨别；辨认出；使杰出

[记] 词根记忆：di(分开)+sting(刺)+uish→将刺挑出来→区别，辨别

[搭] distinguish between 辨别；distinguish oneself 使自己脱颖而出

[同] discern(*v.* 洞悉，辨别)

blanket* ['blæŋkɪt] *n.* 毯子；厚的覆盖物

[记] 联想记忆：blank(空的)+et(放在词尾表小玩意)→毯子铺在一小块空地上→毯子

arrogance ['ærəgəns] *n.* 傲慢，自大

[记] 词根记忆：ar(表加强)+rog(要求)+ance(名词后缀)→一再要求→傲慢，自大

era* ['ɪərə] *n.* 纪元；时代

[记] 联想记忆：反过来拼写 are(是)

stimulus [ˈstɪmjələs] *n.* 刺激(物),促进(因素)

[记] 词根记忆:sti(刺)+ mul + us → 刺激(物),促进(因素)

roam * [rəʊm] *v.* 随便走,漫游;徜徉;漫谈某事 *n.* 漫步;徘徊

[记] 联想记忆:晚饭后,他在院子的狭小空间(room)里漫步(roam)

[搭] roam over/around/about 闲逛,徘徊

provided * [prəˈvaɪdɪd] *conj.* 倘若,只要,假如

comparison * [kəmˈpærɪsn] *n.* 比较,对比,对照;比喻,比拟

[记] 词根记忆:com(一起)+ par(相等)+ ison → 放在一起看看是否相等 → 比较,对比

[搭] by comparison 比较起来;make a comparison 进行对比;in comparison 比较起来

publicity * [pʌbˈlɪsətɪ] *n.* 宣传,宣扬;公众的注意,名声

[记] 联想记忆:产品凭其独特性(peculiarity),不用过多宣传(publicity)也能流行

[搭] seek publicity 想出风头

depend * [dɪˈpend] *vi.* 依靠,依赖;信赖,相信;决定于,视…而定

[记] 词根记忆:de(在…之下)+ pend(悬挂)→ 悬挂于之下 → 依靠,依赖

[搭] depend on/upon 取决于

[派] dependable(*a.* 可信赖的);dependence(*n.* 依赖;信任);dependent(*a.* 依赖的;取决于…的)

composition * [ˌkɒmpəˈzɪʃn] *n.* 作品;写作,作曲;结构,组成,成分

architecture * [ˈɑːkɪtektʃə(r)] *n.* 建筑学;建筑设计,建筑风格;【计】体系结构

[派] architectural(*a.* 建筑的)

hurdle * [ˈhɜːdl] *n.* 障碍 *v.* 越过障碍

teamwork * [ˈtiːmwɜːk] *n.* 协力合作,团队合作;配合

damp [dæmp] *a.* 潮湿的 *n.* 潮湿,湿气 *vt.* 使潮湿;减弱,抑制;使沮丧

[记] 联想记忆:dam(水坝)+ p → 水坝上很潮湿 → 潮湿的

staff [stɑːf] *n.* 全体职工，工作人员；棒；（军队的）全体参谋人员 *vt.* 为…配备人员；任职于

[记] 联想记忆：与 stuff(*n.* 材料)一起记

symbol* [ˈsɪmbl] *n.* 象征；符号

[派] symbolic(*a.* 象征的；符号的)

apt [æpt] *a.* 易于…的；适宜的；敏捷的

[记] 本身为词根，意为“适应；能力”

homogeneous [ˌhɒməˈdʒiːniəs] *a.* 同种类的，由相同(或同类型)事物(或人)组成的

[记] 联想记忆：homo(同类的)＋gene(基因)＋ous → 相同基因的 → 同种类的

[同] kindred(*a.* 同类的，类似的)

[反] heterogeneous(*a.* 异类的，不同的)

conserve [kənˈsɜːv] *vt.* 保护；保存，储存；节约

[记] 词根记忆：con＋serv(保持)＋e → 保持住 → 保存，储存；节约

[派] conservative(*a.* 保守的)

spasm [ˈspæzəm] *n.* 痉挛；抽搐；（活动、情感等的）突发，阵发

[记] 联想记忆：掉入深坑(chasm)突发痉挛(spasm)

invisible [ɪnˈvɪzəbl] *a.* 看不见的，无形的

[记] 词根记忆：in(不)＋vis(看见)＋ible(可…的) → 看不见的，无形的

devote* [dɪˈvəʊt] *vt.* 将…奉献给；致力(于)

[记] 联想记忆：de＋vote(投票) → 把票全投给那个候选者 → 将…奉献给

[搭] devote oneself to 专注于…；devote sth. to sth. 把…用于…

[派] devotion(*n.* 奉献；忠诚)

illustrate [ˈɪləstreɪt] *v.* (用图等)说明，举例说明，阐明；给…作插图说明

[记] 词根记忆：il(向内)＋lus(光)＋tr＋ate → 向内投入光 → 阐明

[派] illustrator(*n.* 插图画家)

terrace [ˈterəs] *n.* 一层梯田；一排并列的房子；阳台

[记] 词根记忆：terr(地) + ace → 一层梯田

dynamic* [daɪˈnæmɪk] *a.* 动力的；活跃的，充满活力的，精力充沛的

[记] 词根记忆：dynam(力量) + ic → 力量的 → 动力的；活跃的

[同] active(*a.* 积极的，活跃的)

[反] static(*a.* 静态的，静力的)

throughout* [θruːˈaʊt] *prep./ad.* 各处；遍及；在整个…期间

smart* [smɑːt] *a.* 漂亮的，时髦的；高明的

criticise [ˈkrɪtɪsaɪz] *v.* 批评，非难，责备；评论

beyond* [bɪˈjɒnd] *prep.* 在…较远的一边；超出，除…之外

[记] 联想记忆：香港红极一时的乐队“Beyond”就是这个词

hinterland* [ˈhɪntəlænd] *n.* 内地，腹地，内陆

[记] 组合词：hinter(=hinder 后面的) + land(土地) → 内地，腹地，内陆

Great hopes make great man.

伟大的抱负造就伟大的人物。

Word List 9

fumes * [fjuːmz] *n.* 烟，气，汽

positive * [ˈpɒzətɪv] *a.* 明确的；肯定的；积极的

[记] 词根记忆：pos(放)+it+ive(形容词后缀)→放正心态的→积极的

assistant * [əˈsɪstənt] *a.* 助理的；副的 *n.* 助理

cannon * [ˈkænən] *n.* 加农炮，大炮

[记] 发音记忆："加农"

obligation [ˌɒblɪˈgeɪʃn] *n.* 义务，职责，责任

[记] 词根记忆：ob(表加强)+lig(捆绑)+ation→用力捆绑→义务，职责

hockey [ˈhɒki] *n.* 曲棍球；冰球

[记] 联想记忆：一只猴子(monkey)在玩曲棍球(hockey)

liberty * [ˈlɪbəti] *n.* 自由，自由权；许可，准许；[常 *pl.*]过于随便，放肆

[搭] take liberties with sth.（尤指对书）任意改动；at liberty to do sth. 有权做某事

pesticide * [ˈpestɪsaɪd] *n.* 杀虫剂，农药

[记] 词根记忆：pest(瘟疫)+i+cide(杀)→杀害虫的东西→杀虫剂

poll * [pəʊl] *n.* 民意测验；政治选举，大选 *v.* 对…进行民意测验；获得…选票

[记] 联想记忆：大选(poll)费用(toll)上涨幅度惊人

[搭] public opinion poll 民意调查；conduct a poll on 对…进行调查

[派] polling(*n.* 投票)

refundable * [rɪˈfʌndəbl] *a.* 可退还的，可归还的，可偿还的

homesick * [ˈhəʊmsɪk] *a.* 想家的，思乡的

[记] 组合词：home(家)+sick(病的)→想家想到生病→思乡的

compassionate * [kəmˈpæʃənət] *a.* 有同情心的，表示怜悯的

orientate * [ˈɔːrianteɪt] *vt.* 使适应，使熟悉情况(或环境等)；给…定位，给…定向；使朝向；转至特定方向；适应

insight [ˈɪnsaɪt] *n.* 洞察力，深刻的了解；顿悟

[记] 联想记忆：in(内) + sight(眼光) → 眼光深入 → 洞察力

[派] insightful(*a.* 富有洞察力的)

resist * [rɪˈzɪst] *v.* 抵抗；抗(病等)；耐(热等)

[记] 词根记忆：re(反) + sist(站) → 站在对立面 → 抵抗

glide [glaɪd] *vi./n.* 滑行，滑翔

[记] 联想记忆：和 slide(*n./v.* 滑动)一起记

casualty [ˈkæʒuəlti] *n.* 伤亡(人员)，伤亡者；损失的东西；伤亡事故

[记] 词根记忆：cas(掉落) + ual + ty → 掉落下来；造成事故 → 伤亡(人员)；伤亡事故

belief * [bɪˈliːf] *n.* 信仰，信条；相信

concentration [ˌkɒnsnˈtreɪʃn] *n.* 集中；专心，专注；浓缩，浓度

tug [tʌg] *v.* 用力拖(或拉)

[记] 发音记忆："探戈" → 跳探戈时脚步拖拉要有力 → 用力拖(或拉)

proceed * [prəˈsiːd] *vi.* 进行；前进；继续

[记] 词根记忆：pro(向前) + ceed(走) → 进行；前进

status [ˈsteɪtəs] *n.* 地位；身份；状况

[记] 联想记忆：stat(看做 state，声明) + us(我们) → 声明我们是谁 → 身份

[搭] marital status 婚姻状况

document * [ˈdɒkjumənt] *n.* 公文，文件，证件 *vt.* 用文件(或文献等)证明；记载

mattress * [ˈmætrəs] *n.* 床垫

hostile * [ˈhɒstaɪl] *a.* 敌方的；不友善的；不利的

[记] 联想记忆：host(主人) + ile → 鸿门宴的主人 → 不友善的

intervene [ˌɪntəˈviːn] *vi.* 干涉，干扰；介于其间

[记] 词根记忆：inter(在…之间) + ven(来) + e → 来到中间 → 干涉，干扰

[同] interfere(*vi.* 介入，干涉)；interpose(*v.* 介入)

promote* [prəˈməʊt] *vt.* 促进；提升；促销

[记] 词根记忆：pro(向前) + mot(动) + e → 向前动 → 促进

bump* [bʌmp] *v.* 碰，撞；颠簸着前进 *n.* 碰撞；隆起物

[记] 发音记忆：物体碰撞的声音

[搭] bump against/into 碰到；bump along/down 颠簸着前进

reunion* [riːˈjuːniən] *n.* 重聚，团聚；(久别后的)聚会，联谊活动

[记] 联想记忆：re(再，又) + union(联合，结合) → 重聚，团聚

[搭] annual reunion 年度聚会

digestive* [daɪˈdʒestɪv] *a.* 消化的；和消化有关的

[记] 词根记忆：di(分离) + gest(搬运) + ive → 分开搬运，搬离 → 消化的

[搭] digestive tract 消化道

homestay* [ˈhəʊmsteɪ] *n.* 在当地居民家居住的时期

[搭] homestay family 寄宿家庭

commit* [kəˈmɪt] *v.* 把…交托给，提交；犯(错误)，干(坏事)

[记] 词根记忆：com(共同) + mit(送) → 送交 →把…交托给，提交

[搭] commit crimes 犯罪；commit suicide 自杀；commit oneself to 使自己承担

[派] commitment(*n.* 承诺，保证；信奉，献身)

practically [ˈpræktɪkli] *ad.* 几乎，简直；实际上

acrobat* [ˈækrəbæt] *n.* 特技演员；杂技演员

[记] 词根记忆：acro(高) + bat(走) → 高空走的人 → 杂技演员

revenue* [ˈrevənjuː] *n.* (尤指大宗的)收入；税收

[记] 词根记忆：re(回) + ven(来) + ue → 回来的东西 → 收入

nickel [ˈnɪkl] *n.* 镍；(美国和加拿大的)五分镍币

[记] 发音记忆："你抠"→连五分钱都舍不得给→五分镍币

limp* [lɪmp] *a.* 软的；无力的

[记] 联想记忆：和 limb(*n.* 肢；翼)一起记

spit [spɪt] *v.* 吐唾沫(或痰)；喷出 *n.* 唾液，唾沫

[记] 联想记忆：s + pit(坑)→往坑里吐痰→吐唾沫

irregularity* [ɪˌregjəˈlærəti] *n.* 不规则，无规律

breeze [briːz] *n.* 微风，和风

[记] 联想记忆：和风(breeze)吹化了冰冻(freeze)的河流

avenue [ˈævənjuː] *n.* 林阴道，大街；方法，途径

magnify [ˈmægnɪfaɪ] *vt.* 放大，扩大

[记] 词根记忆：magn(大) + ify(使…)→使…大→放大，扩大

hive* [haɪv] *n.* 蜂房，蜂箱；蜂房内的蜂群；闹市，忙碌之地 *v.* (使)入蜂箱；群居

[记] 联想记忆：生活(live)忙，建蜂房(hive)

oxide [ˈɒksaɪd] *n.* 氧化物

[记] 词根记忆：ox(=oxy 氧) + ide→氧化物

calf [kɑːf] *n.* 牛犊；崽，幼兽

[记] 联想记忆：小牛(calf)是半(half)大的牛

foremost [ˈfɔːməʊst] *a.* 最好的；最重要的

[记] 组合词：fore(前面) + most(最)→放在最前面的→最重要的

procedure [prəˈsiːdʒə(r)] *n.* 程序，手续；过程

assemble* [əˈsembl] *v.* 集合；装配

[记] 词根记忆：as(接近) + sembl(一样，相等) + e→使接近一样→集合；装配

[派] assembly(*n.* 集会；组装)

plagiarism* [ˈpleɪdʒərɪzəm] *n.* (文章、学说等的)剽窃，抄袭；剽窃物

[记] 词根记忆：plagi(斜的) + ar + ism(抽象名词后缀)→做歪事→剽窃，抄袭

gallop* [ˈɡæləp] *v./n.* 奔驰，飞跑，飞驰
[记] 联想记忆：汽车加了一加仑(gallon)油，于是飞驰(gallop)而去
[搭] at a gallop 以最快速度，急速地

pledge* [pledʒ] *v.* 正式承诺；发誓，保证；抵押，典当 *n.* 誓约，保证；抵押
[记] 联想记忆：pled(看做 plead，恳求)+ge(音似：哥)→哥哥发誓要改邪归正，恳求大家的饶恕→发誓

effective* [ɪˈfektɪv] *a.* 有效的，生效的；给人深刻印象的，显著的
[记] 来自 effect(*n.* 影响；效果)
[搭] effective measures 有效措施；an effective remedy 有效药物
[派] ineffective(*a.* 无效的)

appreciate* [əˈpriːʃieɪt] *v.* 赏识，鉴赏；感激；涨价，增值
[记] 词根记忆：ap(向)+preci(价值)+ate→对价值予以肯定→赏识

deny* [dɪˈnaɪ] *v.* 否认，否定；拒绝
[记] 发音记忆："抵赖"→否认
[搭] deny oneself 节制，戒绝，摒弃；deny doing sth. 否认做过某事；deny a charge 否认控告

union* [ˈjuːniən] *n.* 协会，工会，同盟；联合，合并
[记] 词根记忆：uni(一个)+on(表人、物)→使人都朝着同一个方向走→协会，同盟；联合

responsibility* [rɪˌspɒnsəˈbɪləti] *n.* 责任，责任心；职责，任务
[记] 来自 responsible(*a.* 应负责的，有责任的)

conform [kənˈfɔːm] *vi.* 遵守，服从；适应，顺应；相一致，相符合
[记] 词根记忆：con(共同)+form(形状)→形状相同→相一致
[同] adapt(*v.* 适应，顺应)

handy* [ˈhændi] *a.* 方便的；手边的；手巧的

notify [ˈnəʊtɪfaɪ] *vt.* 通知，报告
[记] 词根记忆：not(知道)+ify(使…)→使人知道→通知，报告

splendid [ˈsplendɪd] *a.* 壮观的，壮丽的，极好的；堂皇的，豪华的；灿烂的，辉煌的

[记] 词根记忆：splend(明亮) + id → 让人眼前一亮的 → 壮观的

direction [daɪˈrekʃn] *n.* 方向；趋势，动向；[*pl.*] 用法说明；指导

execute [ˈeksɪkjuːt] *vt.* 将…处死；实施，执行

[记] 联想记忆：ex(表加强) + ecut(追踪) + e → 加强追踪 → 实施，执行

witness [ˈwɪtnəs] *n.* 证据；目击者 *v.* 目击；为…作证

elbow [ˈelbəʊ] *n.* 肘；(衣服的)肘部

[记] 联想记忆：力在肘(elbow)，弓(bow)在手

limited* [ˈlɪmɪtɪd] *a.* 有限的

vessel* [ˈvesl] *n.* 〈总称〉船只；容器；血管

private* [ˈpraɪvət] *a.* 私人的；私下的；私立的

[记] 词根记忆：priv(私有) + ate → 私人的

stereo [ˈsteriəʊ] *a.* 立体声的 *n.* 立体声(装置)

[记] 本身为词根，意为"三维的，立体的"

soak [səʊk] *v.* 浸泡

[记] 联想记忆：在肥皂(soap)水中浸泡(soak)

stout* [staʊt] *a.* 发胖的，肥胖的，强壮的；结实的，牢固的；顽强的，坚毅的

[记] 联想记忆：st(=stand 站) + out(出来) → 歹徒行凶，壮小伙站出来 → 强壮的

greasy* [ˈgriːsi] *a.* 多脂的；油滑的

[记] 联想记忆：greas(e)(油脂) + y → 多脂的

boast* [bəʊst] *n./v.* 自夸；夸耀

[记] 联想记忆：北京的烤鸭(roast duck)值得夸耀(boast)

swift [swɪft] *a.* 快的；敏捷的，迅速的

Word List 10

ignorance [ˈɪɡnərəns] *n.* 无知，愚昧；不知道

[记] 词根记忆：i(不)+gno(r)(知道)+ance→什么都不知道→无知

aesthetic [iːsˈθetɪk] *a.* 美学的；审美的

[记] 词根记忆：(a)esthet(感觉)+ic(形容词后缀)→美感的→美学的

screen* [skriːn] *n.* 屏幕，银幕；遮蔽；屏风，帘；筛子 *vt.* 掩蔽，遮蔽；包庇；筛选；放映(电影)，播放(电视节目)

absent* [ˈæbsənt] *a.* 不在场的；心不在焉的

[记] 词根记忆：ab(离去)+sent(送)→送走→不在场的

scrape [skreɪp] *v./n.* 刮，擦

promotion* [prəˈməʊʃn] *n.* 提升，晋级；促进，增进；发起，发扬；宣传，推销

recreation* [ˌrekriˈeɪʃn] *n.* 娱乐，消遣

[记] 词根记忆：re(再，又)+cre(制造)+ation(名词后缀)→一再地制造出来的→娱乐

[派] recreational(*a.* 消遣的，娱乐的)

specialise* [ˈspeʃəlaɪz] *v.* 专门研究，专攻；专用于，使适应特殊目的

[记] 来自special(*a.* 特殊的，专门的)

[派] specialisation(*n.* 专门化，特殊化)

magnificent* [mæɡˈnɪfɪsnt] *a.* 壮丽的，宏伟的，华丽的；高尚的

[记] 词根记忆：magn(大)+if(使…)+ic+ent(形容词后缀)→壮丽的，宏伟的

[搭] magnificent performance 出色表演

[派] magnificence(*n.* 壮丽，宏伟；富丽堂皇)

spasmodic [spæz'mɒdɪk] *a.* 痉挛的；间歇性的

[记] 联想记忆：spasm(痉挛，一阵发作) + odic → 痉挛的

fund [fʌnd] *n.* 基金，专款；储备，蕴藏；[*pl.*] 存款，资金 *vt.* 为…提供资金，给…拨款

[搭] raise funds 筹集资金；mutual fund 互助基金

perceive [pə'siːv] *vt.* 感知，察觉；认识到，理解

[记] 词根记忆：per(全部) + ceiv(拿住) + e → 全部拿住 → 感知，察觉

manufacturer [ˌmænju'fæktʃərə(r)] *n.* 制造商，制造厂，生产者

[记] 词根记忆：manu (手) + fact (做) + ur + er (表人) → 用手做事的人 → 生产者

specification [ˌspesɪfɪ'keɪʃn] *n.* [常 *pl.*] 规格，规范；明确说明；(产品等的)说明书

[记] 联想记忆：specific(详细的) + ation → 详细说明 → 说明书

[同] instruction(*n.* 指示；用法说明)

schedule* ['ʃedjuːl] *vt.* 安排；列入，收进（清单等）*n.* 时刻表；清单

[记] 发音记忆："筛斗" → 古代拿沙漏计时 → 时刻表

[搭] ahead of schedule 提前；on schedule 按约定时间，按时，准时

arrangement* [ə'reɪndʒmənt] *n.* 安排；[常 *pl.*] 准备工作

destruction* [dɪ'strʌkʃn] *n.* 破坏，毁灭，摧毁

[记] 词根记忆：de(变坏) + struct(建造) + ion → 使建好的东西变坏 → 破坏

[同] ruin(*n.* 毁灭；崩溃)

extinguisher [ɪk'stɪŋgwɪʃə(r)] *n.* 灭火器；灭火者

[记] 来自 extinguish(*vt.* 熄灭；消灭)

assume* [ə'sjuːm] *vt.* 假定，设想；承担(责任)，就(职)

[记] 词根记忆：as + sum(拿，取) + e → 预先拿取 → 假定，设想

proportion [prəˈpɔːʃn] *n.* 比例；部分；相称

[记] 联想记忆：pro + portion(部分) → 部分

[搭] in/out of proportion (to) (与…)成/不成比例

forth* [fɔːθ] *ad.* 离去，外出；向前；向某处

referee* [ˌrefəˈriː] *v.* 裁判；仲裁，调停 *n.* 裁判(员)；仲裁人，调停人；证明人，介绍人

[记] 联想记忆：refer(查阅，咨询) + ee(表人) → 有问题时能够咨询的人 → 调停人

forgo* [fɔːˈɡəʊ] *vt.* 放弃，抛弃；作罢

[记] 联想记忆：for(往，向) + go(走) → 走向他处，放弃了目前所在地 → 放弃

assistantship* [əˈsɪstənˌʃɪp] *n.* (给研究生的)半工半读助学金，(大学)研究生助教奖学金

conversation* [ˌkɒnvəˈseɪʃn] *n.* 会话，谈话

[记] 来自 converse(*vi.* 交谈，会话)

[派] conversational(*a.* 适于交谈的)

recommendation* [ˌrekəmenˈdeɪʃn] *n.* 推荐，推荐信；劝告，建议

[搭] letter of recommendation 推荐信；on sb.'s recommendation 在某人的推荐下

graph* [ɡrɑːf] *n.* 图，图表，曲线图

[记] 本身为词根，意为"书写；图" → 图表

offset [ˈɒfset] *vt.* 抵消，补偿，弥补

[记] 来自词组 set off(抵消)

humanity [hjuːˈmænəti] *n.* 人类，人；人性；人道，仁慈；[*pl.*] 人文学科

intact [ɪnˈtækt] *a.* 完整无缺的；完好无损的

[记] 词根记忆：in(不) + tact(接触) → 未经触动的 → 完整无缺的

[同] undamaged(*a.* 未损坏的)；sound(*a.* 健全的，完好的)

[反] broken(*a.* 破碎的)；shattered(*a.* 粉碎的)

stripe* [straɪp] *n.* 条纹

[记] 联想记忆：和 strip(*n.* 条，带)一起记

mechanical* [məˈkænɪkl] *a.* 机械的，机械制造的；呆板的；习惯性的；体力的

[搭] mechanical labour 体力劳动

junction [ˈdʒʌŋkʃn] *n.* 连接；联结点；交叉路口
[记] 词根记忆：junct(连接) + ion → 连接

siesta* [siˈestə] *n.* 午睡，午休

detect* [dɪˈtekt] *vt.* 发现，察觉；侦查，探测
[记] 词根记忆：de(去掉) + tect(遮盖) → 去掉遮盖 → 发现，察觉

detour [ˈdiːtʊə(r)] *n.* 弯路，便道 *v.* 迂回，绕道
[记] 联想记忆：de(离开) + tour(走) → 绕着走 → 迂回，绕道

staircase [ˈsteəkeɪs] *n.* 楼梯
[记] 组合词：stair(楼梯) + case(箱，盒) → 楼梯

arthritis* [ɑːˈθraɪtɪs] *n.* 关节炎
[记] 词根记忆：arthr(连结；关节) + itis(炎症) → 关节炎

barrier* [ˈbæriə(r)] *n.* 栅栏；关卡，检票口；障碍，隔阂；屏障

replace* [rɪˈpleɪs] *vt.* 代替；更换；把…放回原处
[记] 联想记忆：re(重新) + place(位置) → 重新定位 → 代替；更换
[派] replacement(*n.* 代替；更换；归还)

justice [ˈdʒʌstɪs] *n.* 正义，公正；司法
[记] 词根记忆：just(正确的) + ice → 正义

diploma [dɪˈpləʊmə] *n.* 毕业文凭(或证书)；资格证书
[记] 联想记忆：做外交官(diplomat)需要资格证书(diploma)

visa* [ˈviːzə] *n.* 签证
[记] 联想记忆："维萨卡"就是 visa card

cosmic* [ˈkɒzmɪk] *a.* 宇宙的
[记] 词根记忆：cosm(宇宙) + ic(形容词后缀) → 宇宙的
[搭] cosmic dust 宇宙尘埃

extendable* [ɪkˈstendəbl] *a.* 可延伸的，可展开的，可扩张的

abundance* [əˈbʌndəns] *n.* 大量，丰富，充足，充裕
[记] 来自 abundant(*a.* 丰富的，充裕的)
[搭] in abundance 丰富
[同] profusion(*n.* 丰富)；affluence(*n.* 富足)
[反] scarcity(*n.* 不足)；deficiency(*n.* 缺少)

supervisor* [ˈsuːpəvaɪzə(r)] *n.* 监督人，管理人，指导者；主管

jumble* [ˈdʒʌmbl] *n.* 混杂，掺杂；供义卖的旧杂货 *vt.* 混杂，掺杂

[记] 联想记忆：jum(看做 jump，跳) + ble → 上蹿下跳，群魔乱舞 → 混杂

equip* [ɪˈkwɪp] *vt.* 装备，配备；使有能力，使有准备

[派] equipment(*n.* 装备)

permanent* [ˈpɜːmənənt] *a.* 永久的，持久的

[记] 词根记忆：per(贯穿) + man(流动) + ent → 川流不息的 → 永久的，持久的

[派] permanency(*n.* 永存)

embed* [ɪmˈbed] *vt.* 把…嵌入(或埋入、插入)，扎牢；使深留脑中

[记] 联想记忆：em(进入…中) + bed(床) → 把…放入床中 → 把…嵌入

[搭] be embedded in 植根于

[派] embedment(*n.* 嵌入)

orientation* [ˌɔːrienˈteɪʃn] *n.* 定位；方向，方位；情况介绍；培训，训练

[记] 来自 orientate(*vt.* 确定方向)

[搭] an orientation meeting 介绍会

deprive [dɪˈpraɪv] *vt.* 剥夺；使丧失

[记] 词根记忆：de(离开) + priv(私有的) + e → 使某物离开某人 → 使丧失

[搭] deprive sb. of sth. 剥夺某人某物

amaze [əˈmeɪz] *vt.* 使惊奇，使惊愕

dividend [ˈdɪvɪdend] *n.* 红利，股息；回报，效益；被除数

preference [ˈprefrəns] *n.* 喜爱；偏爱的事物(或人)；优先

[记] 来自 prefer(*v.* 更喜欢)

contract* [ˈkɒntrækt] *n.* 契约，合同

[kənˈtrækt] *v.* 缩小；签约

[记] 词根记忆：con(共同) + tract(拉) → 将双方拉到一起 → 契约，合同

uneasy [ˌʌnˈiːzi] *a.* 心神不安的；担心的

[记] 联想记忆：un(不) + easy(安心的) → 不安心的 → 心神不安的

automatically* [ˌɔːtəˈmætɪkli] *ad.* 自动地；无意识地

female [ˈfiːmeɪl] *a.* 女(性)的；雌的 *n.* 女子

[记] 联想记忆：fe(音似：非) + male(男子) → 非男子 → 女子

asset [ˈæset] *n.* 财产；优点

athlete [ˈæθliːt] *n.* 运动员；体育家

[记] 发音记忆："爱死你的" → 运动员体格健美让人喜爱 → 运动员

[派] athletic(*a.* 运动的；运动员的)

clarity [ˈklærəti] *n.* 清楚

[记] 词根记忆：clar(清楚) + ity → 清楚

swap* [swɒp] *v./n.* 交换

[同] exchange(*vt./n.* 交换)；trade(*v.* 交换)

sophisticated [səˈfɪstɪkeɪtɪd] *a.* 老于世故的，老练的；精密的，尖端的，先进的；复杂的；高雅的，有教养的

[同] experienced(*a.* 经验丰富的)；proficient(*a.* 精通的，熟练的)；complicated(*a.* 复杂的)

[反] unsophisticated(*a.* 不懂世故的；单纯的)

bulk* [bʌlk] *n.* 大量；大批

[记] 联想记忆：公牛(bull)总是大批(bulk)地行动

machinery* [məˈʃiːnəri] *n.* 〈总称〉机械；机构

[记] 词根记忆：machin(机械) + ery → 机械

intimate [ˈɪntɪmət] *a.* 亲密的，密切的；私人的，个人的；小圈子内的 *n.* 至交，密友 [ˈɪntɪmeɪt] *vt.* 暗示，提示，透露

[记] 词根记忆：in(不) + tim(害怕) + ate → 关系密切，无须害怕 → 密切的

restrict* [rɪˈstrɪkt] *vt.* 限制，约束

[记] 联想记忆：re + strict(严格的) → 对人非常严格 → 限制，约束

waist* [weɪst] *n.* 腰，腰部

calibre* [ˈkælɪbə(r)] *n.* 质量，才干，能力；口径

harsh [hɑːʃ] *a.* 严厉的，严酷的；粗糙的，毛糙的；刻薄的；(天气或生活环境)恶劣的；刺耳的，刺目的

[记] 联想记忆：har(看做 hard，坚硬的) + sh → 态度强硬的 → 严厉的

[搭] a harsh climate 恶劣的气候

parliament [ˈpɑːləmənt] *n.* 议会，国会

[记] 联想记忆：parlia（看做 parle，谈判）+ ment → 谈判的地方 → 议会

flight [flaɪt] *n.* 航班

remind* [rɪˈmaɪnd] *vt.* 提醒，使想起；使发生联想

[记] 联想记忆：re（又，再）+ mind（注意）→ 使再次注意 → 提醒

[搭] remind sb. of sth. 提醒，使想起

Good medicine for healti tastes bitter to the mouth.

良药苦口利于病。

Word List 11

aquarium * [ə'kweəriəm] n. 养鱼池；玻璃缸；水族馆
[记] 词根记忆：aqu(a)(水) + arium(表场所，名词后缀) → 水族馆

cell * [sel] n. 细胞；小房间；电池
[搭] blood cells 血细胞
[派] cellular(a. 细胞的)

dweller * ['dwelə(r)] n. 居住者，居民

declare [dɪ'kleə(r)] v. 正式宣布；声明；断言
[记] 词根记忆：de(表加强) + clar(清楚) + e → 说清楚 → 正式宣布；声明
[派] declaration(n. 宣告，宣言)

suitcase ['suːtkeɪs; 'sjuːtkeɪs] n. 手提箱；衣箱
[记] 组合词：suit(一套衣服) + case(箱子) → 衣箱

graduate * ['grædʒuət] n.(尤指大学)毕业生；研究生
['grædʒueɪt] v. (使)毕业；获得学位

predict * [prɪ'dɪkt] v. 预言；预告
[记] 词根记忆：pre(在…之前) + dict(说) → 预言；预告

headquarters * [ˌhed'kwɔːtəz] n. 总部，总公司；大本营；司令部
[记] 组合词：head(头) + quarters(部分) → 总部，总公司

coverage ['kʌvərɪdʒ] n. 新闻报道；覆盖范围
[记] 来自 cover(v. 覆盖)

enforce [ɪn'fɔːs] vt. 实施，执行；强制，迫使
[记] 联想记忆：en(使…) + force(强迫) → 强制，迫使
[搭] enforce a demand 竭力要求
[派] enforcement(n. 实施，执行)

specialty [ˈspeʃəlti] *n.* 特产；特长
[记] 来自 special(*a.* 专门的)

intrinsic* [ɪnˈtrɪnsɪk] *a.* 固有的，内在的；本质的
[同] inherent(*a.* 内在的，固有的)；innate(*a.* 天生的，固有的)
[反] extrinsic(*a.* 外来的，外在的)

medical* [ˈmedɪkl] *a.* 医学的，医疗的；内科的

stick* [stɪk] *v.* 刺，戳；黏贴，黏住；卡住，陷住
[搭] be stuck on 被…迷住，特别喜欢

realistic* [ˌrɪəˈlɪstɪk; ˌriːəˈlɪstɪk] *a.* 现实(主义)的，实际的；恰如其分的；逼真的
[记] 来自 real(*a.* 真的，真实的)
[派] unrealistic(*a.* 不切实际的)

indifferent* [ɪnˈdɪfrənt] *a.* 冷漠的，不关心的
[搭] be indifferent to 对…漠不关心

retailer* [ˈriːteɪlə(r)] *n.* 零售商人；复述者，传播者

turnover [ˈtɜːnəʊvə(r)] *n.* 营业额；人事变动率；货物周转率
[记] 来自词组 turn over(营业额达到；翻转；交换)

brand [brænd] *n.* 商标；品牌 *vt.* 铭刻，打烙印于；丑化
[搭] name brand 名牌； brand image 品牌形象

accompany [əˈkʌmpənɪ] *vt.* 陪伴；伴随，与…同时发生；伴奏
[记] 联想记忆：ac(表加强) + company(同伴；陪伴)→陪伴；伴随

cheat* [tʃiːt] *v.* 欺骗；作弊 *n.* 欺骗；骗子

mention* [ˈmenʃn] *n./v.* 提及，说起
[搭] not to mention 更不用说，更不必说

level* [ˈlevl] *n.* 水平面，水平线；高度，水平；等级 *a.* 平的，水平的；同高度的，同等程度的；平稳的；冷静的 *v.* (使)变平坦
[搭] at the level of 在…水平上

lateral* [ˈlætərəl] *a.* 侧面的，旁边的
[记] 词根记忆：later(侧面，边) + al → 侧面的
[派] lateralize(*vt.* 把…移到一侧)

dense [dens] *a.* 密集的；浓厚的
[记] 联想记忆：在雨中，感觉(sense)雨丝很密集(dense)

flash [flæʃ] *v.* 闪光，闪耀 *n.* 闪烁；闪光灯

[搭] a flash of lightning 一道闪电；a flash in the pan 昙花一现的人物，一时的成功

snack [snæk] *n.* 快餐，小吃；点心

[搭] snack bar 小吃店，快餐店

marvellous* [ˈmɑːvələs] *n.* 令人惊奇的；奇特的，非凡的；奇迹般的，不可思议的；绝妙的

[记] 发音记忆："马虎了事"→凡事只是马虎了事就不可能取得非凡的成就→非凡的

export* [ɪkˈspɔːt] *v.* 出口；输出，传播

[ˈekspɔːt] *n.* 出口；输出；出口商品

[记] 词根记忆：ex（出）+ port（运）→把东西运出去→出口

tribute* [ˈtrɪbjuːt] *n.* 贡品；颂词，称赞；(表示敬意的)礼物

[记] 词根记忆：tribut（给予）+ e → 给予（皇室）的东西→贡品

[同] compliment（*n.* 称赞，恭维）

sanitary* [ˈsænətri] *a.* 清洁的；保健的，卫生的 *n.* (有卫生设备的)公共厕所

[记] 词根记忆：san（健康）+ it + ary → 健康的→清洁的；保健的

[搭] sanitary facilities 卫生设施

submit* [səbˈmɪt] *v.* 屈从；提交

[记] 词根记忆：sub（在…下面）+ mit（放）→放在下面→屈从；提交

[搭] submit to 屈服；递交

archive* [ˈɑːkaɪv] *n.* 档案；档案室 *vt.* 存档

anecdotal* [ˌænɪkˈdəʊtl] *a.* 轶话的，轶闻趣事的

shorthand [ˈʃɔːthænd] *n.* 速记法；速记

[记] 联想记忆：short(短的) + hand（手）→人手短缺时，也不影响记录的速度→速记

exceptional [ɪkˈsepʃənl] *a.* 例外的；异常的

[记] 来自 except(*prep.* 除…之外)

[同] extraordinary（*a.* 特别的）；outstanding（*a.* 突出的）；unusual（*a.* 不平常的）

[反] ordinary（*a.* 平常的）；common（*a.* 普通的）

rude [ruːd] *a.* 粗鲁的；粗糙的
[记] 词根记忆：rud(天然的)+e → 粗鲁的；粗糙的

resume [rɪˈzjuːm] *v.* (中断后)重新开始，继续恢复
[记] 词根记忆：re(又，再)+sum(拿，取)+e → 重新拿起 → 重新开始

bookrest* [ˈbʊkrest] *n.* 阅书架

primitive [ˈprɪmətɪv] *a.* 原始的，上古的；简单的，粗糙的 *n.* 原始人；原始事物
[记] 词根记忆：prim(第一)+it+ive→ 第一时间的 → 原始的
[搭] primitive society 原始社会

craft* [krɑːft] *n.* 工艺，手艺；船；航空器
[记] 联想记忆：c+raft(筏)→ 筏也就是船 → 船

hire [ˈhaɪə(r)] *v./n.* 租用；雇用

goggles* [ˈgɒglz] *n.* 护目镜；风镜；游泳镜

thereby* [ˌðeəˈbaɪ] *ad.* 因此，从而

stake* [steɪk] *n.* 桩；火刑柱；利害关系；股份；赌金 *vt.* 以…打赌；拿…冒险
[记] 联想记忆：s+take(带来)→ 带来赌金 → 赌金
[搭] at stake 在危险中，处于成败关头

barge* [bɑːdʒ] *n.* 驳船 *v.* 猛撞；闯
[记] 发音记忆："八只"→ 八只驳船 → 驳船

aerobics [eəˈrəʊbɪks] *n.* 有氧运动
[记] 词根记忆：aero(空气)+b+ics(…活动) → 有氧运动

shrub [ʃrʌb] *n.* 灌木
[记] 联想记忆：sh+rub(擦伤)→ 灌木擦伤皮肤 → 灌木
[同] bush(*n.* 矮树丛)；scrub(*n.* 灌木)

slat [slæt] *n.* 板条，狭板 *vt.* 用板条制作
[记] 联想记忆：和 slate(*n.* 板岩，石板)一起记

legal* [ˈliːgl] *a.* 法律的；合法的
[记] 词根记忆：leg(法律)+al(形容词后缀)→ 法律的；合法的

cinematography [ˌsɪnəmə'tɒgrəfi] *n.* 电影摄影术

contribute [kən'trɪbjuːt; 'kɒntrɪbjuːt] *v.* 捐赠，捐助；起作用，影响

[记] 词根记忆：con(全部) + tribut(给予) + e → 无偿给予 → 捐赠，捐助

[搭] contribute to 有助于；捐助，贡献

[派] contribution(*n.* 作用，影响)；contributor(*n.* 促成因素)

imagination [ɪˌmædʒɪ'neɪʃn] *n.* 想象(力)；想象出来的事物

bronchitis * [brɒŋ'kaɪtɪs] *n.* 【医】支气管炎

[记] 词根记忆：bronch(气管) + itis(炎症) → 支气管炎

exacerbate * [ɪg'zæsəbeɪt] *vt.* 恶化，加剧

[记] 词根记忆：ex(表加强) + acerb(苦涩的，痛苦的) + ate(动词后缀) → 使非常痛苦 → 恶化

intrusion * [ɪn'truːʒn] *n.* 闯入；打搅；侵扰

[记] 词根记忆：in(向内) + trus(刺) + ion → 向内刺 → 闯入

cancel * ['kænsl] *v.* 取消，废除；抵消，对消；删去，划掉

[搭] cancel out 抵偿

cork [kɔːk] *n.* 软木塞 *vt.* 用软木塞塞住

[记] 发音记忆："犒客" → 犒劳客人 → 打开酒(瓶上的软木塞)犒劳客人 → 软木塞

data * ['deɪtə] *n.* 数据；资料

[记] 联想记忆：数据(data)与日(date)更新

buffalo * ['bʌfələʊ] *n.* 水牛；(北美)野牛

insufficient * [ˌɪnsə'fɪʃnt] *a.* 不足的，不够的

[记] 联想记忆：in(不，没有) + sufficient(充分的) → 不足的，不够的

grocery * ['grəʊsəri] *n.* 杂货店；食品，杂货

humid * ['hjuːmɪd] *a.* 湿的，潮湿的，湿润的，多潮气的

[记] 词根记忆：hum(地) + id → 接近地的 → 潮湿的，湿润的

[搭] humid air 潮湿的空气；humid atmosphere 潮湿的大气；humid climate 湿润的气候

relation* [rɪˈleɪʃn] *n.* 关系，联系；亲属，亲戚

[搭] in/with relation to 关系到；have no relation to 与…没有关系

confuse* [kənˈfjuːz] *vt.* 使混乱，混淆；使迷惑，使糊涂

[记] 词根记忆：con(共同) + fus(流) + e → 流到一起，混合 → 混淆；使迷惑

[派] confusion(*n.* 混淆)；confused(*a.* 困惑的)

correspondence* [ˌkɒrəˈspɒndəns] *n.* 通信，信件；符合，一致；对应

allocation* [ˌæləˈkeɪʃn] *n.* 配给，分配，安置；配给量

[记] 来自 allocate(*vt.* 分配，分派)

entertainment* [ˌentəˈteɪnmənt] *n.* 招待，款待；娱乐(业)；供消遣的事物

[记] 来自 entertain(*v.* 娱乐；招待)

conquer* [ˈkɒŋkə(r)] *vt.* 征服，战胜，占领；克服，破除(坏习惯等)

[记] 词根记忆：con(全部) + quer(寻求；询问) → 全部寻求到 → 征服

[派] conqueror(*n.* 征服者)

decoration* [ˌdekəˈreɪʃn] *n.* 装饰，装潢；装饰品

reward [rɪˈwɔːd] *n.* 奖赏；报酬 *vt.* 酬谢；奖励

[记] 联想记忆：re + ward（看做 word，话语）→ 领导再次发话，要给予他奖赏 → 奖赏

larva* [ˈlɑːvə] *n.* [*pl.* larvae] 幼虫，幼体

semester* [sɪˈmestə(r)] *n.* 学期

[记] 联想记忆：seme(看做 semi，半) + s + ter(看做 term，学期) → 半学期也是学期 → 学期

offspring [ˈɒfsprɪŋ] *n.* 子女，后代；产物

[记] 联想记忆：off(出来) + spring(春天) → 春天出生的 → 子女，后代

occasional [əˈkeɪʒənl] *a.* 偶尔的，间或发生的

crater [ˈkreɪtə(r)] *n.* 火山口；坑

Word List 12

ensue [ɪnˈsjuː] *vi.* 继而发生；接着发生

[记] 联想记忆：确定(ensure)的事情就会继而发生(ensue)

instruct [ɪnˈstrʌkt] *vt.* 教导；指示，命令

[记] 词根记忆：in + struct(建筑) → 教人如何建筑 → 教导；指示

declaration [ˌdekləˈreɪʃn] *n.* 宣布；宣言，声明(书)

[记] 来自 declare(*v.* 宣布)

flexibility [ˌfleksəˈbɪləti] *n.* 柔韧，有弹性；柔顺，温顺；灵活性；适应性

native* [ˈneɪtɪv] *a.* 当地(人)的 *n.* 本地人，本国人

significant* [sɪɡˈnɪfɪkənt] *a.* 有意义的；重大的，重要的

[记] 来自 signify(*v.* 有重要性)；sign(标记) + ify(使…) → 重点部分标上记号 → 有重要性

[派] insignificant(*a.* 不重要的)；significance(*n.* 意义，含义；重要性，重大)

loyalty* [ˈlɔɪəlti] *n.* 忠诚，忠心

conditioner* [kənˈdɪʃənə(r)] *n.* 护发素，护发剂；调节物；调节器，调节装置

[搭] soil conditioner 土壤调节剂

reduce* [rɪˈdjuːs] *v.* 减少，缩小；简化

controversy* [ˈkɒntrəvɜːsi] *n.* 争论，辩论，论战

[记] 词根记忆：contro(相反) + vers(转) + y → 因反对而转向另一方 → 争论，辩论

[派] controversial(*a.* 有争议的)

service* [ˈsɜːvɪs] *n.* 服务，帮助；公共设施，公用事业；维修，保养；行政部门，服务机构 *vt.* 维修，保养

dwell [ˈdwel] *vi.* 居住，栖身

[派] dwelling(*n.* 住宅，寓所)

sensation [sen'seɪʃn] *n.*(感官的)感觉能力；感觉，知觉；轰动，引起轰动的事件(或人物)

[记] 词根记忆：sens(感觉)+ation→感觉

scrap* [skræp] *n.* 碎屑 *vt.* 废弃；抛弃

[记] 联想记忆：刮(scrape)下许多碎屑(scrap)

[同] debris(*n.* 碎片，残骸)；abandon(*vt.* 放弃，遗弃)

anxious* ['æŋkʃəs] *a.* 渴望的；忧虑的

recipient [rɪ'sɪpiənt] *n.* 接受者

[记] 词根记忆：re(反)+cip(拿)+ient→不主动拿→(被动的)接受者

[同] receiver(*n.* 接受者)

identical* [aɪ'dentɪkl] *a.* 完全相同的，同一的

[同] alike(*a.* 同样的，相同的)；duplicate(*a.* 完全相同的)

[反] dissimilar(*a.* 不同的)；distinct(*a.* 有区别的，不同的)

clay* [kleɪ] *n.* 泥土，黏土

[记] 联想记忆：c+lay(层)→泥土一层一层分布→泥土

rival ['raɪvl] *n.* 竞争者，竞争对手；可与匹敌的人(或物) *a.* 竞争的，对抗的 *vt.* 与…竞争；与…匹敌，比得上；竞争，对抗

[记] 联想记忆：对手(rival)隔河(river)相望，分外眼红

tropospheric* [ˌtrɒpə'sferɪk] *a.* 对流层的

[搭] tropospheric ozone 对流层臭氧

attraction [ə'trækʃn] *n.* 爱慕，吸引；吸引力；具有吸引力的事(或人)

[搭] a tourist attraction 旅游胜地

earthwork* ['ɜːθwɜːk] *n.* 土方(工程)

surround [sə'raʊnd] *vt.* 围绕；包围

[记] 联想记忆：sur+round(圆)→在圆的外边→围绕；包围

impression* [ɪm'preʃn] *n.* 印象，感想；印记，压痕

[记] 来自 impress(*v.* 印，盖印)

horrify* [ˈhɒrɪfaɪ] *vt.* 使恐惧，使惊骇；使震惊；使感到厌恶
[记] 词根记忆：horr(害怕)+ify(使…)→使恐惧

introduction* [ˌɪntrəˈdʌkʃn] *n.* 介绍；传入，引进；导言，绪论
[记] 词根记忆：intro(入内)+duct(拉)+ion→向内拉→介绍；传入，引进

compact* [kəmˈpækt] *a.* 紧密的，结实的；简明的；紧凑的 *vt.* 使紧凑，压缩
[记] 词根记忆：com(表加强)+pact(系紧)→紧密的

enquire* [ɪnˈkwaɪə(r)] *v.* 打听，询问；查问，调查
[记] 词根记忆：en(向内)+quir(追问)+e→追问到里面→询问；查问
[派] enquiry(*n.* 打听，询问；调查)

onwards* [ˈɒnwədz] *ad.* 向前地，前进地
[搭] from...onwards 从(某时)起一直

memorandum [ˌmeməˈrændəm] *n.* 备忘录，摘要
[记] 词根记忆：memor（记忆）+and+um→辅助记忆的东西→备忘录

rectangular [rekˈtæŋgjələ(r)] *a.* 长方形的，矩形的
[记] 词根记忆：rect(直的)+angul(角)+ar→所有内角都为直角的平行四边形→长方形的

kidney [ˈkɪdni] *n.* 肾，肾脏

standpoint [ˈstændpɔɪnt] *n.* 立场；观点
[记] 组合词：stand(站立)+point(观点)→立场；观点

curative* [ˈkjʊərətɪv] *a.* 有疗效的；医疗的
[记] 词根记忆：cur(治疗；关心)+ative→有疗效的

predominantly [prɪˈdɒmɪnəntli] *ad.* 主要地；重要地；显著地
[记] 联想记忆：pre(在…前面)+dominant(统治的)+ly(副词后缀)→在前面统治→重要地

clutch [klʌtʃ] *n.* 离合器；[常 *pl.*] 控制 *v.* 企图抓；抓紧
[记] 联想记忆：和 catch(*v.* 抓住)一起记

combine* [kəmˈbaɪn] *v.* 联合，结合
[记] 词根记忆：com(共同)+bi(两个)+ne→使两个在一起→联合，结合
[派] combination(*n.* 结合)

chart* [tʃɑːt] *n.* 图，图表；海图 *vt.* 记录；用图表表示；制图

[搭] bar chart 条形图；flow chart 流程图

asthma* [ˈæsmə] *n.* 哮喘症

signature [ˈsɪgnətʃə(r)] *n.* 签名，签字；签署

[记] 词根记忆：sign（标记）+ at + ure（表行为、状态，名词后缀）→ 在文件上做记号 → 签名

occasion* [əˈkeɪʒn] *n.* 时刻，时候；场合；重大（或特殊）活动，盛会；时机，机会；起因，理由 *vt.* 引起，惹起

[记] 词根记忆：oc（近，往）+ cas（掉落）+ ion → 掉落到某物上 → 发生的时机 → 时机

mineral [ˈmɪnərəl] *n.* 矿物，矿石

[记] 联想记忆：mine（矿）+ ral → 矿物，矿石

invaluable [ɪnˈvæljuəbl] *a.* 无价的

[记] 联想记忆：in（无）+ valuable（有价值的）→ 无价的

[反] valueless（*a.* 没有价值的）

recover* [rɪˈkʌvə(r)] *v.* 重新获得，重新得到；使复原，使康复；收回，换回

[记] 联想记忆：re（再，又）+ cover（包括）→ 重新获得

[搭] recover from 恢复

[派] recovery（*n.* 恢复）

moderation* [ˌmɒdəˈreɪʃn] *n.* 温和，中庸；适度，合理

[记] 词根记忆：mod（适合）+ er + ation（名词后缀）→ 适度

[搭] in moderation 节制

documentation* [ˌdɒkjumenˈteɪʃn] *n.* 文件证据，文献资料，文件

critical* [ˈkrɪtɪkl] *a.* 批评的，评论的；危急的，紧要的；临界的；挑剔的

[记] 词根记忆：crit（判断）+ ic + al（形容词后缀）→ 作出判断的 → 评论的

[搭] be critical of 对…吹毛求疵；be of critical importance 至关重要

[派] uncritical（*a.* 不加批判的）

vocational * [vəʊˈkeɪʃənl] *a.* 职业的，业务的

[记] 来自 vocation(*n.* 职业)

summary * [ˈsʌməri] *n.* 摘要，概要 *a.* 概括的，简略的

[记] 词根记忆：summ(=sum 总的) + ary → 摘要，概要

[搭] in summary 总括

remove * [rɪˈmuːv] *vt.* 排除，消除；搬迁，移动；开除，解除 *n.* 距离，间距

[派] remover(*n.* 清除剂；搬家工人，搬家公司)

coffer [ˈkɒfə(r)] *n.* 保险箱

[记] 联想记忆：把昂贵的咖啡(coffee)装进保险箱(coffer)

bound * [baʊnd] *a.* 负有义务的；一定的，必然的

mercury [ˈmɜːkjəri] *n.* 水银

trinket * [ˈtrɪŋkɪt] *n.* 小装饰品；不值钱的珠宝

expire * [ɪkˈspaɪə(r)] *vi.* 期满；终止

[记] 词根记忆：ex(出) + pir(呼吸) + e → 呼出气 → 期满

[派] expiry(*n.* 期满；终结)

accessible [əkˈsesəbl] *a.* 能接近的；易达到的

turbine * [ˈtɜːbaɪn] *n.* 涡轮机，汽轮机

[记] 词根记忆：turb(晃动) + ine → 涡轮机

backbone * [ˈbækbəʊn] *n.* 脊椎；骨干；支柱

attribute [əˈtrɪbjuːt] *vt.* 把…归于

[ˈætrɪbjuːt] *n.* 属性；品质

[记] 词根记忆：at + tribut(给予) + e → 把…归于

[搭] attribute to 归结于，归功于，因为

[同] ascribe(*vt.* 归因于，归咎于)；quality(*n.* 质量，性质)

magnitude [ˈmægnɪtjuːd] *n.* 广大，巨大；重要，重要性；星体的亮度

[记] 词根记忆：magn(大) + itude(表状态，名词后缀) → 广大，巨大

compatible [kəmˈpætəbl] *a.* 兼容的；合得来的

[记] 词根记忆：com(共同) + pat(=path 感觉) + ible → 有共同感觉的 → 兼容的；合得来的

[搭] be compatible with 与…相适应/不矛盾

entrepreneur [ˌɒntrəprəˈnɜː(r)] *n.* 企业家；承包人

[记] 词根记忆：entre(=inter 在…之间) + pren(=prehend 拿) + eur(表人) →在多人之间拿取的人 → 承包人

proposal [prəˈpəʊzl] *n.* 提议，建议；求婚

[记] 来自 propose(*v.* 提议，建议)

coach * [kəʊtʃ] *n.* 教练；指导；长途汽车 *vt.* 训练；辅导

fatal * [ˈfeɪtl] *a.* 致命的；重大的；命中注定的；灾难性的

[记] 来自 fate(*n.* 命运)

currency [ˈkʌrənsi] *n.* 货币；通用，流行

disapprove * [ˌdɪsəˈpruːv] *v.* 不赞成，反对

[记] 联想记忆：dis(不) + approve(赞成) → 不赞成

complain * [kəmˈpleɪn] *v.* 抱怨；投诉

[记] 联想记忆：com + plain(平淡的) → 不要抱怨生活的平淡 → 抱怨

[搭] complain about 抱怨

fact sheet * *n.*（尤指英国广播或电视节目中有关讨论题目的）资料页

[记] 组合词：fact(事实) + sheet(一张纸) → 资料页

audacious * [ɔːˈdeɪʃəs] *a.* 大胆的；有冒险精神的；鲁莽的；厚颜无耻的

[记] 词根记忆：audac(=audax 大胆) + ious → 大胆的

[搭] audacious spirit 冒险精神

disrupt [dɪsˈrʌpt] *vt.* 使中断；扰乱

[记] 词根记忆：dis(分开) + rupt(打破，断裂) → 使中断

[派] disruption(*n.* 扰乱；中断)；disruptive(*a.* 破坏性的)

tramp * [træmp] *v.* 跋涉；踩踏 *n.* 长途跋涉

pest * [pest] *n.* 害虫

inflation [ɪnˈfleɪʃn] *n.* 通货膨胀

[记] 词根记忆：in(里面) + flat(吹) + ion(名词后缀) → 往里面吹 → 通货膨胀

Word List 13

statement* [ˈsteɪtmənt] *n.* 陈述；声明；报表

[记] 来自 state(*vt.* 声明)

amount* [əˈmaʊnt] *n.* 总额 *vi.* 合计

[搭] amount of 许多；amount to 总计…

given* [ˈɡɪvn] *a.* 规定的，特定的；假设的

advanced* [ədˈvɑːnst] *a.* 先进的

milestone [ˈmaɪlstəʊn] *n.* 里程碑；转折点

[记] 组合词：mile(英里)＋stone(石头)→标记英里数的石头→里程碑

crank* [kræŋk] *n.* 曲柄，曲轴 *vt.* 用曲柄转动某物

lexicographer* [ˌleksɪˈkɒɡrəfə(r)] *n.* 词典编纂者

[记] 词根记忆：lexico(词)＋graph(书写)＋er(表人)→写词典的人→词典编纂者

bunch [bʌntʃ] *n.* 群，伙；束，串，捆 *v.* 集中，挤在一起；使成一束(或一群等)

[搭] a bunch of 一些

costume [ˈkɒstjuːm] *n.* 戏装；(特定场合穿的)成套服装

[记] 联想记忆：cost(花费)＋u(你)＋me(我)→你我都免不了花钱买服装→成套服装

scare [skeə(r)] *n.* 惊恐，恐慌 *v.* 吓，使害怕；受惊吓，感到害怕

manipulate [məˈnɪpjuleɪt] *vt.* 应付，处理；操纵，控制；影响

[记] 词根记忆：mani(手)＋pul(拉)＋ate→用手拉→处理；操纵

[同] handle(*v.* 操纵)；maneuver(*v.* 操纵)

juvenile [ˈdʒuːvənaɪl] *a.* 少年的，少年特有的；幼稚的，不成熟的 *n.* 未成年人，少年

[记] 词根记忆：juven(年轻)＋ile→少年的

[同] childish(*a.* 幼稚的)；immature(*a.* 不成熟的)；youngster(*n.* 少年)；teenager(*n.* 青少年)

phenomenon* [fəˈnɒmɪnən] *n.* 现象，迹象；非凡的人(或事物)

[记] 词根记忆：phen(出现) + omen(预兆) + on → 出现的预兆 → 迹象

freight [freɪt] *n.* 货物 *vt.* 运送(货物)；货运

vulnerable* [ˈvʌlnərəbl] *a.* 易受攻击的，易受伤的

[记] 词根记忆：vuln(受伤) + er + able(易…的) → 易受伤的

[搭] be vulnerable to 易受…伤害

[派] vulnerability(*n.* 易受攻击；弱点)

[同] assailable(*a.* 可攻击的，易攻击的)

[反] strong(*a.* 强壮的)；tough(*a.* 强硬的)

steam* [stiːm] *n.* (蒸)汽，汽雾 *v.* 发出蒸汽；(火车、轮船)行驶；用蒸汽开动

valuable* [ˈvæljuəbl] *a.* 贵重的，有价值的 *n.* 贵重物品，财宝

presumably* [prɪˈzjuːməbli] *ad.* 推测起来，大概

[记] 来自 presumable(*a.* 可能的)

sanctuary* [ˈsæŋktʃuəri] *n.* 圣堂，圣殿，圣坛；圣地；庇护所，避难所；禁猎区，动物保护区

[记] 词根记忆：sanct(神圣的) + u + ary(表场所、地方，名词后缀) → 圣堂；避难所(圣堂经常成为避难所，因此有"避难所"之意)

bring out 出版；激起；鼓励

arithmetic* [əˈrɪθmətɪk] *n.* 算术

[记] 词根记忆：arithm(数字) + etic(表学问、学科，名词后缀) → 算术

request* [rɪˈkwest] *n./vt.* 要求；请求

[记] 联想记忆：re(一再) + quest(寻求) → 请求；要求

dash [dæʃ] *v.* 飞奔，猛冲；猛掷；使破灭，使沮丧 *n.* 飞奔，猛冲；破折号；精力，干劲

[记] 联想记忆：d + ash(灰尘) → 群马飞奔而过，扬起漫天灰尘 → 飞奔

treatment* [ˈtriːtmənt] *n.* 治疗；对待

[记] 来自 treat(*vt.* 治疗；对待)

coarse* [kɔːs] *a.* 粗的；粗糙的；粗劣的

[记] 联想记忆：coar(看做coal，煤炭)+se→煤炭是很粗糙的→粗糙的

insecure* [ˌɪnsɪˈkjʊə(r)] *a.* 不安全的，不可靠的

[记] 联想记忆：in(不)+secure(安全的)→不安全的

[派] insecurity(*n.* 不安全，不安全感)

linen [ˈlɪnɪn] *n.* 亚麻织品；亚麻布

[记] 联想记忆：line(绳)+n→亚麻编的绳→亚麻织品

inspiration [ˌɪnspəˈreɪʃn] *n.* 启示，灵感；鼓舞人心的人(或事)，激励

[记] 词根记忆：in(进入)+spir(呼吸)+ation→吸入灵气→灵感

[派] inspirational(*a.* 鼓舞人心的；启发灵感的)

generous [ˈdʒenərəs] *a.* 慷慨的；大量的

[记] 词根记忆：gen(产生)+er+ous(多…的)→产生很多的→慷慨的；大量的

cultivate [ˈkʌltɪveɪt] *vt.* 种植；培养

[记] 词根记忆：cult(种植；培养)+ivate→种植；培养

campaign* [kæmˈpeɪn] *vi.* 参加活动；作战 *n.* 战役；活动

[搭] launch a campaign 发起活动；campaign funds 竞选经费

disorder* [dɪsˈɔːdə(r)] *n.* 混乱；失调，紊乱，疾病

[记] 联想记忆：dis(不)+order(顺序)→无序→混乱

[派] disorderly(*a.* 混乱的，无秩序的)

spot [spɒt] *vt.* 认出，发现；看见，注意到 *n.* 地点，处所；斑点，污点；少量

[搭] on the spot 当场，在现场

outcome [ˈaʊtkʌm] *n.* 结果，成果；后果；结局；出口，输出量

[记] 来自词组come out(出来)

aggravate* [ˈæɡrəveɪt] *vt.* 恶化，加重，加剧

[记] 词根记忆：ag + grav（重的）+ ate（使…）→ 使重 → 恶化，加重

[派] aggravation（*n.* 恶化；激怒；恼人的事物）

[同] burden（*vt.* 使担负）；increase（*v.* 增加）

[反] decrease（*v.* 减少）；lessen（*v.* 减少，减轻）

deception* [dɪˈsepʃn] *n.* 欺骗；诡计

[记] 词根记忆：de（离开）+ cept（拿，抓）+ ion → 拿开 → 欺骗

sharpen* [ˈʃɑːpən] *v.* 削尖，磨快；使敏锐，使敏捷

[记] 联想记忆：sharp（锋利的）+ en（使…）→ 使锋利的 → 削尖；使敏锐

practical* [ˈpræktɪkl] *a.* 实际的，实用的；实践的，应用的

[记] 来自 practice（*v./n.* 实践）

[搭] practical experience 实践经验；practical value 实用价值；practical material 实用材料

pliable* [ˈplaɪəbl] *a.*（指人或思想）容易受影响的；顺从的；易弯的，柔韧的

[记] 词根记忆：pli（=ply 弯，折）+ able（能…的）→ 能弯曲的 → 柔韧的

disposal* [dɪˈspəʊzl] *n.* 处理，处置；布置，安排

[记] 来自 dispose（*v.* 处理，处置）

[搭] waste disposal 废物处理；at one's disposal 任某人处理，供某人支配

subsidiary [səbˈsɪdiəri] *n.* 子公司；附属机构；支流 *a.* 次要的；辅助的，附设的

[记] 词根记忆：sub（在…下面）+ sid（坐）+ iary → 坐在下面的 → 次要的；辅助的

[同] subordinate（*a.* 次要的；下属的）；affiliate（*n.* 分支机构）；branch（*n.* 分支，分部）

cautious [ˈkɔːʃəs] *a.* 十分小心的，谨慎的

[记] 词根记忆：cau（小心）+ ti + ous（多…的）→ 谨慎的

pattern [ˈpætn] *n.* 样式；模式 *vt.* 构成图案；使形成，促成

terrain [təˈreɪn] *n.* 地形，地势

[记] 词根记忆：terr(地) + ain → 地形，地势

[同] landform(*n.* 地形)

darkroom [ˈdɑːkrʊm] *n.* 暗室

kneel [niːl] *vi.* 跪

overwhelm [ˌəʊvəˈwelm] *vt.* 征服；淹没

[记] 组合词：over(在…上) + whelm(淹没，压倒) → 征服

[派] overwhelming(*a.* 势不可挡的，压倒性的；巨大的)

contempt [kənˈtempt] *n.* 轻视，鄙视，不尊重；蔑视

[记] 词根记忆：con(共同) + tempt(尝试) → 小意思！大家都能试 → 轻视

[同] disdain(*n.* 轻蔑)

recognize [ˈrekəgnaɪz] *vt.* 认出；承认，认可

[记] 词根记忆：re(再，又) + co(=com 共同) + gn(知道) + ize → 再次共同知道 → 认出；承认

badge [bædʒ] *n.* 徽章；标记；象征

[同] token(*n.* 象征；记号)；mark(*n.* 记号)

economic * [ˌiːkəˈnɒmɪk] *a.* 经济的；经济上的，经济学的

[搭] economic climate 经济形势，经济气候

feeble [ˈfiːbl] *a.* 虚弱的；无效的

[记] 联想记忆：fee(费用) + ble → 需要花钱看病 → 虚弱的

virtue * [ˈvɜːtʃuː] *n.* 美德；优点

[搭] by/in virtue of 凭借，依靠

[派] virtuous(*a.* 品行端正的，有道德的)

fibre [ˈfaɪbə(r)] *n.* 纤维

[记] 联想记忆：多食富含纤维(fibre)的水果，有助消化降火(fire)

suburb [ˈsʌbɜːb] *n.* 郊区

[记] 词根记忆：sub(在…下面) + urb(城市) → 郊区

pulverise [ˈpʌlvəraɪz] *vt.* 碾磨成粉，粉碎

[记] 词根记忆：pulver(粉尘) + ise(动词后缀) → 粉碎

inductive reasoning 归纳；推理

fertilise * [ˈfɜːtəlaɪz] *vt.* 使肥沃，使多产；施肥于；使受精

[记] 词根记忆：fert(=fer 带来) + ilise → 带来果实 → 使肥沃，使多产

ration * [ˈræʃn] *n.* 配给量，定量；给养，口粮 *vt.* 配给，定量供应

[记] 联想记忆：rat(老鼠) + ion → 老鼠正在开会讨论口粮问题 → 配给量，定量；口粮

[搭] be on ration 定量

debt * [det] *n.* 债，债务

[记] 发音记忆："贷的" → 贷款 → 债务

[搭] be in debt 欠债，欠情；in debt to sb. / in one's debt 欠某人的债

[派] debtor(*n.* 债务人)

attractive * [əˈtræktɪv] *a.* 吸引的，有吸引力的；引起注意的

[派] attractiveness (*n.* 魅力，吸引力)；unattractive(*a.* 不引人注意的)

conquest * [ˈkɒŋkwest] *n.* 征服；战利品

[搭] military conquest 军事征服

sophisticate * [səˈfɪstɪkeɪt] *n.* 久经世故的人；精通者

snap * [snæp] *v.* 咔嚓折断，啪地绷断；(啪的一声)打开(或关上)；咬；厉声说话，怒声责斥 *n.* 咔嚓声 *a.* 突然的，匆忙的

[记] 联想记忆：s + nap(小睡) → 上课小睡时被老师抓住，遭到训斥 → 怒声责斥

[搭] snap out 厉声说出；snap up 迅速抓住；抢购

express * [ɪkˈspres] *vt.* 表达，表示 *a.* 特快的，快速的；明确的 *n.* 快车，快运，快递

[记] 联想记忆：ex(出) + press(挤压) → 挤出心里话 → 表达，表示

[派] expressive(*a.* 表现的，有表现力的)

identifiable * [aɪˈdentɪˈfaɪəbl] *a.* 可辨认的，可识别的；可确定的，可证明是同一的

[记] 来自 identify(*v.* 确认，认出)

[搭] identifiable characteristics 可识别的特征

nominal* [ˈnɒmɪnl] *a.* 名义上的；（金额、租金等）微不足道的

［记］词根记忆：nomin（名字，名目）+ al → 名义上的

［搭］nominal assets 名义资产；nominal fee 很少的费用

［同］titular（*a.* 有名无实的，名义上的）

［反］actual（*a.* 实际的，真实的）；genuine（*a.* 真正的）

acquire* [əˈkwaɪə(r)] *vt.* 取得，获得

［记］词根记忆：ac（表加强）+ quir（追求）+ e → 不断追求才能够获得 → 取得，获得

bump into 不期而遇，邂逅

graphology [græˈfɒlədʒi] *n.* 笔迹学，笔相学

［记］词根记忆：graph（书写）+ ology（…学）→ 笔迹学

register [ˈredʒɪstə(r)] *n.* 注册，登记；登记表 *v.* 注册，登记

［记］词根记忆：re（回）+ gist（=gest 带来）+ er → 带回来 → 登记

［搭］register for 登记参加，报名参加

extremely* [ɪkˈstriːmli] *ad.* 极端地；非常地

rot [rɒt] *n.* 腐烂 *v.*（使）腐烂

ambulance [ˈæmbjələns] *n.* 救护车；野战医院

［记］词根记忆：ambul（行走）+ ance（名词后缀）→ 到处流动的车 → 救护车

miserable [ˈmɪzrəbl] *a.* 悲惨的，痛苦的；令人难受的

［记］词根记忆：miser（同情）+ able（能…的）→ 令人同情的 → 悲惨的

［搭］as miserable as sin 非常悲惨；a miserable failure 可悲的失败

continuous [kənˈtɪnjuəs] *a.* 连续的，不断的

［记］来自 continue（*v.* 持续）

［派］continuously（*ad.* 不断地，连续地）

Word List 14

divide* [dɪˈvaɪd] v. 分开，分隔；分配，分享；除(以) n. 分歧，差异；分界线，分水岭

[搭] divide into 分成；divide sth. from sth. 把某物和某物分开

gross [grəʊs] a. 总的，毛的

cloakroom [ˈkləʊkruːm] n. 衣帽间；〈英〉洗手间

[记] 组合词：cloak(披风)+room(房间)→衣帽间

short-term* [ˈʃɔːttɜːm] a. 短期的

[记] 组合词：short(短的)+term(期间)→短期的

refusal [rɪˈfjuːzl] n. 拒绝

[记] 来自 refuse(v. 拒绝)

coupon [ˈkuːpɒn] n. 优惠券；票证；配给券；参赛表，订货单

[记] 联想记忆：co(共同)+upon(在…上)→商家联合在节假日打折的基础上再发放优惠券→优惠券

tome* [təʊm] n. 册，大部头书；(有学术价值的)巨著

[记] 联想记忆：把大部头书(tome)放在家(home)

toxin* [ˈtɒksɪn] n. 毒素，毒质

[记] 词根记忆：tox(毒)+in→毒素，毒质

simultaneously* [ˌsɪmlˈteɪniəsli] ad. 同时地

[记] 词根记忆：simul(相同)+tane+ous(形容词后缀)+ly(副词后缀)→同时地

ridiculous [rɪˈdɪkjələs] a. 荒谬的；可笑的

[记] 词根记忆：rid(笑)+icul+ous(形容词后缀)→可笑的

chip* [tʃɪp] *n.* 碎片；芯片；瑕疵 *v.* 削(或凿)下(屑片或碎片)

[记] 联想记忆：大家对 KFC 的炸薯条(fried chips)一定不陌生

polish* [ˈpɒlɪʃ] *v.* 磨光，擦亮；使优美，润饰 *n.* 擦光剂，上光蜡

[记] 词根记忆：pol(磨) + ish(使…) → 磨光，擦亮

[派] polished(*a.* 磨光的，擦亮的)

wonder* [ˈwʌndə(r)] *v.* 诧异，奇怪；纳闷，想知道 *n.* 惊奇，惊异；奇迹，奇事

[搭] no wonder 难怪，怪不得

scholarship* [ˈskɒləʃɪp] *n.* 奖学金；学问，学识

familiarise* [fəˈmɪliəraɪz] *vt.* 使熟悉，使通晓；使家喻户晓

[记] 来自 familiar(*a.* 熟悉的)

[搭] familiarise yourself with sth. 使自己熟悉某事

expectancy* [ɪkˈspektənsi] *n.* 期待，期望；预期数额

[搭] life expectancy 平均寿命

shilling* [ˈʃɪlɪŋ] *n.* 先令

blueprint* [ˈbluːprɪnt] *n.* 蓝图；方案

[记] 组合词：blue(蓝) + print(印刷的图) → 蓝图

interplay* [ˈɪntəpleɪ] *vi./n.* 相互作用，相互影响

[记] 联想记忆：inter(在…之间) + play(担任角色) → 相互作用

convenient* [kənˈviːniənt] *a.* 方便的，便利的；适宜的

[记] 发音记忆："肯为你的" → 肯为你提供方便的 → 方便的

[搭] be convenient for... 对…来说方便

genuine* [ˈdʒenjuɪn] *a.* 真正的；真实的

[记] 词根记忆：gen(出生，产生) + uine → 生来就有的 → 真正的

attentive* [əˈtentɪv] *a.* 注意的，专心的；关心的，体贴的；留意的

observation * [ˌɒbzəˈveɪʃn] *n.* 观察，观测；监视；评述，评论

personal * [ˈpɜːsənl] *a.* 个人的，私人的；亲自的，本人的；身体的，人身的

[搭] personal loan 个人贷款；personal item 个人物品；personal information 个人信息

[派] personalize(*vt.* 使人性化，个人化)

vitality * [vaɪˈtæləti] *n.* 生命力，活力

[记] 词根记忆：vit (生活，生命) + al + ity(名词后缀) → 生命力，活力

requirement * [rɪˈkwaɪəmənt] *n.* 需要，需求，要求；需要的东西；必要条件

[记] 来自 require(*v.* 需要，要求)

advisable * [ədˈvaɪzəbl] *n.* 可取的，适当的；明智的

[记] 联想记忆：advis(e)(劝告) + able(能…的) → 能听取别人劝告的 → 明智的

bankrupt [ˈbæŋkrʌpt] *a.* 破产的

[记] 联想记忆：bank(银行) + rupt(词根 rupt 表"打破") → 银行里的账户被打破 → 破产的

deplete * [dɪˈpliːt] *vt.* 倒空；(使)枯竭；消耗

[记] 词根记忆：de + plet(填满) + e → 不满 → 倒空；(使)枯竭

[派] depletion(*n.* 消耗；枯竭)

influence * [ˈɪnfluəns] *vt.* 影响 *n.* 影响力；产生影响力的人

fantasy [ˈfæntəsi] *n.* 想象

tragic [ˈtrædʒɪk] *a.* 悲惨的；悲剧(性)的

[记] 联想记忆：t + rag(破旧衣服) + ic → 穿破旧衣服的 → 悲惨的

splint * [splɪnt] *n.* 细木梗；【医】(用于固定受伤肢体的)夹板 *vt.* 用夹板夹

[记] 联想记忆：sp + lint(棉绒) → 用棉绒和夹板把病人受伤的腿包扎好 → 夹板

foam [fəʊm] *n.* 泡沫；泡沫材料 *vi.* 起泡沫

[记] 联想记忆：用肥皂(soap)来制造泡沫(foam)

occupation [ˌɒkjuˈpeɪʃn] *n.* 占领；职业；消遣

[搭] a regular occupation 固定职业

format* [ˈfɔːmæt] *vt.* 使格式化 *n.* 安排，计划；版式；格式
[记] 联想记忆：form(形式) + at → 固定的形式 → 版式；格式
[派] formation(*n.* 构成)；formative(*a.* 形成的)

bachelor [ˈbætʃələ(r)] *n.* 学士；单身汉

typhoon* [taɪˈfuːn] *n.* 台风
[记] 发音记忆："台风"

appointment* [əˈpɔɪntmənt] *n.* 约会
[搭] make an appointment 约会

slope [sləʊp] *n.* 斜坡；倾斜 *vi.* 倾斜
[记] 联想记忆：slo(看做 slow，慢的) + pe → 慢慢地走下斜坡 → 斜坡

complex* [ˈkɒmpleks] *n.* 综合体，集合体；建筑群；情结 *a.* 合成的，综合的；复杂的，难懂的
[记] 词根记忆：com(共同) + plex(重叠) → 重叠交叉的 → 复杂的
[搭] inferiority complex 自卑感，自卑情结
[同] complicated(*a.* 复杂的，难解的)；intricate(*a.* 复杂的，错综的)
[反] simple(*a.* 简单的，简易的)

overhead* [ˈəʊvəhed] *a.* 在头顶上的；高架的 *n.* 天花板；企业管理费用 [ˌəʊvəˈhed] *ad.* 在空中，在头顶上，在高处
[记] 组合词：over(在…之上) + head(头) → 在头顶上，在高处

population* [ˌpɒpjuˈleɪʃn] *n.* 人口
[搭] population explosion 人口爆炸；population control 人口控制

prey* [preɪ] *n.* 猎物，捕获物；牺牲品，战利品 *vi.* 捕食；折磨，使烦恼；掠夺
[记] 联想记忆：兔子天天祈祷(pray)不要成为狼的猎物(prey)
[搭] prey on 捕食…为生
[同] quarry(*n.* 猎物)；victim(*n.* 受害者，牺牲品)；afflict(*vt.* 使苦恼，折磨)

catalogue* [ˈkætəlɒg] *n.* 目录；系列 *vt.* 编目录；记载

prerequisite* [ˌpriːˈrekwəzɪt] *n.* 先决条件，前提；必备条件 *a.* 必备的

assessment* [əˈsesmənt] *n.* 判定，评定；核定的付款额；看法，评价

suggest* [səˈdʒest] *v.* 建议，提出；暗示

volt [vəʊlt] *n.* 伏特

weed [wiːd] *n.* 杂草

screw [skruː] *v.* 用螺钉固定 *n.* 螺丝(钉)

[记] 联想记忆：s + crew(一群人) → 一群工人在流水线上生产螺丝钉 → 螺丝(钉)

enlighten [ɪnˈlaɪtn] *vt.* 启发；开导；阐明

[记] 词根记忆：en(使…) + light(点亮) + en → 使心灵点亮 → 启发；开导

textile* [ˈtekstaɪl] *n.* 纺织品

[记] 联想记忆：text(编织) + ile → 纺织品

hesitate [ˈhezɪteɪt] *vi.* 犹豫；不情愿

[记] 词根记忆：hes(黏附) + it + ate → 脚像被黏住了一样 → 犹豫；不情愿

[派] hesitation(*n.* 犹豫)

tutor* [ˈtjuːtə(r)] *v.* (给…)当家庭教师 *n.* 导师；家庭教师

[派] tutorial(*n.* 指南 *a.* 大学导师的)

topsoil* [ˈtɒpsɔɪl] *n.* 表层土

[记] 组合词：top(顶部) + soil(土壤) → 表层土

background* [ˈbækgraʊnd] *n.* 背景；经历；后台；不重要或不引人注目的地方

[记] 组合词：back(背面的) + ground(范围) → 背景

[搭] educational/cultural/family background 教育/文化/家庭背景；background music 背景音乐

impossible* [ɪmˈpɒsəbl] *a.* 不可能的，办不到的

[记] 联想记忆：汤姆·克鲁斯主演的电影《碟中谍》英文名为 *Mission Impossible*

surgeon* [ˈsɜːdʒən] *n.* 外科医生

[记] 联想记忆：surge(波动) + on → 做外科医生，情绪不能太波动 → 外科医生

promise* [ˈprɒmɪs] *n./v.* 允诺，保证；预兆，预示

battery [ˈbætəri] *n.* 电池(组)，蓄电池(组)

[记] 联想记忆：bat(蝙蝠) + tery → 给蝙蝠玩具提供能量 → 电池(组)

thunder [ˈθʌndə(r)] *n.* 雷；雷声 *v.* 打雷；轰隆响

[记] 联想记忆：th + under(在…下) → 打雷时不要躲在树下 → 雷；打雷

delicate [ˈdelɪkət] *a.* 纤细的；精巧的；微妙的

account* [əˈkaʊnt] *v.* 说明，解释；(在数量、比例方面)占；导致 *n.* 账，账户；叙述，说明

[记] 词根记忆：ac(表加强) + count(数) → 账目需要一数再数 → 账

[搭] take...into account 考虑…；account for 解释，说明(原因等)；(数量等)占；on account of 因为，由于

booklet [ˈbʊklət] *n.* 小册子

[记] 联想记忆：book(书) + let(表小东西) → 小册子

[同] pamphlet(*n.* 小册子)

layout [ˈleɪaʊt] *n.* 布局，安排，设计

[记] 来自词组 lay out(布置，安排)

venture [ˈventʃə(r)] *v.* 敢于去；拿…冒险，冒…的险 *n.* 风险投资，(商业等的)风险项目

[记] 发音记忆："玩车" → 玩车一族追求的就是冒险 → 冒…的险

shrink* [ʃrɪŋk] *v.* (使)收缩；萎缩

[记] 联想记忆：童话故事里，人喝(drink)了巫婆的药水就能收缩(shrink)身体

[派] shrinkage(*n.* 收缩；收缩程度)

gland [glænd] *n.* 腺

curriculum [kəˈrɪkjələm] *n.* 课程，(学校等的)全部课程

shortage* [ˈʃɔːtɪdʒ] *n.* 不足，缺少

[记] 联想记忆：short(缺乏的) + age → 不足，缺少

[同] lack(*n.* 缺少)；deficiency(*n.* 不足)

accreditation* [əˌkredɪˈteɪʃn] *n.* 证明合格，鉴定合格

[记] 来自 accredit(*vt.* 委任，委派)

clerk [klɑːk] *n.* 办事员；职员

Good for good is natural, good for evil is manly.

以德报德是常理，以德报怨大丈夫。

Word List 15

attach [əˈtætʃ] *v.* 系，贴；认为有重要性（或意义、价值等）；使附属，附加

[记] 词根记忆：at + tach（接触）→ 接触上 → 贴；使附属

[搭] attach to 使依恋；把…贴在，附加

flip [flɪp] *v.* 轻抛；轻弹

comment* [ˈkɒment] *n.* 注释，评论，意见 *v.* 注释，评论

[记] 词根记忆：com（共同）+ ment（想法；思考）→ 共同进行思考 → 评论

[搭] comment on/about... 评论…

[派] commentator（*n.* 评论员；讲解员）

emphasize [ˈemfəsaɪz] *vt.* 强调，着重

[记] 词根记忆：em（表加强）+ phas（说）+ ize → 强调，着重

flame* [fleɪm] *n.* 火焰；强烈的感情 *v.* 发出火焰，燃烧

[记] 词根记忆：flam（燃烧）+ e → 燃烧

foresee [fɔːˈsiː] *vt.* 预见，预知

[记] 联想记忆：fore（预先）+ see（看）→ 预先看到 → 预见，预知

[同] predict（*v.* 预言，预测）；foretell（*vt.* 预言，预示）

historic* [hɪˈstɒrɪk] *a.* 有历史意义的；历史的，历史性的

[搭] historic moment 历史性的时刻

provision* [prəˈvɪʒn] *n.* 供应，（一批）供应品；准备，预备；条款，规定；给养，口粮

[记] 来自 provide（*vt.* 供应，提供）

[搭] under the provision of 依据…条款

[同] preparation（*n.* 准备）；clause（*n.* 条款）

president* [ˈprezɪdənt] *n.* 总统，校长，会长，（大会）主席

[派] presidential（*a.* 总统的）

internist* [ɪnˈtɜːnɪst] *n.* 内科医师

reception* [rɪˈsepʃn] *n.* 接收，接受；接待，招待会；接收效果

[记] 词根记忆：re(表加强)+cept(拿，抓)+ion→抓住→接受

[派] receptionist(*n.* 接待员)

suspend* [səˈspend] *vt.* 吊，悬挂；推迟；暂停，中止

[记] 词根记忆：sus(在…下面)+pend(悬挂)→悬挂于之下→暂停

explorer* [ɪkˈsplɔːrə(r)] *n.* 勘探者，探险者

[记] 来自 explore(*v.* 探险；探索)

untrustworthy* [ʌnˈtrʌstwɜːði] *a.* 不值得信任的，靠不住的

[记] 组合词：un(不)+trust(信任)+worthy(值得的)→不值得信任的

prospective [prəˈspektɪv] *a.* 预期的；未来的；可能的

[记] 词根记忆：pro(向前)+spect(看)+ive(形容词后缀)→向前看的→预期的；未来的

[搭] prospective damage 预计损失

percentage* [pəˈsentɪdʒ] *n.* 百分比，百分率

[记] 联想记忆：percent(百分比)+age(集体名词后缀)→百分比，百分率

clue [kluː] *n.* 线索；提示

[记] 发音记忆："刻录"→警方凭一张刻录光盘找到了犯罪分子→线索

stammer* [ˈstæmə(r)] *n.* 结巴，口吃 *v.* 口吃

[记] 联想记忆：stamm(看做 stamp，邮票)+er→嘴被贴上了邮票→口吃

hawk [hɔːk] *n.* 鹰，隼

[记] 发音记忆："好客"→好客的主人硬要送给客人一只鹰→鹰

swamp [swɒmp] *vt.* 淹没；使应接不暇 *n.* 沼泽

[同] overwhelm(*vt.* 淹没；压倒)；marsh(*n.* 湿地，沼泽)

jealous [ˈdʒeləs] *a.* 嫉妒的；猜疑的

favour [ˈfeɪvə(r)] *n.* 帮忙；偏爱；赞同；恩惠 *vt.* 赞同；较喜欢，偏袒；有利于

[记] 发音记忆："飞吻" → 姑娘比较喜欢那个小伙子，于是给了他一个飞吻 → 较喜欢

fickle* [ˈfɪkl] *a.* 易变的，无常的

uphill [ˌʌpˈhɪl] *ad.* 向上，往上；上坡；艰难地

succeed [səkˈsiːd] *v.* 成功；接着发生

[记] 词根记忆：suc（在…下面）+ ceed（走）→ 从下面走到上面 → 成功

[搭] succeed in (doing) sth. 在（做）某事中取得成功

gender* [ˈdʒendə(r)] *n.* 性别；（语法中的）性

[搭] gender equality 男女平等

consecutive* [kənˈsekjətɪv] *a.* 连续不断的，连贯的

[记] 词根记忆：con + secut（跟随）+ ive → 一个接一个的 → 连续不断的，连贯的

[同] successive（*a.* 继承的；连续的）

diversion* [daɪˈvɜːʃn] *n.* 转向，转移，转换；转移视线的事物；娱乐

[记] 词根记忆：di（离开）+ vers（转）+ ion → 转向，转移，转换

[搭] create a diversion 转移注意力

donate* [dəʊˈneɪt] *vt.* 捐赠，赠送

[记] 词根记忆：don（给予）+ ate → 给出去 → 捐赠，赠送

[派] donation（*n.* 捐款，捐赠物）；donator（*n.* 捐赠者）

[同] contribute（*v.* 捐助，捐献）；present（*vt.* 赠送）

defence* [dɪˈfens] *n.* 防御，保护；辩护；答辩；[*pl.*] 防务工事

[记] 来自 defend（*v.* 防护；辩护）

[搭] natural defence mechanisms 先天性防御机制；defence against 防御…

volume* [ˈvɒljuːm] *n.* 卷，册；体积；音量

[记] 联想记忆：和 volute（*a.* 向上卷的）一起记

refund [ˈriːfʌnd] *n.* 退款[rɪˈfʌnd] *vt.* 退还(钱款)，偿付

[记] 联想记忆：re(向后)+fund(资金)→给回资金→退款

[搭] full refund 全额偿还；give sb. a refund 给某人退款

[派] refundable(*a.* 可偿还的)

regardless* [rɪˈɡɑːdləs] *ad.* 不顾后果地；无论如何

[记] 组合词：regard(关心)+less(少)→很少关心→不顾后果地

[搭] regardless of 不管

emboss [ɪmˈbɒs] *vt.* 使…凸出；压花(纹)

[记] 联想记忆：em(出)+boss(老板)→老板通常都有凸出来的啤酒肚→使…凸出

internationalist* [ˌɪntəˈnæʃnəlɪst] *n.* 国际主义者*a.* 国际主义者的

[记] 联想记忆：international(国际的，世界的)+ist(表人)→国际主义者

scatter [ˈskætə(r)] *v.* (使人或动物)散开，驱散；撒；撒播

[记] 联想记忆：s+cat(猫)+ter→老鼠一见到猫就四处逃散→散开

[搭] scatter...over... 把…撒在…

appetite [ˈæpɪtaɪt] *n.* 食欲，胃口；欲望

[记] 词根记忆：ap(向，往)+pet(寻找)+ite→往到处寻找→食欲

[搭] appetite for 对…的食欲；对…的兴趣

prevail [prɪˈveɪl] *vi.* 流行，盛行；占优势，战胜

[搭] prevail on/upon 说服，劝说

glossary* [ˈɡlɒsəri] *n.* 词汇表；术语表

consolidation* [kənˌsɒlɪˈdeɪʃn] *n.* 合并；巩固

[记] 词根记忆：con(共同)+solid(结实的)+ation→联合在一起使更加结实→合并；巩固

sulphuric acid 硫酸

goodwill* [ˌɡʊdˈwɪl] *n.* 友好，善意；信誉

[记] 组合词：good(好的)+will(意愿)→善意

amass [ə'mæs] *vt.* 积聚

[记] 联想记忆：a + mass(大量) → 使大量东西汇聚到一起 → 积聚

federal ['fedərəl] *a.* 联邦的，联盟的

[记] 联想记忆：FBI(联邦调查局)中的 F 就是 federal 的缩写

consideration* [kənˌsɪdə'reɪʃn] *n.* 考虑；思考；体谅

[搭] in consideration of 考虑到…；由于…

grip [grɪp] *v.* 握紧，抓牢；吸引住…的注意力(或想象力等) *n.* 紧握，抓牢；掌握，控制

[搭] in the grip of 在…的掌控下

mansion ['mænʃn] *n.* 大厦；(豪华的)宅邸

[记] 联想记忆：man(人) + sion → 有钱人住的地方 → 宅邸

galaxy ['gæləksi] *n.* [the G-] 银河；星系；群英

route* [ruːt] *n.* 路线；路程

deficiency [dɪ'fɪʃnsi] *n.* 缺乏，不足

[记] 词根记忆：de(离开) + fic(做) + iency → 缺乏能力 → 缺乏

[同] inadequacy(*n.* 不充分，不足)

opposite* ['ɒpəzɪt] *prep.* 在…对面 *a.* 对面的，对立的；相反的，相对的 *n.* 对立面，对立物

[派] opposition(*n.* 反对)

sensational* [sen'seɪʃənl] *a.* 轰动性的，引起哗然的；耸人听闻的；极好的；绝妙的

[搭] sensational discovery 轰动性的发现

participation* [pɑːˌtɪsɪ'peɪʃn] *n.* 分享；参与

[记] 来自 participate(*vi.* 参与)

relief* [rɪ'liːf] *n.* (痛苦等)减轻，解除；援救，救济；安慰；缓合剂

[记] 联想记忆：坚定的信念(belief)是痛苦的缓和剂(relief)

[搭] to one's relief 令人感到放心的是

cultivation* [ˌkʌltɪ'veɪʃn] *n.* 耕种，耕作；培养，教育

pretension * [prɪˈtenʃn] *n.* 声称，自命；自负，自命不凡

[记] 词根记忆：pre(向前) + tens(伸展) + ion → 无限地向前伸展 → 自负

harness * [ˈhɑːnɪs] *vt.* 控制，利用；上马具 *n.* 马具

[记] 联想记忆：har(看做 hard，结实的) + ness → 马具通常都很结实 → 马具

bent * [bent] *a.* 被弄弯的，弯曲的 *n.* 爱好，天赋

[搭] be bent on doing sth. 决意做某事

dormitory * [ˈdɔːmətri] *n.* (集体)宿舍

[记] 词根记忆：dorm(睡眠) + it + ory(表地点，名词后缀) → 睡觉的地方 → 宿舍

stitch * [stɪtʃ] *vt.* 缝，缝合 *n.* 一针，针脚

[记] 联想记忆：stit(看做 sit，坐) + ch → 坐着做针线活 → 缝；针脚

[搭] stitch sth. up 把某物缝合

manual * [ˈmænjuəl] *n.* 手册，指南 *a.* 手的，手工的，体力的

[记] 词根记忆：manu(手) + al(形容词后缀) → 手工的

[搭] manual workers 手工劳动者；manual labour 体力劳动

[派] manually(*ad.* 用手地，手工地)

mite * [maɪt] *n.* 极小量；螨虫

burglar [ˈbɜːglə(r)] *n.* 窃贼

[记] 联想记忆：burg(看做 bag，包) + lar → 背着大包潜入室内 → 窃贼

[派] burglary(*n.* 夜盗行为；夜盗罪)

scheme [skiːm] *n.* 计划，方案；体系，体制；阴谋 *v.* 计划，策划；密谋

[记] 联想记忆：根据图解(schema)来计划(scheme)行程

addition * [əˈdɪʃn] *n.* 加，增加(物)

[记] 联想记忆：add(加) + ition → 加，增加(物)

[搭] in addition 另外；in addition to... 除…之外

sensory* [ˈsensəri] *a.* 感觉的，感官的

[记] 词根记忆：sens(感觉) + ory → 感觉的

[搭] a sensory organ 感觉器官

grove* [grəʊv] *n.* 树丛，小树林

[记] 联想记忆：g(音似：哥) + rove(看做 love，爱) → 哥哥在小树林里谈恋爱 → 小树林

materialistic* [məˌtɪəriəˈlɪstɪk] *a.* 唯物主义的；物质享乐主义的，贪图享乐的

[记] 来自 material(*a.* 物质的)

detach [dɪˈtætʃ] *v.* 分开，分离；分遣

[记] 词根记忆：de(去掉) + tach(接触) → 去掉接触 → 分离

[搭] detach from... 从…分离；拆下；使分开

[同] disconnect(*vt.* 使分离)；separate(*v.* 分开，分离)

torrent [ˈtɒrənt] *n.* 洪流；爆发；(话语等的)连发

[记] 词根记忆：torr(=torn 转动) + ent → 水流转动不停地前进 → 洪流

clarify [ˈklærəfaɪ] *vt.* 澄清；阐明

[记] 词根记忆：clar(清楚) + ify(使…) → 使清楚 → 澄清

[派] clarification(*n.* 澄清；阐明)

thirsty [ˈθɜːsti] *a.* 口渴的；饥渴的

inspect [ɪnˈspekt] *vt.* 检查，检阅

[记] 词根记忆：in(向内) + spect(看) → 向内看 → 检查，检阅

[派] inspector(*n.* 检查员)；inspection(*n.* 检查，视察)

seam [siːm] *n.* 缝，接缝；煤层

agriculture [ˈægrɪkʌltʃə(r)] *n.* 农业；农学

[记] 词根记忆：agri(田地；农业) + cult(种植；培养) + ure → 农业；农学

[派] agricultural(*a.* 农业的；农学的)

microcosm* [ˈmaɪkrəʊkɒzəm] *n.* 微观世界；缩影

[记] 词根记忆：micro(微小的) + cosm(宇宙，世界) → 微观世界

Word List 16

surgery [ˈsɜːdʒəri] *n.* 外科学；外科手术；手术室，诊疗室

[搭] heart bypass surgery 心脏搭桥手术

catastrophe [kəˈtæstrəfi] *n.* 大灾难

[记] 词根记忆：cat(a)（落下）+ astro（星星）+ phe → 星星坠落，古人认为星星坠落预示大难临头 → 大灾难

[派] catastrophic(*a.* 悲惨的；灾难性的)

[同] disaster(*n.* 灾难)

overwork [ˌəʊvəˈwɜːk] *v.* 使劳累过分；对…使用过度；滥用(词等) *n.* 过重的工作；工作过度

parental [pəˈrentl] *a.* 父的；母的；父母(般)的

sediment [ˈsedɪmənt] *n.* 沉淀物；沉积物

[记] 词根记忆：sedi（坐）+ ment(名词后缀) → 坐下去的东西 → 沉淀物

[派] sedimentation(*n.* 沉淀，沉降)；sedimentary (*a.* 沉积的，沉积形成的)

various* [ˈveəriəs] *a.* 各种各样的；不同的；多方面的

resit* [ˌriːˈsɪt] *v./n.* 重修，补考

[搭] resit the exam 参加补考

menace* [ˈmenəs] *n.* 威胁；危险的人(或物) *vt.* 威胁到，危及

[记] 联想记忆：men（人）+ ace（看做 race，赛跑）→ 和你同时参加赛跑的人对你构成了威胁 → 威胁

[搭] a menace to sb./sth. 对…的威胁

[同] threat(*n.* 威胁，恐吓)；threaten(*v.* 威胁)

contain* [kənˈteɪn] *vt.* 包含，容纳，装有；控制，阻止，遏制

[记] 词根记忆：con（共同）+ tain（拿住）→ 全部拿住 → 包含

[搭] contain oneself 自制

[派] container(*n.* 容器)

fasten* [ˈfɑːsn] *v.* 扎牢，扣住

[记] 联想记忆：fast(牢固的)＋en(使…)→扎牢，扣住

establish* [ɪˈstæblɪʃ] *vt.* 建立；确立；安置，使定居

[记] 词根记忆：e(出)＋st(站立)＋abl(能…的)＋ish(使…)→使能够站立出来→建立；确立

[派] establishment(*n.* 建立；确立)

position* [pəˈzɪʃn] *n.* 位置，方位；职位，职务；姿势，姿态；见解，立场*vt.* 安放，安置

[搭] be in a position to do sth. 能够做某事；leave sth./sb. in the position of 使…处于…

simulate [ˈsɪmjuleɪt] *vt.* 模仿，模拟；假装，伪装；扮演

[记] 词根记忆：simul(相同)＋ate(使…)→使相同→模仿

[同] imitate（*vt.* 模仿）; ape（*vt.* 模仿）; affect（*v.* 假装）

scratch* [skrætʃ] *n.* 划伤，抓痕*v.* 抓，搔；划破，划损

[搭] from scratch 从头做起，从零开始；up to scratch 达到应有的水平

flexitime* [ˈfleksitaɪm] *n.* 弹性工作制

assist* [əˈsɪst] *v.* 帮助，援助，协助

[记] 词根记忆：as(靠近)＋sist(站立)→站在近旁→帮助，协助

[搭] assist with/in 帮助

[派] assistance(*n.* 协助，帮助)；assistant(*n.* 助手，助教 *a.* 助理的，辅助的)

mammal* [ˈmæml] *n.* 哺乳动物

[记] 联想记忆：mamma(妈妈)＋l→靠吃妈妈的奶长大→哺乳动物

[搭] marine mammals 海洋哺乳动物

[派] mammalian(*a.* 哺乳动物的，哺乳纲的)

illegal* [ɪˈliːgl] *a.* 不合法的，违法的

[记] 联想记忆：il(不，非)＋legal(合法的)→不合法的

[搭] illegal profit 非法利润；illegal activities 非法活动

[派] illegality(*n.* 非法，违法)

ultimately [ˈʌltɪmətli] *ad.* 最终地

[记] 词根记忆：ultim(最后的) + ate + ly → 最终地

sinew* [ˈsɪnjuː] *n.* 肌腱；力量的来源

artificial* [ˌɑːtɪˈfɪʃl] *a.* 人工的，人造的；假的，矫揉造作的；模拟的

[记] 词根记忆：arti(技巧) + fic(做) + ial(形容词后缀) → 利用技巧制作的 → 人工的；假的

[搭] artificial colour 人工色素；artificial intelligence 人工智能

veil* [veɪl] *n.* 面纱；遮蔽物 *vt.* 蒙着面纱；掩饰

[记] 联想记忆：邪恶的（evil）人总是试图掩饰（veil）自己

tend* [tend] *v.* 倾向于，趋于；照料；招待

removal [rɪˈmuːvl] *n.* 除去；免职；搬迁

parallel [ˈpærəlel] *n.* 可相比拟的事物(或人)，相似处；纬线 *a.* 平行的；类似的，相对应的；并行的 *vt.* 与…相似；比得上

[记] 词根记忆：par(并列) + all(其他的) + el → 把不同的东西并列放置 → 类似的，相对应的

[搭] parallel to 与…平行

compel* [kəmˈpel] *vt.* 强迫

[记] 词根记忆：com + pel(推) → 强迫

[搭] compel sb. to do sth. 强迫某人做某事

immediately* [ɪˈmiːdiətli] *ad.* 立即，马上；紧接地；直接地

institute [ˈɪnstɪtjuːt] *n.* 研究所，学院 *vt.* 建立，设立

[记] 词根记忆：in + stit(站立) + ute → 建立

serial [ˈsɪəriəl] *n.* 连续剧 *a.* 连续的；顺序排列的

[记] 联想记忆：连续剧(serial)就是以某个主题为系列(series)的电视剧

oversee* [ˌəʊvəˈsiː] *vt.* 监督，监视(某人或某物)；俯瞰，眺望

[记] 组合词：over(在…之上) + see(看) → 监督

reinforce [ˌriːɪnˈfɔːs] *vt.* 加强；增援

[记] 联想记忆：re(再，又) + in(向内) + force(力量) → 再次给予力量 → 加强

commitment [kəˈmɪtmənt] *n.* 委托；许诺；承担义务

[记] 词根记忆：com(共同) + mit(送出) + ment → 一起送出 → 委托

donation [dəʊˈneɪʃn] *n.* 捐款；捐赠

[记] 词根记忆：don(给予) + ation(名词后缀) → 捐赠

curious * [ˈkjʊəriəs] *a.* 好奇的；奇怪的

[搭] be curious about 对…好奇

jungle [ˈdʒʌŋgl] *n.* 丛林

overdraft * [ˈəʊvədrɑːft] *n.* 透支；透支额

optical * [ˈɒptɪkl] *a.* 视力的；光学的

[记] 词根记忆：opt(眼睛) + ical → 视力的

otherwise * [ˈʌðəwaɪz] *ad.* 另外，用别的方法；在其他方面 *conj.* 要不然，否则

possession * [pəˈzeʃn] *n.* 持有，拥有；所有权；所有物，财产，财富；领土

[搭] in sb.'s possession 被某人占有；in possession of sth. 占有某物

however * [haʊˈevə(r)] *conj.* 不管用什么方法，然而 *ad.* 无论如何，不管怎样；可是；仍然

retail * [ˈriːteɪl] *n.* 零售 *v.* 零售，以…价格销售

[记] 词根记忆：re + tail(切割) → 切割成小块卖 → 零售

[派] retailer(*n.* 零售商，零售店)；retailing(*n.* 零售业)

cultural * [ˈkʌltʃərəl] *a.* 文化的，人文的

morality * [məˈræləti] *n.* 道德，美德

[记] 联想记忆：moral(道德的) + ity(名词后缀) → 道德，美德

[搭] public morality 公共道德

transaction * [trænˈzækʃn] *n.* 办理；处理；交易，业务；[*pl.*] 会报，学报

[记] 词根记忆：trans(穿过)+act(做)+ion→在两者之间进行→交易

[同] deal(*n.* 交易)；exchange(*n.* 交易)

twofold * [ˈtuːfəʊld] *a.* 两倍的，双重的；两部分的 *ad.* 两倍地，双重地

solution * [səˈluːʃn] *n.* 解答，解决办法；溶解，溶液

embassy * [ˈembəsi] *n.* 大使馆；大使馆全体官员

remark * [rɪˈmɑːk] *v.* 评论，谈论；注意到，察觉 *n.* 评语，评论；注释

[记] 联想记忆：re(一再)+mark(做标记)→一再做标记→评论

[搭] remark about/on 评论；make a remark on 对…发表评论

[派] remarkable(*a.* 显著的，非凡的)

delay * [dɪˈleɪ] *n./v.* 耽搁，延迟，延期，迟滞

[记] 联想记忆：de+lay(放下)→放下不管→耽搁，延迟

congress * [ˈkɒŋgres] *n.* (代表)大会；(美国等国的)国会，议会

[记] 词根记忆：con(共同)+gress(行走)→走到一起去开会→大会

[派] congressional(*a.* 大会的；国会的)

germ [dʒɜːm] *n.* 微生物，细菌；起源，萌芽

[记] 本身是词根，意为"芽"→微生物；萌芽

fashion * [ˈfæʃn] *n.* 方式；流行款式；时装

[记] 联想记忆：f+ash(灰)+ion→我灰头土脸的，和商场里的时装格格不入→时装

[派] fashionable(*a.* 时髦的)

carousel * [ˌkærəˈsel] *n.* 行李式传送带

splash [splæʃ] *v.* 溅；泼

[同] splatter(*v.* 飞溅)；sprinkle(*v.* 喷洒)

beforehand [bɪˈfɔːhænd] *ad.* 预先，事先

[记] 组合词：before(在…以前)+hand(手)→抢在…之前下手→预先，事先

spade [speɪd] *n.* 铁锹

filter* [ˈfɪltə(r)] *n.* 过滤器 *v.* 过滤；(消息等)走漏

[记] 发音记忆："非要它"→香烟的过滤嘴是非要不可的→过滤器

[搭] filter sth. out 把…滤出

aspect* [ˈæspekt] *n.* 方面；(建筑物的)朝向，方向；外貌，外观样子

[记] 词根记忆：a + spect(看)→看上去的样子→外貌

[搭] in all aspects 全面；aspect of …方面

objection [əbˈdʒekʃn] *n.* 反对；反对的理由

tunnel* [ˈtʌnl] *n.* 隧道；地道 *v.* 挖(地道)，开(隧道)

[记] 联想记忆：海峡(channel)像条长长的地道(tunnel)

contrast [ˈkɒntrɑːst] *n.* 对比；对照

[kənˈtrɑːst] *v.* 对比；对照；形成对比

[记] 词根记忆：contra(相反) + st(=stand 站立)→反着站→对比；对照

[搭] by contrast 对比之下；(与…)相对照；in contrast with/to 与…形成对比

effect* [ɪˈfekt] *n.* 作用，影响；结果；效果 *vt.* 使产生，招致；实现

[记] 词根记忆：ef(出) + fect(做)→做出来的→效果

[搭] carry/bring into effect 使生效，实施；take effect 生效，起作用；side effects 副作用

[派] effective(*a.* 有效的)；effectively(*ad.* 有效地)；effectiveness(*n.* 有效性)；ineffective(*a.* 无效的)

parcel [ˈpɑːsl] *n.* 包裹

distance [ˈdɪstəns] *n.* 距离；远方；一长段时间

[记] 来自 distant(*a.* 遥远的)

stem* [stem] *n.* 茎；(树)干；词干 *vt.* 止住，抑止，堵住，阻止

[搭] stem from 源于

normal* [ˈnɔːml] *a.* 正常的，平常的；标准的，规范的，正规的

[记] 联想记忆：norm(标准，规范)+al→标准的，规范的

[派] normally(*ad.* 正常地，通常地)

sincere [sɪnˈsɪə(r)] *a.* 真挚的，诚挚的，真诚的，诚恳的

[记] 联想记忆：sin(罪)+cere→把罪过一一坦白，态度真诚→真诚的

summarise [ˈsʌməraɪz] *v.* 总结，概括

[记] 来自 summary(*n.* 总结，概括)

vice versa* 反之亦然

foetus* [ˈfiːtəs] *n.* 胎儿；胚胎

[记] 联想记忆：foe(敌人)+t(看做 to)+us(我们)→对我们来说，胎儿是自由的敌人→胎儿

merge [mɜːdʒ] *v.* (使)结合

[记] 词根记忆：merg(沉没)+e→沉没其中→(使)结合

aware* [əˈweə(r)] *a.* 知道的；意识到的

[搭] be aware of 意识到…

[派] unaware(*a.* 不知道的，未意识到的)；awareness(*n.* 知道)

label* [ˈleɪbl] *vt.* 贴标签于 *n.* 标签，标记；称号；绰号，外号

[记] 联想记忆：lab(实验室)+el→实验室里的试剂瓶上贴有标签→标签

[搭] label as 把…称为

guarantee* [ˌɡærənˈtiː] *v.* 保证；允诺 *n.* 保证；担保物

[记] 联想记忆：guar(看做 guard，保卫)+ant(蚂蚁)+ee→蚁后允诺要开展一场保卫战→保证；允诺

[搭] guarantee to 保证…

interrelationship* [ˌɪntərɪˈleɪʃnʃɪp] *n.* 相互关联，相互影响

stationery [ˈsteɪʃənri] *n.* 文具

limestone* [ˈlaɪmstəʊn] *n.* 石灰石，石灰岩

[记] 组合词：lime(石灰)+stone(石头)→石灰石，石灰岩

Word List 17

impulse [ˈɪmpʌls] *n.* 冲动，突如其来的念头；刺激，驱使；脉冲

[记] 词根记忆：im(使…) + puls(推) + e → 冲动；刺激

[搭] on (the) impulse (of...) 凭(…的)冲动；impulse buying 即兴购买

[同] urge(*n.* 强烈的欲望，迫切的要求)

wax [wæks] *n.* 蜡；蜂蜡 *v.* 给…上蜡，给…打蜡；(月亮)渐圆，渐满

incapacitate* [ˌɪnkəˈpæsɪteɪt] *vt.* 使无能力；使伤残；使不适合；使无资格

[记] 词根记忆：in(无) + capac(=cap 握住) + it + ate(使…) → 使无力握住 → 使无能力

appear* [əˈpɪə(r)] *v.* 出现，显露，公开露面；出场，问世；仿佛，似乎

check* [tʃek] *v.* 检查，核对；阻止，制止 *n.* 检查，核对；制止，抑制；支票，账单

collect* [kəˈlekt] *v.* 收集，搜集；领取，接走；收(税等)；聚集；积累

[记] 词根记忆：col(一起) + lect(收集) → 收集，搜集

[派] collective(*a.* 共同的；集体的)；collection(*n.* 收藏品)

attract* [əˈtrækt] *vt.* 吸引，招引，引诱，引起(注意等)

[记] 词根记忆：at + tract(拉) → 把注意力拉过来 → 吸引，招引

[搭] attract sb.'s attention 引起某人的注意

[派] attraction(*n.* 吸引；诱惑)；attractant(*n.* 引诱物)

describe* [dɪˈskraɪb] *vt.* 描述，描写，形容

[记] 词根记忆：de(表加强)+scrib(写)+e→描述

[派] description(*n.* 描述，描写)

chunk [tʃʌŋk] *n.* 大块；相当大的部分(或数量)

[记] 发音记忆："常客"→饭馆的常客占客人总数的很大一部分→相当大的部分

agency* [ˈeɪdʒənsi] *n.* 机构；代理，代办

[记] 词根记忆：ag(行动)+ency(表状态，名词后缀)→代为行动→代理

blend* [blend] *v.* (使)混合，(使)混杂 *n.* 混合物；混合，交融

[搭] blend in 掺入；blend with 与…混合

conceive [kənˈsiːv] *v.* (构)想出，构想，设想；怀孕

[记] 词根记忆：con + ceiv(抓住)→怀有一种想法→(构)想出

affect* [əˈfekt] *v.* 影响；感染

[记] 词根记忆：af + fect(做)→使人做→影响

frustrate [frʌˈstreɪt] *vt.* 使沮丧；挫败

extend* [ɪkˈstend] *v.* 延长；扩大

[记] 词根记忆：ex(出)+tend(伸展)→伸展出去→延长

introduce* [ˌɪntrəˈdjuːs] *vt.* 介绍；传入，引进；提出；采用，推行

[派] introduction(*n.* 介绍；引进；推行)

advice* [ədˈvaɪs] *n.* 劝告，忠告；建议，(医生等的)意见

attitude* [ˈætɪtjuːd] *n.* 态度，看法；姿势

[记] 发音记忆："爱踢球的"→尽管人们对国足态度不一，但青少年踢球的热情无法阻挡→态度

[搭] attitude to/towards 对…的态度

deliver* [dɪˈlɪvə(r)] *v.* 交付，递送；发表，表达；释放；接生

[记] 词根记忆：de(使…)+liver(=liber 自由)→使自由→递送；释放

[搭] deliver a speech 发表演讲；deliver a judgement 作出判决

[派] delivery(*n.* 投递，送交)

course* [kɔːs] *n.*过程，进程；路线，方针；跑道；课程 *v.* 追猎；运行；流动

[搭] in the course of 在…过程中，在…期间

match* [mætʃ] *n.*火柴；比赛，竞赛；对手，敌手 *v.*匹配，相称

[搭] match against/with 与…比赛

[派] matchless(*a.* 无比的，无敌的)

employ* [ɪmˈplɔɪ] *n./vt.*雇用；用，使用

[派] employee(*n.* 职员，雇员)；employer(*n.* 雇主)；employment(*n.* 雇用)；employable(*a.* 可利用的)

pedal [ˈpedl] *v.*骑车；踩踏板 *n.*踏板

[记] 词根记忆：ped(脚)+al → 脚踏的东西 → 踏板

resident [ˈrezɪdənt] *n.*居民，住户 *a.*常驻的，居住的

[派] residence(*n.* 住处；居住)

optometrist [ɒpˈtɒmətrɪst] *n.*验光师，视力测定者

[记] 词根记忆：opto(眼睛)+metr(测量)+ist(表人)→验光师，视力测定者

degrade [dɪˈgreɪd] *v.*(使)降级；(使)堕落；(使)降解；(使)退化

[记] 联想记忆：de(向下)+grade(级别)→降低级别→(使)降级

[同] demote (*vt.* 使降级，使降职)；decompose(*v.* 分解)；abase(*vt.* 降低)

particle [ˈpɑːtɪkl] *n.*极少量；微粒

[记] 联想记忆：part(部分)+icle(看做 article，物品)→物品的一部分→极少量

downpour* [ˈdaʊnpɔː(r)] *n.*暴雨

[记] 组合词：down(下)+pour(倒)→倾盆而下的雨→暴雨

telescope* [ˈtelɪskəʊp] *n.*望远镜

[记] 词根记忆：tele(远)+scop(看)+e→往远处看时所借助的工具→望远镜

transport [ˈtræspɔːt] *n.* 运输，运送；运输系统，运载工具

[træˈspɔːt] *vt.* 运输，运送，搬运

[记] 词根记忆：trans（穿过）+ port（搬运）→ 从一地搬到一地 → 运输，运送

[搭] on/by public transport 乘坐公共交通工具；transport costs 运费

[派] transportation（*n.* 运输；客运）

prepare * [prɪˈpeə(r)] *v.* 准备，预备

[记] 词根记忆：pre（在…之前）+ par（安排）+ e → 提前安排 → 准备，预备

[搭] be prepared for 为…做准备，准备好

registration * [ˌredʒɪˈstreɪʃn] *n.* 登记，注册；（邮件等的）挂号；登记或注册的项目

chaos * [ˈkeɪɒs] *n.* 混乱

[记] 发音记忆：chao（拼音"吵"）+ s（音似：死）→ 吵死啦！→ 混乱

[搭] molecular chaos 分子混沌，分子混沌态

[派] chaotic（*a.* 混乱的，无秩序的）

gorge * [gɔːdʒ] *v.* 狼吞虎咽，塞饱 *n.* 山峡，峡谷

recreational * [ˌrekriˈeɪʃənl] *a.* 消遣的，娱乐的；游戏的

systematic * [ˌsɪstəˈmætɪk] *a.* 系统的，体系的

[记] 来自 system（*n.* 系统）

subtropical * [ˌsʌbˈtrɒpɪkl] *a.* 亚热带的

[搭] a subtropical climate 亚热带气候

detract * [dɪˈtrækt] *v.* 去掉，减损

[记] 词根记忆：de（向下）+ tract（拉）→ 向下拉 → 去掉，减损

seal * [siːl] *vt.* 封，密封 *n.* 封铅，封条；印，图章；海豹

[记] 联想记忆：sea（海洋）+ l（看做 love，爱）→ 海水也不会冲走爱的印迹 → 印

depress * [dɪˈpres] *vt.* 使沮丧；使不景气；降低，减少

[记] 联想记忆：de（向下）+ press（挤压）→ 情绪向下挤压 → 使沮丧

[派] depression（*n.* 消沉；萧条）

scarce [skeəs] *a.* 缺乏的，不足的；稀少的，罕见的

[记] 联想记忆：scar(伤疤) + ce → 有伤疤 → 美中不足 → 不足的

[搭] scarce metals 稀有金属

evidence* [ˈevɪdəns] *n.* 根据，证据；形迹，迹象

[记] 词根记忆：e + vid(看见) + ence → 所看见的人或物 → 形迹，迹象

[搭] in evidence 明显地

besides* [bɪˈsaɪdz] *prep.* 除…之外 *ad.* 而且

waterproof [ˈwɔːtəpruːf] *a.* 不透水的；防水的

[记] 组合词：water(水) + proof(防…的) → 防水的

exclusive [ɪkˈskluːsɪv] *a.* 奢华的；独有的；排他的 *n.* 独家新闻

majority* [məˈdʒɒrətɪ] *n.* 多数，大多数

despite* [dɪˈspaɪt] *prep.* 不管，尽管

[搭] despite oneself 尽管(自己)不愿意

dissolve [dɪˈzɒlv] *v.* 溶解；解散；结束

[记] 联想记忆：dis(分开) + solve(解决) → 分开解决 → 溶解；解散

release* [rɪˈliːs] *vt.* 释放，解放；发表，发行 *n.* 释放；发表，发布；排放，泄露

[搭] release news 发布新闻

deploy* [dɪˈplɔɪ] *vt.* 部署；使用，运用

[记] 联想记忆：de(表加强) + ploy(策略) → 运用策略 → 使用，运用

original* [əˈrɪdʒənl] *a.* 最初的，原始的；新颖的，有独创性的 *n.* 原物，原作

[搭] original handwriting 真迹；an original viewpoint 全新观点；an original play 原创剧

branch* [brɑːntʃ] *n.* 树枝；分部，分科

[搭] main branch 主枝；主要的支行；local branch 本地分店

chancellor* [ˈtʃɑːnsələ(r)] *n.* 大臣；总理；首席法官；大学校长

[记] 联想记忆：chance(运气) + llor → 运气好，当了总理 → 总理

vertical [ˈvɜːtɪkl] *a.* 垂直的；竖式的 *n.* 垂直线

[搭] a vertical line 垂直线

herbivore* [ˈhɜːbɪvɔː(r)] *n.* 食草动物

[记] 词根记忆：herb(草)+i+vor(吃)+e→食草动物

flat* [flæt] *a.* 平的；(价格)固定的 *n.* 单元住宅

[记] 联想记忆：菜不放盐(salt)味道平平(flat)

occasionally [əˈkeɪʒnəli] *ad.* 有时候，偶尔

harridan* [ˈhærɪdən] *n.* 凶恶的老妇；老巫婆

accommodation* [əˌkɒməˈdeɪʃn] *n.* 住处，膳宿；适应，调节

[记] 联想记忆：ac+commod(看做 common，普通的)+ation(名词后缀)→再普通的人都需要住处→住处，膳宿

[搭] student accommodation 学生宿舍；accommodation facilities 住宿设施

static [ˈstætɪk] *n.* 静电；[-s]静力学 *a.* 静止的，静态的；呆板的

[记] 词根记忆：stat(坐)+ic→坐着的→静止的，静态的

section* [ˈsekʃn] *n.* 部分；部门；截面

[记] 词根记忆：sect(切割)+ion→从整体切割出来的→部分；部门

scale [skeɪl] *n.* 规模，大小；[*pl.*]天平，磅秤；刻度，标度；(鱼等的)鳞；(音乐)音阶；等级，级别；比例(尺) *vt.* 攀登，爬越

[搭] on a large scale 大规模地；in scale 成比例，相称；out of scale 不成比例，不相称；scale sth. down 缩小，减少

constantly [ˈkɒnstəntli] *ad.* 经常；不断地

ailment* [ˈeɪlmənt] *n.* (不严重的)疾病

[记] 联想记忆：a(一个)+il(看做 ill，生病的)+ment(名词后缀)→疾病

adhere* [ədˈhɪə(r)] *vi.* 黏附；遵守；坚持

[记] 词根记忆：ad(表加强)+her(黏附)+e→黏附；遵守

[搭] adhere to 坚持；黏附；遵守

extracurricular* [ˌekstrəkəˈrɪkjələ(r)] *a.* 课外的

[记] 组合词：extra（额外的）+ curricular（课程的）→ 课外的

propel [prəˈpel] *vt.* 推进，推动；驱使

[记] 词根记忆：pro（向前）+ pel（推）→ 推进

[同] stimulate（*vt.* 刺激，激励）；impel（*vt.* 驱使；推进）

posture [ˈpɒstʃə(r)] *n.* 姿势；心情；态度

[记] 词根记忆：post（放）+ ure → 姿势

[搭] adopt an aggressive posture on 对…采取强硬的态度

overseas* [ˌəʊvəˈsiːz] *a.* 在海外的 *ad.* 在海外

[记] 组合词：over（越过）+ seas（海）→ 漂洋过海 → 在海外（的）

industrialise* [ɪnˈdʌstriəlaɪz] *v.* (使)工业化

[派] industrialisation（*n.* 工业化，产业化）

empire* [ˈempaɪə(r)] *n.* 帝国

[记] 联想记忆：一个大帝国（empire）肯定需要一个贤明的君主（emperor）

mechanic [məˈkænɪk] *n.* 机修工；[-s] 力学，机械学

[记] 词根记忆：mechan（机械）+ ic → 机修工

fracture [ˈfræktʃə(r)] *n.* 断裂，折断；骨折 *v.* (使)断裂

[记] 词根记忆：fract（打破）+ ure →（使）断裂

[搭] a compound fracture 开放性骨折

Word List 18

glacial * [ˈgleɪʃl] *a.* 冰期的；冰川的；寒冷的，冰冷的；冷若冰霜的

[记] 词根记忆：glac(冰) + ial → 冰期的

[搭] the glacial period 冰期

badminton [ˈbædmɪntən] *n.* 羽毛球

dock [dɒk] *v.* (使)靠码头 *n.* 码头

argument * [ˈɑːgjumənt] *n.* 争吵，争论；观点，论据；说理，论证

chase * [tʃeɪs] *v.* 追捕；追求；雕镂

[搭] chase after 追赶，追逐；追求

brochure * [ˈbrəʊʃə(r)] *n.* 小册子；说明书

[记] 发音记忆："不用求" → 有了说明书，就不用求别人了 → 说明书

convince * [kənˈvɪns] *vt.* (使)确信；说服

[记] 词根记忆：con(完全) + vinc(征服，克服) + e → 彻底征服对方 → 说服

[搭] convince sb. to do sth. 说服某人做某事；be convinced of 确信，承认；convince sb. of 使某人承认，使某人信服

teem * [tiːm] *vi.* 倾泻；充满，遍布

[记] 联想记忆：和 team(*n.* 群，队)一起记

confront * [kənˈfrʌnt] *vt.* 遭遇；面对，正视

[记] 词根记忆：con(一起) + front(额头，脸) → 一起对顶额头 → 遭遇；面对

[搭] confront with 遭遇；面对

exhibition [ˌeksɪˈbɪʃn] *n.* 展览(会)；陈列，展览

whereas [ˌweərˈæz] *conj.* 然而，但是

oak [əʊk] *n.* 橡树，橡木

additional* [əˈdɪʃənl] *a.* 附加的；追加的

[搭] additional charges 附加费用；additional cost 额外费用，新增成本

overlapping* [ˌəʊvəˈlæpɪŋ] *a.* 重叠的；共通的

poultry* [ˈpəʊltri] *n.* 家禽；禽肉

[记] 词根记忆：poul(小鸡) + try → 家禽；禽肉

pregnancy* [ˈpregnənsi] *n.* 怀孕；怀孕期

[记] 来自 pregnant(*a.* 怀孕的)

confirmation* [ˌkɒnfəˈmeɪʃn] *n.* 证实，确认；批准

unquote* [ˌʌnˈkwəʊt] *v.* 结束引语

embezzlement* [ɪmˈbezlmənt] *n.* 贪污，盗用

[记] 联想记忆：em + bezzle(看做 bezzant，金银币) + ment → 将金银币据为己有 → 贪污，盗用

acrobatic* [ˌækrəˈbætɪk] *a.* 杂技的；杂技般的；杂技演员的

numerous [ˈnjuːmərəs] *a.* 众多的

[记] 词根记忆：numer(数) + ous(多…的) → 数目众多的 → 众多的

balcony [ˈbælkəni] *n.* 阳台；楼座

[记] 发音记忆："白给你" → 把整个楼座都"白给你" → 楼座

postgraduate [ˌpəʊstˈgrædʒuət] *n.* 研究生

well-being [ˌwelˈbiːɪŋ] *n.* 安宁；福利

[记] 组合词：well(好，健康) + being(存在) → 安宁；福利

at random 随便地，任意地

prime* [praɪm] *a.* 首要的；最好的

[记] 词根记忆：prim(第一) + e → 首要的；最好的

settle* [ˈsetl] *v.* 定居，安家；解决，调停；安排，安放；支付，结算；安置于；(鸟等)飞落，停留，栖息

[记] 联想记忆：set(放置) + tle → 放置在一个地方就好像定居了下来 → 定居，安家

[搭] settle down 定居，过安定的生活

[派] settler(*n.* 移民，殖民者)；settlement(*n.* 解决；协议；定居点)

fallow * [ˈfæləʊ] *a.* (土地)休耕的；休闲的

[记] 联想记忆：几个伙伴(fellow)一起在休耕的(fallow)田地上玩耍

troupe * [truːp] *n.* (演出的)班子，团，队；(尤指)马戏团，芭蕾舞团

[记] 联想记忆：部队(troop)里的一群(group)人组建了一个剧团(troupe)

premise * [preˈmɪs] *n.* 前提，假设；[*pl.*](企业、机构等使用的)房屋和地基，经营场址

[记] 词根记忆：pre(在…之前) + mis(放) + e → 放在前面的东西 → 前提

[同] hypothesis(*n.* 假设)

discerning * [dɪˈsɜːnɪŋ] *a.* 有识别力的，眼光敏锐的

[记] 词根记忆：dis(分离) + cern(分开) + ing → 能分清楚的 → 有识别力的

niggle * [ˈnɪgl] *v.* 拘泥小节；挑剔，吹毛求疵；为小事操心；不断地烦扰

prospectus * [prəˈspektəs] *n.* 内容说明书，简章，简介

liaise * [liˈeɪz] *vi.* 做联络人；联络，联系

excavation * [ˌekskəˈveɪʃn] *n.* 挖掘，发掘；出土文物

continental * [ˌkɒntɪˈnentl] *a.* 欧洲大陆的；大陆性的 *n.* 欧洲大陆人

modernism * [ˈmɒdənɪzəm] *n.* 现代主义

[派] modernist(*n.* 现代主义者，现代人)

artery [ˈɑːtəri] *n.* 动脉；干线，要道

[记] 联想记忆：和 vein(*n.* 静脉)一起记

premium * [ˈpriːmiəm] *a.* 高级的，优质的；售价高的 *n.* (投保人向保险公司支付的)保险金；额外费用，加付款；奖品，赠品；额外津贴

[记] 词根记忆：pre(在…之前) + m(=em 拿取) + ium → 为…提前拿取的东西 → 保险金

[搭] at a premium 稀少

glamor [ˈglæmə(r)] *n.* 魅力；诱惑力

[记] 联想记忆：g + lamor(看做 labor，劳动) → 劳动人民最有魅力 → 魅力

barbecue * [ˈbɑːbɪkjuː] *n.* 金属烤肉架；烧烤野餐

[记] 词根记忆：barb（条，棒）+ ecue → 用木条支撑着进行烧烤 → 烧烤野餐

material * [məˈtɪəriəl] *n.* 材料；素材 *a.* 物质的；重要的

adapt * [əˈdæpt] *v.* 使适合；改编；适应

[记] 词根记忆：ad + apt（适合的）→ 使适合

[搭] adapt to 适应…；adapt from 根据…改编

[派] adaptable（*a.* 能适应的；可修改的）

gullibly * [ˈɡʌləbli] *ad.* 轻信地，易受欺骗地

[记] 来自 gullible（*a.* 易受骗的）

succession [səkˈseʃn] *n.* 连续；接替，继承

[记] 词根记忆：suc（=sub 在…下面）+ cess（走）+ ion → 在下面走 → 连续

sift * [sɪft] *v.* 细查；筛；过滤

[记] 联想记忆：坐（sit）下来慢慢筛（sift）面粉

spark [spɑːk] *n.* 火花

[记] 联想记忆：s + park（公园）→ 公园常常是擦出爱情火花的地方 → 火花

sympathy [ˈsɪmpəθi] *n.* 同情；赞同，支持

[记] 词根记忆：sym（共同）+ path（感觉）+ y → 怀有相同的感觉 → 同情

chill * [tʃɪl] *v.* (使)变冷，冷藏 *n.* 寒意；寒战；寒心 *a.* 寒冷的；扫兴的

[记] 联想记忆：c + hill（小山）→ 山上 → 高处不胜寒 → 寒冷

multinational * [ˌmʌltiˈnæʃnəl] *a.* 多国的，多民族的；跨国公司的 *n.* 跨国公司

exposure * [ɪkˈspəʊʒə(r)] *n.* 暴露；显露；接触；曝光

[记] 词根记忆：ex（出）+ pos（放）+ ure → 放出来 → 暴露；显露

fierce * [fɪəs] *a.* 凶猛的；强烈的

[记] 发音记忆："飞蛾死" → 凶猛的飞蛾扑火而死 → 凶猛的

[搭] fierce loyalty 极度的忠诚

crime * [kraɪm] *n.* 罪行；犯罪

[记] 词根记忆：crim（罪行）+ e → 罪行；犯罪

[搭] crime rate 犯罪率；commit a crime 犯罪

constitute [ˈkɒnstɪtjuːt] *v.* 组成；构成；设立，成立

[记] 词根记忆：con(表加强) + stit(站立) + ute → 设立

deceive [dɪˈsiːv] *v.* 欺骗，蒙骗

[记] 词根记忆：de(分离) + ceiv(抓住) + e → 欺骗，蒙骗

[派] deceptive(*a.* 迷惑的；虚伪的)

haul [hɔːl] *vt.* 用力拖；搬运

[记] 联想记忆：他们忙着往礼堂(hall)搬(haul)东西

emission* [iˈmɪʃn] *n.* (光、热等的)散发；散发物

[记] 词根记忆：e(出) + miss(送) + ion → 送出 → (光、热等的)散发

[搭] greenhouse gas emissions 温室气体排放；zero-emission cars 零排放车辆

procession [prəˈseʃn] *n.* 队伍，行列

[记] 联想记忆：队伍(procession)在行军的过程(process)中遭遇暴风雪

bistro* [ˈbiːstrəʊ] *n.* 小酒馆；小餐馆

crash [kræʃ] *v.* 碰撞；冲，闯；倒下，坠落；发出撞击(或爆裂)声；垮台，破产 *n.* 碰撞；坠落，坠毁；破裂声，撞击声 *a.* 速成的

[记] 联想记忆：卡车撞上(crash)路边的一堆垃圾(trash)

[搭] crash into 闯入；碰撞

pearl [pɜːl] *n.* 珍珠

workforce [ˈwɜːkfɔːs] *n.* 受雇的或现有的工作人员总数；劳动人口

[记] 组合词：work(工作) + force(队伍) → 劳动人口

surpass* [səˈpɑːs] *v.* 超过，超越，优于，胜过；超过…的界限，非…所能办到(或理解)

[记] 联想记忆：sur + pass(通过) → 在上面通过 → 超过

[同] exceed(*vt.* 超越，胜过)；surmount(*vt.* 超越，战胜)

sociology* [ˌsəusiˈɒlədʒi] *n.* 社会学
[记] 词根记忆：soci(同伴；结交) + ology(…学) → 社会学

violent* [ˈvaɪələnt] *a.* 暴力的；带有强烈感情的；猛烈的

frock* [frɒk] *n.* 上衣；连衣裙

epidemic* [ˌepɪˈdemɪk] *a.* 流行性的 *n.* 流行病
[记] 词根记忆：epi + dem(=demo 人民) + ic → 在人民之中的 → 流行性的
[同] contagious(*a.* 传染性的)；prevalent (*a.* 流行的)

grab [græb] *v./n.* 抓，夺
[记] 联想记忆：螃蟹(crab)用钳子抓(grab)人
[搭] grab at/for sth. 抓住/夺得某物；up for grabs 可供争夺的

statue [ˈstætʃuː] *n.* 塑像
[记] 词根记忆：stat(站立) + ue → 总是站立的东西 → 塑像
[搭] the Statue of Liberty 自由女神像
[派] statuesque(*a.* 雕塑般的)

appliance [əˈplaɪəns] *n.* 用具，器具
[记] 联想记忆：appli(看做 apply，运用) + ance → 可用的东西 → 用具，器具
[搭] household appliances 家用器具

facility [fəˈsɪləti] *n.* [*pl.*] 设备，设施；便利条件
[记] 词根记忆：fac(做) + ility → 辅助人们做事的东西 → 设备，设施
[搭] communication facilities 通信设施

consolation* [ˌkɒnsəˈleɪʃn] *n.* 安慰；慰问
[记] 词根记忆：con(=with 以) + sol(安慰) + ation → 可用来给人安慰的东西 → 安慰；慰问
[搭] consolation prize 安慰奖

Word List 19

texture [ˈtekstʃə(r)] *n.* 质地，纹理；口感

[记] 词根记忆：text(编织) + ure → 质地，纹理

assumption [əˈsʌmpʃn] *n.* 假定，假设；担任，承担

dissatisfied* [dɪsˈsætɪsfaɪd] *a.* 不满意的，不满足的

simultaneous [ˌsɪmlˈteɪniəs] *a.* 同时的，同时发生的，同时存在的；同步的

[记] 词根记忆：simul(相同) + taneous → 相同时间的 → 同时发生的

[同] coinstantaneous(*a.* 同时发生的，同时的)

sundial [ˈsʌndaɪəl] *n.* (通过太阳知道时间的)日规；日晷(仪)

toxic [ˈtɒksɪk] *a.* 有毒的；中毒的

[记] 发音记忆："逃(一)个是(一)个" → 酒里有毒，快逃 → 有毒的

[派] toxicity(*n.* 毒性)

[同] poisonous(*a.* 有毒的)；noxious(*a.* 有害的，有毒的)

utilise* [ˈjuːtəlaɪz] *vt.* 利用，运用

[记] 词根记忆：ut(用) + ilise → 利用

[派] utilisation(*n.* 利用)

conformity* [kənˈfɔːməti] *n.* 符合，一致

overrate* [ˌəʊvəˈreɪt] *vt.* 对…评价过高，高估

[记] 组合词：over(超越) + rate(估价) → 对…评价过高

dormant [ˈdɔːmənt] *a.* 休眠的；静止的；隐匿的

[搭] a dormant volcano 休眠火山

displace [dɪsˈpleɪs] *vt.* 取代；迫使(人们)离开家园；撤职，使失业

[记] 联想记忆：dis(离开)+place(位置)→使从位置上离开→取代

embrace [ɪmˈbreɪs] *v./n.* 拥抱；包括；欣然接受

[记] 词根记忆：em(使…)+brac(胳膊)+e→使在胳膊里→拥抱

engrave* [ɪnˈɡreɪv] *vt.* (在…上)雕刻；(使)铭记

[记] 联想记忆：en+grave(坟墓)→进入坟墓也要记着，真是刻骨铭心→(使)铭记

disrespectful* [ˌdɪsrɪˈspektfl] *a.* 失礼的，无礼的

invade* [ɪnˈveɪd] *v.* 侵犯，侵入，侵略，侵袭

[记] 词根记忆：in(进入)+vad(走)+e→未经允许走进来→侵犯，侵入

[派] invader(*n.* 侵略者)；invasion(*n.* 入侵)

arcade* [ɑːˈkeɪd] *n.* 拱廊，有拱廊的街道

commentary* [ˈkɒməntri] *n.* (尤指电台或电视台所作的)实况报道，现场解说；注释，解释；批评；评价

[记] 来自 comment(*v.* 评论)

recreate* [ˌriːkriˈeɪt] *vt.* 再现，再创造

mock* [mɒk] *a.* 假的；模拟的 *n.* 嘲弄；模仿，仿制品 *v.* 嘲笑，嘲弄

[记] 联想记忆：和尚(monk)没头发常被人嘲笑(mock)

territory* [ˈterətri] *n.* 领土，版图；领域，范围

[记] 词根记忆：terr(地)+it+ory(表地点，名词后缀)→领土；领域

[派] territorial(*a.* 领土的)

prohibit* [prəˈhɪbɪt] *v.* 禁止，阻止

[记] 词根记忆：pro(在…之前)+hibit(拿住；拥有)→提前拿住→禁止，阻止

[搭] prohibit sb. from doing sth. 阻止某人做某事

[派] prohibition(*n.* 禁令)；prohibitive(*a.* 禁止的，贵得买不起的)

shipment [ˈʃɪpmənt] *n.* 装运，运输；装载（或运输）的货物，装货量

[记] 联想记忆：ship（船运）+ ment → 装运

[同] cargo（*n.* 货物）；freight（*n.* 货物）

calendar* [ˈkælɪndə(r)] *n.* 日历；月历；日程表

magic [ˈmædʒɪk] *n.* 魔法，法术；魅力，魔力 *a.* 有魔力的，神奇的

[记] 联想记忆：mag（看做 magnet，磁铁）+ ic → 像磁铁一样吸引人 → 魅力

slip* [slɪp] *v.* 滑倒，失足；减退；摆脱，闪开；塞入 *n.* 差错，疏漏；滑倒；纸片

shatter [ˈʃætə(r)] *v.* （使）破碎，碎裂；给予极大打击

[记] 发音记忆："筛它" →（使）破碎

truce [truːs] *n.* 休战（协定）

[记] 联想记忆：休战协定（truce）确认了战败属实（true）

discount* [ˈdɪskaʊnt] *n.* （价格、债款等）折扣

[dɪsˈkaʊnt] *vt.* 给…打折；漠视，低估

[记] 联想记忆：dis（分离）+ count（计算）→ 不计算在内的部分 → 折扣

[搭] make a discount 打折；a discount store 廉价商店；at a discount 打折；不值钱，不受重视；discount rates 贴现率

tough* [tʌf] *a.* 难对付的；健壮的；（肉等食物）老的

[搭] a tough nut 难对付的人，与之打交道有危险的人

volunteer* [ˌvɒlənˈtɪə(r)] *v.* 自愿做，无偿做 *a.* 志愿的，义务的，无偿的 *n.* 志愿者

[派] voluntary（*a.* 自愿的，志愿的）

eruption [ɪˈrʌpʃn] *n.* （火山、战争等）爆发；（疾病）发作

[记] 来自 erupt（*v.* 爆发；喷出）

pension [ˈpenʃn] *n.* 养老金，抚恤金；年金

[记] 词根记忆：pens（悬挂，引申为"付钱"）+ ion → 养老金

[搭] live on a pension 靠退休金/抚恤金生活

assignment * [əˈsaɪnmənt] *n.* 任务，工作

assign * [əˈsaɪn] *vt.* 指派，分配；指定

[记] 联想记忆：as + sign(签名) → 找那个大牌明星签名的任务指派给你了 → 指派，分配

[搭] assign sth. to sb. 把某物指派给某人

concert [ˈkɒnsət] *n.* 音乐会，演奏会

[记] 联想记忆：那个得了癌症(cancer)的音乐家举行了最后一次个人音乐会(concert)

microbiology * [ˌmaɪkrəʊbaɪˈɒlədʒi] *n.* 微生物学

[记] 组合词：micro(微小的) + biology(生物学) → 微生物学

stainless [ˈsteɪnlis] *a.* 不锈的；无污点的，无瑕疵的

[记] 联想记忆：stain(污点) + less(没有) → 无污点的；不锈的

[搭] stainless steel 不锈钢

hallowed [ˈhæləʊd] *a.* 受崇敬的；神圣(化)的

[记] 联想记忆：hall(大厅) + ow + ed → 放在大厅里供奉起来 → 神圣(化)的

terminal [ˈtɜːmɪnl] *n.* 终点，终端；终点站，航站楼 *a.* 末端的

[记] 词根记忆：termin(边界) + al → 末端的

climate * [ˈklaɪmət] *n.* 气候；风气，思潮

bring around/round 说服；使恢复知觉(或健康)

relevance * [ˈreləvəns] *n.* 中肯，适当；相关性

[记] 词根记忆：re(一再) + lev(举) + ance → 被一再举起 → 相关性

reluctant * [rɪˈlʌktənt] *a.* 不情愿的，勉强的；难得到的，难处理的

[记] 发音记忆："驴拉坦克" → 不情愿的，勉强的

regularity * [ˌregjuˈlærəti] *n.* 规律性，规则性；整齐，匀称

[记] 来自 regular(*a.* 有规律的)

laterality * [ˌlætəˈrælɪti] *n.* 对一侧面的偏重，偏向一侧状态

predominant * [prɪˈdɒmɪnənt] *a.* 卓越的，突出的；支配的，主要的，盛行的

[记] 联想记忆：pre(在…前面) + dominant(统治的) → 在前面统治的 → 支配的

trek* [trek] *vi./n.*牛拉车；艰苦跋涉

daunt* [dɔːnt] *vt.*使气馁，使胆怯

[记] 联想记忆：d(看做 devil，魔鬼) + aunt(姨妈) → 姨妈被鬼故事吓倒了 → 使胆怯

itinerary* [aɪˈtɪnərəri] *n.*行程表；旅行路线，旅行计划

[记] 词根记忆：it(走) + iner + ary → 行走 → 旅行路线

acclimatise* [əˈklaɪmətaɪz] *v.*(使…)服水土；(使…)适应新环境

meadow [ˈmedəʊ] *n.*草地

[记] 联想记忆：mea(看做 meal，美餐) + dow(看做 cow，母牛) → 母牛在草地上吃草，享受美餐 → 草地

forthcoming [ˌfɔːθˈkʌmɪŋ] *a.*即将到来的

[记] 组合词：forth(往前) + coming(就要来的) → 即将到来的

structure* [ˈstrʌktʃə(r)] *n.*结构；构造；建筑物 *vt.*系统安排；精心组织

[记] 词根记忆：struct(建造) + ure → 建筑物

[搭] management structure 管理结构；economic structure 经济结构

quantity [ˈkwɒntəti] *n.*数量，数目；量；众多，大宗

integral [ˈɪntɪgrəl] *a.*不可或缺的，构成整体所必需的；完整的，完备的

[记] 词根记忆：in(不) + tegr(触摸) + al → 未被触摸的 → 完整的，完备的

[搭] an integral number 整数

[同] essential(*a.* 非常重要的)；basic(*a.* 基本的，根本的)；fundamental(*a.* 根本的，基础的)

intensive [ɪnˈtensɪv] *a.*加强的；密集的

[记] 来自 intense(*a.* 强烈的)

[搭] intensive training 强化训练

acknowledge [əkˈnɒlɪdʒ] *v.* 承认，确认；致意；感谢

[记] 联想记忆：ac + know(知道) + ledge → 大家都知道了，所以不得不承认 → 承认

liquor [ˈlɪkə(r)] *n.* 烈性酒；含酒精饮料

[记] 词根记忆：liqu(液体) + or → 烈性酒

presence* [ˈprezns] *n.* 出席；存在；仪态

[记] 联想记忆：pre(在…之前) + senc(看做 send，送) + e → 送到前面 → 出席

develop* [dɪˈveləp] *v.* 发展；生长，形成；开发

[派] development(*n.* 发展)；undeveloped(*a.* 欠发达的)；developing(*a.* 发展中的)

blast* [blɑːst] *v.* 爆破，炸毁 *n.* 一阵(大风)；冲击

[记] 联想记忆：b + last(最后) → 最后一声 b → 爆炸

[搭] have a blast 玩得很开心；a blast of 一阵(风)；at full blast 全力以赴地；最大音量地

pudding [ˈpʊdɪŋ] *n.* 布丁

[记] 发音记忆："布丁"

greatly* [ˈgreɪtli] *ad.* 非常；很；极大地

sporadically* [spəˈrædɪkli] *ad.* 偶发地；零星地

imitate [ˈɪmɪteɪt] *vt.* 模仿，模拟；仿效

[记] 词根记忆：imit(模仿) + ate(动词后缀) → 模仿

constitution* [ˌkɒnstɪˈtjuːʃn] *n.* 宪法，章程；体质，体格；组成，形成

photography [fəˈtɒgrəfi] *n.* 摄影术，摄影

[记] 词根记忆：photo(照片) + graph(书写) + y → 摄影术，摄影

[派] photographer(*n.* 摄影师)；photographic(*a.* 摄影的)

modem* [ˈməʊdem] *n.* 调制解调器

advocate [ˈædvəkeɪt] *vt.* 拥护，支持；提倡

[ˈædvəkət] *n.* 拥护者，支持者；提倡者

[记] 词根记忆：ad(表加强) + voc(大声呼喊) + ate → 大声喊 → 提倡

maintenance* [ˈmeɪntənəns] *n.* 维持；保养；抚养费

spouse* [spaʊs] *n.* 配偶

[记] 联想记忆：sp(看做 spend，度过) + ouse(看做 house，房子) → 在同一间房子里共度人生的人 → 配偶

[同] mate(*n.* 配偶)

furnace [ˈfɜːnɪs] *n.* 熔炉

expedition [ˌekspəˈdɪʃn] *n.* 远征，探险，考察；(短途的)旅行，出行；远征队，探险队，考察队

[记] 词根记忆：ex(出) + ped(脚) + ition → 出行；远征

[搭] on an expedition to 去…探险

incendiary* [ɪnˈsendiəri] *a.* 放火的，能引起燃烧的；煽动性的

[记] 词根记忆：in + cend(=cand 发白光) + iary → 发出白光的 → 能引起燃烧的；煽动性的

[搭] an incendiary bomb 燃烧弹

expansion [ɪkˈspænʃn] *n.* 扩大，扩张

[记] 来自 expand(*v.* 扩大，扩张)

encase* [ɪnˈkeɪs] *vt.* 装入，包住

[记] 联想记忆：en(进入) + case(容器) → 被装入容器 → 装入，包住

[搭] encase sth. in sth. 将某物装入某物

invalid [ɪnˈvælɪd] *a.* (指法律上)无效的，作废的；无可靠根据的，站不住脚的；有病的，伤残的

[ˈɪnvælɪd] *n.* (需要有人照顾的)病弱者，残疾者

[记] 词根记忆：in(无) + val(价值) + id → 无价值的 → 无效的，作废的

[搭] invalid characters 无效字符

[同] impotent(*a.* 无效的)；unfounded(*a.* 无事实根据的)

unbiased* [ʌnˈbaɪəst] *a.* 公正的，没有偏见的

[记] 联想记忆：un(无) + biased(有偏见的) → 公正的，没有偏见的

[搭] unbiased opinions 没有偏见的想法

Word List 20

postpone [pə'spəʊn] *v.* 延迟，延期

[记] 词根记忆：post(在…后面) + pon(放) + e → 放到后面 → 延迟，延期

skim [skɪm] *v.* 撇去；掠过，擦过；浏览，略读

[记] 联想记忆：一眼掠过(skim)，只见皮(skin)毛

preface ['prefəs] *n.* 序言，引言 *vt.* 为…写序言；以…为开端

[记] 联想记忆：pre(在…之前) + face(面) → 写在正文前面的话 → 序言

retain* [rɪ'teɪn] *vt.* 保留；保持

[记] 词根记忆：re(再，又) + tain(拿住) → 一再拿住 → 保留；保持

culminate* ['kʌlmɪneɪt] *vi.* (以某种结果)告终；(在某一点)结束

[记] 词根记忆：culmin(顶) + ate → 达到顶点 →(以某种结果)告终；(在某一点)结束

[同] end(*v.* 结束，终结)；terminate(*v.* 结束)

robotic* [rəʊ'bɒtɪk] *a.* 机器人的；像机器人的，呆板而机械的

profile* ['prəʊfaɪl] *n.* 面部的侧影，侧面轮廓；传略，人物简介 *vt.* 扼要介绍；写传略(或简介)

[记] 词根记忆：pro(在…之前) + fil(线条) + e → 外部的线条 → 侧面轮廓

[搭] an employee profile 雇员简介；keep a high/low profile 保持高/低姿态

salinity* [sə'lɪnəti] *n.* 盐分，盐度

aggravation [ˌægrə'veɪʃn] *n.* 加重；恶化；愤怒，恼怒

incident ['ɪnsɪdənt] *n.* 发生的事；事件，事变

previous * [ˈpriːviəs] *a.* 以前的；在…之前的；早先的，稍前的

[记] 词根记忆：pre（在…之前）+ vi（路）+ ous → 更早上路的 → 以前的

[搭] previous to 在…之前

spice [spaɪs] *n.* 香料，调味品 *vt.* 使增添趣味；往…加香料

[记] 联想记忆：曾经风靡一时的英国乐队 Spice Girls（辣妹组合）

bore * [bɔː(r)] *v.* 使厌烦；钻孔 *n.* 令人讨厌的人（或事）

lull [lʌl] *n.* 间歇，暂停；平静期

county * [ˈkaʊnti] *n.* 郡，县

[记] 联想记忆：一个国家（country）里有很多县（county）

betray * [bɪˈtreɪ] *vt.* 出卖，泄露（秘密等）；辜负；流露情感

[记] 发音记忆："被踹" → 被人暗地里踹了一脚 → 出卖

[搭] betray oneself 原形毕露

[同] reveal（*vt.* 揭示；暴露）

underlying * [ˌʌndəˈlaɪɪŋ] *a.* 表面下的，下层的，在下面的；根本的；潜在的，隐含的

[记] 组合词：under（在…下面）+ lying（躺着的）→ 在下面躺着的 → 在下面的

dispiriting * [dɪˈspɪrɪtɪŋ] *a.* 令人沮丧的，使人气馁的

[记] 联想记忆：dis（没有）+ spirit（精神）+ ing → 使人没精神的 → 令人沮丧的

opulent * [ˈɒpjələnt] *a.* 豪华的，华丽的，富裕的；丰富的，丰饶的

[记] 词根记忆：op（财富）+ ul + ent（形容词后缀）→ 富裕的

plush * [plʌʃ] *a.* 豪华的，舒适的 *n.* 长毛绒

dispense * [dɪˈspens] *vt.* 分发，分配；提供

[记] 词根记忆：dis（分离）+ pens（重量）+ e → 把重量分开 → 分配

[搭] dispense with 摒弃，不再使用

behalf [bɪˈhɑːf] *n.* 利益；代表

[记] 联想记忆：be + half(半) → 变成两半，一变二，当然生利 → 利益

[搭] on one's behalf 代表；on behalf of 代表

initial [ɪˈnɪʃl] *a.* 最初的，开始的；词首的 *n.* 词首大写字母

[记] 词根记忆：in(向里) + it(走) + ial → 最初的，开始的

[搭] the initial stage 初级阶段；initial offerings 原始股；initial payment 首付

[派] initially(*ad.* 最初，开始)

govern [ˈɡʌvn] *v.* 统治，管理；控制，支配

[派] government(*n.* 政府)

mingle [ˈmɪŋɡl] *v.* (使)混合，(使)联结；相往来；混杂其中

[记] 联想记忆：和 single(*a.* 单一的)一起记

charter [ˈtʃɑːtə(r)] *n.* 纲领，宣言；宪章；包租 *vt.* 包租(飞机、船等)；特许设立，给…发许可证，给予特权

formidable* [ˈfɔːmɪdəbl] *a.* 可怕的；难以应付的，难以克服的

[同] dreadful(*a.* 可怕的)；insurmountable(*a.* 不能克服的，不能超越的)

[反] manageable(*a.* 能处理的)

belt* [belt] *n.* 腰带；地带

relay [ˈriːleɪ] *n.* 接力赛；中继设备 *vt.* 传送；转播

[记] 联想记忆：re(重新) + lay(放置) → 重新放置 → 转播

crockery [ˈkrɒkəri] *n.* 陶器；瓦器

[记] 来自 crock(*n.* 坛子，瓦罐)

diversify* [daɪˈvɜːsɪfaɪ] *v.* (使)多样化

[派] diversification(*n.* 变化，多样化)

threshold [ˈθreʃhəʊld] *n.* 入门，门槛；界限；开端，起点

[记] 联想记忆：thres(看做 thread，细线) + hold(拿着) → 手里拿根细线站在门口 → 入门，门槛

[搭] on the threshold of sth. 在…的开端

[同] doorway(*n.* 门口)；outset(*n.* 开端，开始)

vacation [vəˈkeɪʃn] *n.* 假期；休假

[记] 词根记忆：vac(空的) + ation → 有空的 → 假期；休假

skyscraper * [ˈskaɪskreɪpə(r)] *n.* 摩天楼

[记] 联想记忆：sky(天) + scrape(摩擦) + (e)r(表人或物) → 楼高得可以擦到天 → 摩天楼

draft * [drɑːft] *n.* 草稿，草案；汇票；征兵，服役；通风，气流 *vt.* 起草，草拟；选派，抽调；征募，征召…入伍

[搭] bank draft 银行汇票；first draft 草案，初稿

deter * [dɪˈtɜː(r)] *v.* 威慑，吓住，(使)断念

[记] 词根记忆：de + ter(=terr 吓唬) → 威慑，吓住，(使)断念

promising [ˈprɒmɪsɪŋ] *a.* 有希望的；有前途的

[记] 来自 promise(*n./v.* 承诺)

[同] hopeful[*a.* (怀)有希望的]；bright(*a.* 前景光明的，充满希望的)

[反] hopeless(*a.* 没有希望的)

goal * [gəʊl] *n.* 球门；射门，进球得分；目标

crush * [krʌʃ] *vt.* 碾碎；压服，压垮；镇压，制服；压碎，压坏

[记] 联想记忆：碰撞(crash)后被碾碎(crush)

[搭] crush a rebellion 压制反抗；crush sb.'s hopes 打破某人的愿望；crush up 粉碎

stream * [striːm] *n.* 溪流；一股 *v.* 流出

[记] 联想记忆：s + tream(看做 dream，梦想) → 梦想的河流 → 溪流

urgent [ˈɜːdʒənt] *a.* 紧急的，紧迫的；催促的，急切的

[派] urgently(*ad.* 紧急地)

thigh [θaɪ] *n.* 大腿

[记] 联想记忆：跑完步感觉大腿(thigh)肌肉紧绷(tight)

maximise * [ˈmæksɪmaɪz] *vt.* 使增加到最大限度，最佳化；充分利用

[记] 词根记忆：max(大，高) + im + ise(使…) → 使增至最大限度 → 最佳化

sleek * [sliːk] *a.* (毛发等)光滑而有光泽的；时髦的；豪华的 *vt.* 使(毛发等)光滑发亮

entrust * [ɪnˈtrʌst] *vt.* 委托，交付，托付

[记] 联想记忆：en + trust(信任) → 十分信任才会委托 → 委托

pamper * [ˈpæmpə(r)] *vt.* 纵容，娇惯；精心护理

veterinarian * [ˌvetərɪˈneəriən] *n.* 兽医

demolition * [ˌdeməˈlɪʃn] *n.* 拆除；破坏，毁坏

derelict * [ˈderəlɪkt] *a.* 被抛弃的；衰退的，破败的 *n.* 遗弃物；无家可归者，社会弃儿

[记] 词根记忆：de(表加强) + re(后) + lict(分离) → 完全置后 → 被抛弃的

[搭] derelict land 荒废的土地

synchronise * [ˈsɪŋkrənaɪz] *v.* (使)同步发生，同速进行

[搭] synchronised swimming 花样游泳

ornamental * [ˌɔːnəˈmentl] *a.* 装饰性的，装饰的

estuary * [ˈestʃuəri] *n.* (江河入海的)河口，河口湾

[记] 联想记忆：est(看做 east，东) + uary(看做 February，二月) → 二月春水向东流，流到河口不回头 → 河口，河口湾

[搭] estuary deposits 河口沉积，港湾沉积

leaflet [ˈliːflət] *n.* 传单，散页印刷品；小册子 *v.* 散发传单(或小册子)

[记] 联想记忆：leaf(树叶) + let(表小东西) → 大街上的传单如落叶般铺天盖地 → 传单

cascade * [kæˈskeɪd] *n.* 小瀑布

[记] 词根记忆：cas(落下) + cad(落下) + e → 疑是银河落九天 → 小瀑布

irritate [ˈɪrɪteɪt] *vt.* 使烦躁；使疼痛；刺激

[派] irritating(*a.* 恼人的，令人痛苦的)

hatch [hætʃ] *v.* 孵出，孵化；策划 *n.* (门、地板或天花板上的)开口；(飞机等的)舱门

[记] 联想记忆：要想赢得比赛(match)得有准备和策划(hatch)

[同] design(*vt.* 筹划，构思)；devise(*vt.* 策划，图谋)；scheme(*v.* 计划，策划)

commence * [kəˈmens] *v.* 开始，着手

[记] 词根记忆：com(共同) + men(引导) + ce → 共同引导 → 开始，着手

[搭] commence with 由…开始；commence doing sth. 开始做某事

[同] begin(*v.* 开始)；start(*v.* 开始)

[反] end(*v.* 结束)；finish(*v.* 结束，终止)

initiative [ɪˈnɪʃətɪv] *n.* 倡议，新方案；主动性，积极性；主动权

[搭] take the initiative 带头，倡导，发起

track* [træk] *n.* 小路；跑道 *v.* 跟踪，追踪

fruitful [ˈfruːtfl] *a.* 多产的，富饶的；富有成效的

[记] 联想记忆：fruit(果实) + ful(=full 满满的) → 硕果累累的 → 多产的

stationary [ˈsteɪʃənrɪ] *a.* 静止的，不动的，固定的；稳定的

[记] 来自 station(*n.* 位置)

[搭] a stationary target 固定的目标

[同] motionless(*a.* 不动的，静止的)；fixed(*a.* 固定的)

[反] mobile(*a.* 移动的)

superficial [ˌsuːpəˈfɪʃl] *a.* 表面的；肤浅的

[记] 词根记忆：super(在…上面) + fic(做) + ial → 做表面文章 → 表面的

[搭] a superficial resemblance 表面上的相似

crawl* [krɔːl] *vi.* 爬，爬行；缓慢行进 *n.* 缓慢(或费力)的行进；自由泳

[记] 联想记忆：c + raw(生疏的) + l → 对地形生疏，车要开得慢一点 → 缓慢行进

[搭] be crawling with sth. 挤满，爬满

rotate [rəʊˈteɪt] *v.* (使)旋转，转动；轮流，轮换

[记] 词根记忆：rot(旋转) + ate(使…) → (使)旋转，转动

spoil* [spɔɪl] *v.* 损坏，破坏，糟蹋；宠坏，溺爱；变质 *n.* [*pl.*]战利品，掠夺物，赃物

[记] 联想记忆：破坏(spoil)土地(soil)，损人不利己

flask [flɑːsk] *n.* 长颈瓶；烧瓶

[记] 联想记忆：和 flash(*v.* 闪光)一起记

camper* [ˈkæmpə(r)] *n.* 露营者，宿营者

[记] 联想记忆：camp(露营，宿营)＋er → 露营者，宿营者

attend* [əˈtend] *v.* 出席，参加；随同，陪同；专心，注意

[记] 词根记忆：at＋tend(伸展) → 伸长脖子看 → 专心

[派] attendance(*n.* 出席；照料)；attention(*n.* 注意；关心)

rim [rɪm] *n.* (圆形物体的)边，缘

[记] 联想记忆：打靶(aim)不能打边(rim)

motivate [ˈməʊtɪveɪt] *vt.* 使有动机；激励，激发

[搭] motivate sb. to do sth. 激励某人做某事

patent [ˈpætnt; ˈpeɪtnt] *vt.* 取得专利权 *n.* 专利(权)

[ˈpeɪtnt] *a.* 显而易见的；有专利的，受专利保护的

[搭] patent device 专利设备；apply for a patent 申请专利

architect [ˈɑːkɪtekt] *n.* 建筑师，设计师；创造者

symptom [ˈsɪmptəm] *n.* 症状；征候，征兆

[记] 词根记忆：sym(一起)＋pto(掉下)＋m → 一起掉下来的 → 症状；征候

[搭] clinical symptoms 临床症状；deficiency symptoms 营养缺乏症状

tremendous [trəˈmendəs] *a.* 极大的，巨大的；非常的，惊人的

[记] 词根记忆：trem(害怕)＋end＋ous(多…的) → (多得、好得)让人害怕的 → 非常的，惊人的

[同] enormous(*a.* 巨大的，庞大的)；marvelous(*a.* 非凡的，惊奇的)

[反] tiny(*a.* 微小的)

Word List 21

in accordance with * 按照，依据

destination [ˌdestɪˈneɪʃn] *n.* 目的地，终点；目标

[记] 来自 destine（*vt.* 预定）

[搭] holiday destination 度假胜地；final destination 最终目的地；arrive at/reach one's destination 到达目的地

welfare [ˈwelfeə(r)] *n.* 福利

[记] 联想记忆：wel（看做 well，好的）+ fare（费用）→ 让人过上好生活的费用 → 福利

[搭] welfare work 福利事业；welfare state 福利制度；福利国家；welfare benefits 福利待遇

envisage [ɪnˈvɪzɪdʒ] *vt.* 展望，想象；面对

[记] 词根记忆：en（在…之内）+ vis（看见）+ age → 在内部看见 → 展望

[同] imagine（*vt.* 想象，设想）；fancy（*vt.* 想象，设想）

binoculars * [bɪˈnɒkjələz] *n.* 双筒望远镜

[记] 词根记忆：bin(o)（双，两）+ ocul（眼睛）+ ars → 两只眼睛 → 双筒望远镜

glutamate * [ˈgluːtəmeɪt] *n.* 谷氨酸；谷酸盐

spoilage * [ˈspɔɪlɪdʒ] *n.* 变质；损坏

misconception [ˌmɪskənˈsepʃn] *n.* 误解，错误想法

vegetation [ˌvedʒəteɪʃn] *n.* 植物，草木

[同] plant（*n.* 植物）

conceptual [kənˈseptʃuəl] *a.* 观念的，概念的

[记] 来自 concept（*n.* 观念，概念）

modification [ˌmɒdɪfɪˈkeɪʃn] *n.* 修改，改正

[记] 来自 modify（*v.* 修改）

erroneous [ɪˈrəʊnəs] *a.* 错误的，不正确的

［记］词根记忆：err（徘徊）+ one + ous → 在正确事物旁边徘徊 → 错误的，不正确的

robust [rəʊˈbʌst] *a.* 健壮的，强壮的；坚定的

［记］“乐百氏”矿泉水用的就是 robust 这个单词

［派］robustness（*n.* 健壮）

［同］sturdy（*a.* 强健的）；healthy（*a.* 健壮的，健康的）

［反］delicate（*a.* 脆弱的）

get off track* 离题，偏离目标

immense* [ɪˈmens] *a.* 巨大的，广大的

［记］词根记忆：im（不）+ mens（测量）+ e → 不能测量的 → 巨大的，广大的

［搭］an immense improvement 巨大的进步

pull up stakes* 离开，搬家

baron [ˈbærən] *n.* 贵族；男爵

［记］发音记忆：“白人” → 过去，欧洲的贵族一般都是白人 → 贵族

independence* [ˌɪndɪˈpendəns] *n.* 独立，自主

［记］联想记忆：in（不）+ depend（依靠）+ ence（名词后缀）→ 不依靠别人 → 独立，自主

intense [ɪnˈtens] *a.* 强烈的，剧烈的；紧张的；热情的，热切的

［记］联想记忆：in（在…之中）+ tense（紧张）→ 处于紧张之中 → 紧张的

［搭］intense heat 酷热

thesis* [ˈθiːsɪs] *n.* 论文

withdraw [wɪðˈdrɔː] *v.* 收回；撤退；缩回，退出；提取（钱）

［搭］withdraw one's promise 收回诺言

sceptical* [ˈskeptɪkl] *a.* 怀疑的，猜疑的

flicker [ˈflɪkə(r)] *n./vi.* 闪烁；一闪而过

［记］联想记忆：flick（轻弹）+ er → 弹指一挥间星光闪烁 → 闪烁

cord* [kɔːd] *n.* 线；带

[记] 本身为词根，意为"心"→线；带

lower* [ˈləʊə(r)] *a.* 较低的；下面的 *v.* 降低，减少

primary [ˈpraɪməri] *a.* 最初的，初级的；首要的，基本的

[记] 词根记忆：prim(第一) + ary → 最初的；主要的

coincide [ˌkəʊɪnˈsaɪd] *vi.* 同时发生；一致

[记] 词根记忆：co(共同) + in + cid(切) + e → 切成一样的 → 一致

[派] coincidence(*n.* 同时发生的事情；一致)

[同] concur(*vi.* 一致)；agree(*v.* 与…一致)

mess [mes] *n.* 凌乱 *v.* 弄糟，搞乱

[搭] make a mess 弄乱，搞砸

design [dɪˈzaɪn] *n.* 设计，构想；图样，图案；企图，图谋 *v.* 设计；谋划，构思

[记] 联想记忆：de+sign(标记)→做标记→设计

[派] designer(*n.* 设计师)

insist* [ɪnˈsɪst] *v.* 坚持，坚决认为；一定要

[记] 词根记忆：in(里面) + sist(站立) → 一直站在里面 → 坚持

[搭] insist on 坚持要求，坚决主张

crew [kruː] *n.* 全体船员；工作人员；队，组

[记] 联想记忆：和 crow(*n.* 乌鸦)一起记

exhaustion [ɪɡˈzɔːstʃən] *n.* 精疲力竭；耗尽

geographical [ˌdʒiːəˈɡræfɪkl] *a.* 地理学的；地理的

indigenous [ɪnˈdɪdʒənəs] *a.* 土产的，本地的，本土的

[记] 词根记忆：indi(内部) + gen(产生) + ous → 内部产生的 → 本地的

consistent [kənˈsɪstənt] *a.* 一致的，协调的；相符的，相容的

[记] 词根记忆：con(共同) + sist(站立) + ent → 站在一起的 → 一致的

sympathetic [ˌsɪmpəˈθetɪk] *a.* 同情的，体谅的；赞同的，支持的；和谐的

[记] 词根记忆：sym(共同) + path(感觉) + et + ic(形容词后缀) → 有着共同感觉的 → 同情的

personalize [ˈpɜːsənəlaɪz] *vt.* 使成为私人的；在(物品)上标出主人姓名(或记号)；个人化

incompatible [ˌɪnkəmˈpætəbl] *a.* 不兼容的，不能和谐共存的；不协调的，合不来的

[记] 联想记忆：in(不) + compatible(兼容的，协调的) → 不兼容的；不协调的

predominate [prɪˈdɒmɪneɪt] *vi.* 统治，支配；(在数量、力量上)占优势

[记] 联想记忆：pre + dominate(统治) → 处于统治地位 → 占优势

complexity [kəmˈpleksəti] *n.* 复杂，复杂性；复杂的事物

terrestrial [təˈrestriəl] *a.* 陆地的，陆生的，陆栖的；地球的

[记] 词根记忆：terr(地) + estr + ial → 陆地的，陆生的

[搭] terrestrial life 地球生物

commission [kəˈmɪʃn] *n.* 委托；佣金 *vt.* 授权，委托

[记] 词根记忆：com(表加强) + miss(送) + ion → 送交给某人 → 委托

[搭] in/out of commission 可/不可使用

beware [bɪˈweə(r)] *v.* 谨防，当心

[记] 联想记忆：be(使) + ware(音似：歪耳) → 使歪耳，侧耳偷听 → 谨防，当心

compensation [ˌkɒmpenˈseɪʃn] *n.* 补偿，赔偿；赔偿物，赔偿金

[搭] make compensation for 补偿…

issue* [ˈɪʃuː] *n.* 问题，争论点；发行；(报刊的)一期；分发，流出 *vt.* 颁布；发行；流出；分发，发给

[搭] environmental issues 环境问题；issue a statement 发表声明；issue shares 发行股票；be at issue 是讨论或争议的焦点

finite [ˈfaɪnaɪt] *a.* 有限的；限定的

[记] 词根记忆：fin(界限，范围) + ite → 限定范围的 → 限定的

curly [ˈkɜːli] *a.* 卷曲的，波浪式的

[记] 来自 curl(*vt.* 使卷曲)

wildlife [ˈwaɪldlaɪf] *n.* 野生生物

[记] 组合词：wild(野生的) + life(生命) → 野生生物

swallow [ˈswɒləʊ] *v.* 吞咽；忍受 *n.* 燕子

hasty [ˈheɪsti] *a.* 草率的，匆忙的

[记] 联想记忆：hast(看做 fast，快的) + y → 快速完成的 → 匆忙的

[同] impetuous(*a.* 草率的，匆忙的)

geometry [dʒiˈɒmətri] *n.* 几何；几何学

stuff [stʌf] *n.* 原料，材料 *vt.* 填进；让…吃饱

[搭] stuff...with 填满，塞满

landward* [ˈlændwəd] *a./ad.* 向陆的/地，近陆的/地

vigorous [ˈvɪgərəs] *a.* 朝气蓬勃的；有力的

[记] 联想记忆：vigor(活力) + ous → 有活力的 → 朝气蓬勃的

subordinate [səˈbɔːdɪnət] *n.* 下属 *a.* 下级的；次要的

[səˈbɔːdineɪt] *vt.* 使处于次要地位，把…列在下级；使服从

[记] 词根记忆：sub(在…下面) + ordin(顺序) + ate → 顺序在下 → 次要的

[同] inferior(*a.* 下等的，下级的)；secondary(*a.* 次要的，二级的)

[反] superior(*a.* 上级的)

correspond* [ˌkɒrəˈspɒnd] *vi.* 相一致，符合；通信；相当于，相应

[记] 词根记忆：cor(共同) + re(又，再) + spond(回答，约定) → 又作出相同的反应 → 相一致，符合

[搭] correspond to 符合；相当于；correspond with 相一致；与…通信

[派] correspondence(*n.* 通信；符合，协调)；corresponding(*a.* 相应的)

farewell [ˌfeəˈwel] *n.* 告别；欢送会

adjacent [əˈdʒeɪsnt] *a.* 邻近的，毗连的

[同] adjoining(*a.* 邻接的)；contiguous(*a.* 接近的)

[反] detached(*a.* 分开的)；separate(*a.* 个别的，单独的)

charity [ˈtʃærəti] *n.* 慈善；施舍；慈善机构

[搭] charity donation 慈善捐款；charity hospital 慈善医院

comedy* [ˈkɒmədi] *n.* 喜剧；喜剧性(事件)

[记] 联想记忆：大家一起来（come）看喜剧(comedy)

[派] comedian(*n.* 喜剧演员)

gorgeous [ˈɡɔːdʒəs] *a.* 华丽的；极好的

[记] 联想记忆：gorge(峡谷) + ous → 峡谷很美丽 → 华丽的

recommend [ˌrekəˈmend] *vt.* 推荐；劝告；使受欢迎

[记] 联想记忆：re(一再) + com(共同) + mend(修改) → 这本书是大家一再修改的成果，强力推荐 → 推荐

[搭] recommend sb. sth. 向某人推荐某物

[派] recommendation(*n.* 推荐；劝告)

survive* [səˈvaɪv] *v.* 活下来；幸免于；比…活得长，比…长命

[记] 词根记忆：sur(在…之上，越过) + viv(生活) + e → 活得更长久 → 比…活得长

[派] survival(*n.* 生存；幸存)

grim [ɡrɪm] *a.* 严厉的；可怕的；讨厌的

[记] 联想记忆：g + rim(边框) → 给出条条框框来约束 → 严厉的；可怕的

apparatus [ˌæpəˈreɪtəs] *n.* 器械，器具，仪器；机构，组织

[记] 词根记忆：ap(靠近) + para(排列) + tus → 靠近排列 → 器械，器具

dome [dəʊm] *n.* 圆屋顶；穹顶

[记] 联想记忆：和 home(*n.* 家)一起记

formal [ˈfɔːml] *a.* 正式的；正规的

[派] informal(*a.* 非正式的)

explore [ɪkˈsplɔː(r)] *v.* 探险，探索；仔细检查，探究

[记] 词根记忆：ex(出) + plor(哭泣，流泪) + e → 流出眼泪 → 探索；探究

[派] exploration(*n.* 探险；探究)；exploratory(*a.* 探索的，探测的)

extension* [ɪkˈstenʃn] *n.* 伸展；延长部分；电话分机

[搭] extension to …的延伸部分

consist* [kənˈsɪst] *vi.* 由…组成，由…构成；在于，存在于

[记] 词根记忆：con(共同) + sist(站立) → 站在一起 → 由…构成

[搭] consist of 由…组成，由…构成；consist in 在于，存在于

[派] consistency(*n.* 一致性，连贯性)；consistent(*a.* 一致的；相符的)

brew* [bruː] *v.* 酿造；冲泡；酝酿

[记] 联想记忆：自酿(brew)苦酒，紧皱起眉头(brow)

[派] brewery(*n.* 啤酒厂)

sacrifice [ˈsækrɪfaɪs] *n.* 牺牲，牺牲品；献祭，供奉；祭品，供物 *v.* 牺牲，献祭

[记] 词根记忆：sacri(神圣的) + fic(做) + e → 为了神圣的事情而去做 → 牺牲，献祭

[派] sacrificial(*a.* 供奉的，献祭的，牺牲品的)

degenerate [dɪˈdʒenəreɪt] *vi.* 退化 [dɪˈdʒenərət] *a.* 退化的

[记] 词根记忆：de(去掉) + gen(产生) + erate → 毁掉产生的东西 → 退化

[派] degeneration(*n.* 恶化，退化的过程)

intelligent* [ɪnˈtelɪdʒənt] *a.* 聪明的，理智的

[记] 词根记忆：intel (在…之间) + lig (选择) +

ent(形容词后缀)→选择好坏，智愚区别→聪明的，理智的

[搭] an intelligent reader 聪明的读者

historian [hɪˈstɔːriən] *n.* 历史学家，历史工作者

fancy [ˈfænsi] *a.* 别致的 *vt.* 想象 *n.* 想象力

Gold will not buy anything.

黄金并非万能。

Word List 22

aspiration [ˌæspəˈreɪʃn] *n.* 强烈的愿望；志向
[记] 词根记忆：a(无)+spir(呼吸)+ation→(渴望得快要)窒息了→强烈的愿望

considerable [kənˈsɪdərəbl] *a.* 相当大(或多)的，可观的；值得考虑的，重要的
[记] 联想记忆：consider(考虑)+able(能…的)→能纳入考虑范围的→值得考虑的

clumsy [ˈklʌmzi] *a.* 笨拙的；不得体的

gleam [gliːm] *vi.* 闪烁；流露 *n.* 闪光

plastic* [ˈplæstɪk] *a.* 塑料(制)的

fascinate [ˈfæsɪneɪt] *v.* 强烈地吸引，使着迷
[记] 联想记忆：fasc(看做 fast，牢固的)+in(里面的)+ate→牢牢地陷在里面→使着迷
[搭] be fascinated by 被…迷住

supervise [ˈsuːpəvaɪz] *vt.* 监督，管理；指导
[记] 词根记忆：super(超过)+vis(看见)+e→在超出别人高度的地方看→监督，管理；指导
[派] supervisor(*n.* 主管)；supervision(*n.* 监督，管理)；supervisory(*a.* 管理的，监督的)
[同] administer(*vt.* 管理)；superintend(*vt.* 管理，监督)

evaluate [ɪˈvæljueɪt] *vt.* 评价，估价
[记] 词根记忆：e(出)+val(价值)+uate→给出价值→评价，估价

curiosity [ˌkjʊəriˈɒsəti] *n.* 好奇，好奇心；稀奇或罕见的事物或人，古玩
[记] 词根记忆：cur(关心)+iosity→“家事、国事、天下事，事事关心”→好奇心

residential [ˌrezɪˈdenʃl] *a.* 居住的，住宅的；寄宿的

[搭] residential property 住宅地；residential school 寄宿学校；residential quarters 住宅小区

sole [səʊl] *a.* 唯一的，独有的 *n.* 鞋底，袜底；脚底

[记] 词根记忆：sol(单独) + e → 唯一的

[搭] sole parent 单亲

[派] solely(*ad.* 唯一地；独自地)

decade* [ˈdekeɪd] *n.* 十年，十年期

[记] 词根记忆：deca(十) + de → 十年，十年期

survey* [ˈsɜːveɪ] *n.* 调查，勘察；测量，勘测；审视 [sɜˈveɪ] *vt.* 调查，检视(建筑物等)；测量，勘测；俯瞰，眺望

[记] 词根记忆：sur(在…之上) + vey(看)→ 从上往下看 → 调查

[搭] sample survey 抽样调查；land survey 土地测量

fitting [ˈfɪtɪŋ] *n.* 试穿；装置 *a.* 适合的

rudimentary [ˌruːdɪˈmentri] *a.* 基本的，初步的；未充分发展的，发育不成熟的；退化的

[记] 词根记忆：rud(天然的；粗鲁的) + iment + ary(形容词后缀) → 天然的状态 → 初步的；未充分发展的

courtship [ˈkɔːtʃɪp] *n.* 求爱或追求；求爱期，追求期

ritual [ˈrɪtʃuəl] *n.* 典礼，(宗教等的)仪式；例行公事，老规矩 *a.* 作为仪式一部分的，仪式的；例行的

[记] 来自 rite(*n.* 典礼，仪式)

[同] ceremony(*n.* 仪式，典礼)；formality(*n.* 礼节；仪式)

stereoscopic [ˌsteriəˈskɒpɪk] *a.* 有立体视觉的；有立体效果的

interface [ˈɪntəfeɪs] *n.* 界面；接口；接合点

[记] 联想记忆：inter(相互) + face(面) → 界面

preliminary [prɪˈlɪmɪnəri] *a.* 开端的，预备的，初步的 *n.*[常 *pl.*] 初步做法，起始行为

[记] 词根记忆：pre(预先) + limin(门槛；起点) + ary → 预先开始的 → 预备的

[搭] a preliminary trial 初步审讯；preliminary remarks 开场白；without preliminaries 直截了当地

turbid [ˈtɜːbɪd] *a.* 混浊的；紊乱的

repertoire [ˈrepətwɑː(r)] *n.* (剧团等)常备剧目；(剧团、演员等的)全部节目

[记] 词根记忆：re(一再) + pert(带) + oire → 反复带着的剧目 → (剧团等)常备剧目

monotonous [məˈnɒtənəs] *a.* 单调的，无聊的

[记] 词根记忆：mono(单个) + ton(声音) + ous → 一个声音的 → 单调的

speculation [ˌspekjuˈleɪʃn] *n.* 推测，思索；投机活动，投机买卖

resemble [rɪˈzembl] *vt.* 与…相似，像

[记] 词根记忆：re(又) + sembl(一样，相同) + e → 与…相似，像

perspective [pəˈspektɪv] *n.* (判断事物的)角度，方法；透视法

[记] 词根记忆：per(贯穿) + spect(看) + ive → 贯穿看 → 角度，方法；透视法

rendition [renˈdɪʃn] *n.* 表演，扮演，演唱；翻译；视觉再现

metaphorical [ˌmetəˈfɒrɪkl] *a.* 隐喻的

interpret [ɪnˈtɜːprɪt] *v.* 解释，说明；口译，翻译

[记] 词根记忆：inter(在…之间) + pret → 在两种语言之间沟通 → 口译，翻译

perimeter [pəˈrɪmɪtə(r)] *n.* 周长；周边

[记] 词根记忆：peri(周围) + meter(测量) → 周长；周边

jerk [dʒɜːk] *v.* 使猝然一动；猛拉 *n.* 急推，急扭；抽搐

visual [ˈvɪʒuəl] *a.* 视觉的，用于视觉的

[记] 词根记忆：vis(看) + ual(形容词后缀) → 视觉的

[搭] visual arts 视觉艺术

doctoral [ˈdɒktərəl] *a.* 博士的

distort [dɪsˈtɔːt] *vt.* 扭曲；曲解；变形

[记] 词根记忆：dis(分开)+tort(卷缠)→扭曲

and so forth* 等等

expose* [ɪkˈspəʊz] *vt.* 使暴露，揭露

[记] 词根记忆：ex(出)+pos(放)+e→放出来→使暴露，揭露

[搭] expose oneself (to sth.) 使自己面临、遭受(危险或不快)

[派] exposure(*n.* 暴露，曝光)

sponge [spʌndʒ] *n.* 海绵 *v.* 用湿海绵(或布)擦，揩

[记] 发音记忆："死胖子"→海绵吸饱水像个死胖子→海绵

audition [ɔːˈdɪʃn] *n.* 试演；试听，试音

[记] 词根记忆：aud(听)+ition→试听

reliable* [rɪˈlaɪəbl] *a.* 可靠的，可信赖的

abstraction [æbˈstrækʃn] *n.* 抽象

mount [maʊnt] *n.* 山，山峰；支架，底座 *v.* 登上；骑上；发起；镶嵌

[记] 本身为词根，意为"登上"

announce* [əˈnaʊns] *vt.* 宣布；声称

[派] announcement(*n.* 宣告；发布)；announcer(*n.* 广播员，播报员)

headline [ˈhedlaɪn] *n.* 大字标题；[常 *pl.*] 头版头条新闻

[记] 联想记忆：head(头部)+line(行列)→写在文章顶头的内容→大字标题

horror [ˈhɒrə(r)] *n.* 害怕，恐怖

collapse* [kəˈlæps] *v./n.* 坍塌，崩溃；晕倒

[记] 联想记忆：col+lapse(滑倒)→一出门就滑倒，真让人崩溃→崩溃

assistance [əˈsɪstəns] *n.* 协助，援助

[记] 来自 assist(*v.* 援助，帮助)

[搭] military assistance 军事援助

discriminate [dɪs'krɪmɪneɪt] *v.* 区别；歧视

[记] 词根记忆：dis(分开)＋crimin(分开)＋ate →分开对待→区别；歧视

[同] distinguish(*v.* 区别，辨别)

destructive* [dɪ'strʌktɪv] *a.* 破坏(性)的

[记] 词根记忆：de(去掉)＋struct(建筑)＋ive(形容词后缀)→毁坏建筑→破坏(性)的

authority* [ɔː'θɒrəti] *n.* 权力，管辖权；[*pl.*] 官方，当局；权威，专家

[搭] in authority 持有权力

mild* [maɪld] *a.* 温柔的；温和的；轻微的

[记] 联想记忆：温柔的(mild)mm有时也野蛮(wild)

capacity* [kə'pæsəti] *n.* 容量，容积；能量，能力

[记] 词根记忆：cap(拿住)＋ac＋ity(表状态、性质，名词后缀)→能拿住→能力

[搭] the capacity to do/for doing sth. 做某事的能力；have the capacity to do sth. 有能力做某事

latitude ['lætɪtjuːd] *n.* 纬度；[*pl.*] 纬度地区；(言行等的)自由

[记] 联想记忆：和 attitude(*n.* 态度)一起记

[同] freedom(*n.* 自由，自主)；liberty(*n.* 自由，自由权)

circus* ['sɜːkəs] *n.* 马戏团；环形广场

[记] 词根记忆：circ(圆，环形)＋us→环形广场

comet ['kɒmɪt] *n.* 彗星

[记] 联想记忆：come(来)＋t→偶尔来一次的星体→彗星

grin [grɪn] *v./n.* 咧嘴笑

[记] 联想记忆：gr(看做 girl，女孩)＋in→女孩叫，咧嘴笑→咧嘴笑

[搭] grin from ear to ear 笑得合不拢嘴

democratic* [ˌdemə'krætɪk] *a.* 民主的，有民主精神的

[搭] Democratic Party 民主党；democratic reform 民主改革

install * [ɪnˈstɔːl] *vt.* 安顿，安置；安装，设置；正式任命，使正式就职
[记] 词根记忆：in(进入) + stall(放) → 放进 → 安置；安装

faculty [ˈfæklti] *n.* 才能；学院，系；(学院或系的)全体教学人员
[搭] mental/intellectual faculty 智力；the faculty of law 法学院

cucumber [ˈkjuːkʌmbə(r)] *n.* 黄瓜

institution [ˌɪnstɪˈtjuːʃn] *n.* (行业)协会；机构；制度；习俗；团体；设立，制定

Kung Fu * [ˌkʌŋˈfuː] *n.* 功夫

probability * [ˌprɒbəˈbɪləti] *n.* 可能性；概率
[记] 来自 probable(*a.* 可能的)

bizarre [bɪˈzɑː(r)] *a.* 奇形怪状的；怪诞的
[记] 联想记忆：集市(bazaar)上都是奇形怪状的(bizarre)货物
[搭] a bizarre story 怪诞的故事
[同] fantastic (*a.* 奇异的；荒谬的)；outlandish (*a.* 古怪的，奇异的)

gravity [ˈɡrævəti] *n.* 重力

cap * [kæp] *vt.* 盖在…上面 *n.* 帽子

external * [ɪkˈstɜːnl] *a.* 外面的，表面的
[记] 词根记忆：ex(外) + ternal → 外面的

absurd [əbˈsɜːd] *a.* 荒谬的，荒唐的
[同] ridiculous(*a.* 荒谬的，可笑的)

separate [ˈsepəreɪt] *v.* 使分离，使分开；划分，区分；分离，分开；分居
[ˈseprət] *a.* 分离的，分开的；不同的，特别的
[搭] separate bedrooms 单独的卧室

inclination [ˌɪnklɪˈneɪʃn] *n.* 爱好；趋势；倾斜
[记] 词根记忆：in(内向) + clin(倾斜) + ation → 爱好；倾斜

Word List 23

pressure* [ˈpreʃə(r)] *n.* 压力，压强；强制，压迫 *vt.* 对…施加压力(或影响)；迫使，说服

[记] 来自 press(*v.* 压)

[搭] under pressure 处于压力之下；put pressure on 给…以压力；atmospheric pressure 大气压；take one's blood pressure 量血压

conviction* [kənˈvɪkʃn] *n.* 定罪；坚信，确信

tranquility* [træŋˈkwɪləti] *n.* 宁静，安静

[记] 联想记忆：tranquil(宁静的) + ity(名词后缀)→宁静

facilitate [fəˈsɪlɪteɪt] *vt.* 使便利，使容易；推动，帮助

[记] 词根记忆：fac(做) + ilit + ate(使…)→使便利，使容易

grand* [grænd] *a.* 宏伟的；大的

acumen [ˈækjəmən] *n.* 敏锐；精明

[记] 词根记忆：acu(尖，锐利) + men→敏锐

dissertation [ˌdɪsəˈteɪʃn] *n.* 专题论文

[记] 来自 dissert(*vi.* 论述，写论文)

heap* [hiːp] *n.* (一)堆；大量 *v.* (使)成堆

[搭] heaps of 许多，大量

blame* [bleɪm] *vt.* 责怪，责备

[搭] blame sth. on sb./sth. 把…归咎于…；only have yourself to blame 只能怪你自己

frame [freɪm] *n.* 框架 *vt.* 给…镶框

[搭] a picture frame 画框；frame of mind 心态，心绪

installment [ɪnˈstɔːlmənt] *n.* 分期付款；(连载或连播的)一集

[搭] in installment 以分期付款的形式；monthly installments 按月还款

symbolism [ˈsɪmbəlɪzəm] *n.* 符号的使用；(尤指文艺中的)象征主义，象征手法

ascribe [əˈskraɪb] *vt.* 把…归因于

[记] 词根记忆：a + scrib(写) + e → 把…写上去 → 把…归因于

abstract [ˈæbstrækt] *a.* 抽象的；抽象派的 *n.* 摘要，梗概；抽象 [æbˈstrækt] *vt.* 摘要，提炼；使抽象化

[记] 词根记忆：abs + tract(拉) → 抽象化

[搭] abstract science 抽象科学

[派] abstracted(*a.* 抽象的)；abstraction(*n.* 抽象概念；抽象化状态)

disruption [dɪsˈrʌpʃn] *n.* 动乱；打乱；破坏

self-esteem [ˌselfɪˈstiːm] *n.* 自尊；自负

literate [ˈlɪtərət] *a.* 有读写能力的；有文化的；博学的

[记] 词根记忆：liter(文字) + ate → 有读写能力的；有文化的

extinction [ɪkˈstɪŋkʃn] *n.* 灭绝，绝种；熄灭

[记] 来自 extinct(*a.* 灭绝的)

endanger [ɪnˈdeɪndʒə(r)] *vt.* 危及，危害

[记] 联想记忆：en(使…) + danger(危险) → 危及，危害

[同] imperil(*vt.* 使陷于危险，危及)

perception [pəˈsepʃn] *n.* 看法；感觉；洞察力

[记] 来自 perceive(*vt.* 感知，觉察)

prediction [prɪˈdɪkʃn] *n.* 预言，预料，预报

foster [ˈfɒstə(r)] *v.* 培养，培育(某物)；鼓励，促进；领养 *a.* 收养的

[记] 联想记忆：fost(看做 fast，快速的) + er → 培养；促进

[派] fosterling(*n.* 养子，养女); fosterer(*n.* 养育者)
[同] nurture(*vt.* 抚育，教养); cultivate(*vt.* 教养，培养)

ancestral [æn'sestrəl] *a.* 祖先的；祖传的

rekindle [ˌriː'kɪndl] *vt.* 重新点燃；使复苏
[记] 联想记忆：re(重新) + kindle(点燃) → 重新点燃

revival [rɪ'vaɪvl] *n.* (健康、力量或知觉的)恢复，复原；苏醒，复活；复兴；重新使用；重新流行
[记] 词根记忆：re(又) + viv(生命) + al → 生命重现 → 复活；复兴

inevitable [ɪn'evɪtəbl] *a.* 不可避免的，必然(发生)的
[记] 联想记忆：in(不) + evitable(可避免的) → 不可避免的
[派] inevitably(*ad.* 不可避免地，必然地)

disenchantment [ˌdɪsɪn'tʃɑːntmənt] *n.* 失望，不抱幻想

acupuncture ['ækjupʌŋktʃə(r)] *n.* 针刺疗法，针灸

loath [ləʊθ] *a.* 不情愿的，勉强的

orthodox ['ɔːθədɒks] *a.* 正统的，传统的
[记] 词根记忆：ortho(正) + dox(观点) → 正统观点的 → 正统的
[派] orthodoxy(*n.* 正统观念)
[同] conventional(*a.* 传统的); customary(*a.* 习惯的，惯例的)

popularity [ˌpɒpju'lærəti] *n.* 普及，流行
[记] 来自 popular(*a.* 流行的)

amplify ['æmplɪfaɪ] *v.* 详述；放大(声音等)
[记] 词根记忆：ampl(大) + ify(使…) → 放大

reliance [rɪ'laɪəns] *n.* 依靠，依赖
[同] trust(*n.* 信任，信赖); dependence(*n.* 信任，信赖)
[反] distrust(*n.* 不信任)

nightmare ['naɪtmeə(r)] *n.* 噩梦；可怕的事物

leap* [liːp] *n.* 跳跃；激增 *v.* 跳；冲

conscious [ˈkɒnʃəs] *a.* 自觉的；意识到的；神志清醒的

[记] 词根记忆：con(共同)+sci(知道)+ous → 共同知道的 → 自觉的；意识到的

divine* [dɪˈvaɪn] *a.* 神的；神授的，天赐的

decompose* [ˌdiːkəmˈpəʊz] *v.* (使)分解，(使)腐烂

[记] 联想记忆：de(离开)+compose(组成) → 把组合在一起的东西分开 → (使)分解

spot on 恰好的/地，准确的/地

investigate [ɪnˈvestɪgeɪt] *v.* 调查

[记] 联想记忆：invest(投资)+i+gate(大门) → 先进行市场调查是通往投资的大门 → 调查

underneath [ˌʌndəˈniːθ] *ad.* 在下面 *prep.* 在…下面 *n.* 下部

division [dɪˈvɪʒn] *n.* 分开，分隔；分配；分歧；除(法)；部门，科，司

[记] 词根记忆：di+vis(看)+ion → 看出不同 → 分歧

[派] divisional(*a.* 分开的)

gamble [ˈgæmbl] *v.* 赌博，打赌；投机；冒险

[记] 联想记忆：gamb(看做 game，游戏)+le → 赌博可不仅仅是小游戏 → 赌博

[搭] gamble on 把…押在…上；投机；碰运气

[同] bet(*v.* 打赌，赌博)；wager(*v.* 打赌)；stake(*vt.* 以…打赌)

ancient [ˈeɪnʃənt] *a.* 古老的；年老的

[记] 发音记忆："安神的" → 那古老的旋律让人心安神宁 → 古老的

[同] antique(*a.* 古老的)

[反] modern(*a.* 现代的)

strand [strænd] *n.* 股，缕；部分，方面

[同] string(*n.* 线，细绳)；thread(*n.* 线，细丝)

specimen [ˈspesɪmən] *n.* 范例，样品；样本，标本

motive [ˈməʊtɪv] *n.* 动机，目的

[记] 词根记忆：mot(移动) + ive → 移动的目的 → 动机，目的

furious [ˈfjʊəriəs] *a.* 狂怒的；激烈的

[同] irate(*a.* 暴怒的，极其愤怒的)

alternative* [ɔːlˈtɜːnətɪv] *a.* 可供替代的；非传统的，另类的 *n.* 可供选择的事物

[记] 词根记忆：alter(其他的) + nat + ive(形容词后缀) → 可供替代的

[搭] an alternative lifestyle 另一种生活方式

[派] alternatively(*ad.* 二选一地)

access* [ˈækses] *vt.* 进入；使用 *n.* 通道，路径；机会；权利

[记] 词根记忆：ac+cess(走)→走进去→进入；通道

[搭] access to 接近/进入…的方法/通路；使用…的权利；have/gain access to 可以获得

whaling* [ˈweɪlɪŋ] *n.* 捕鲸

[记] 来自 whale(*n.* 鲸)

exhilaration [ɪɡˌzɪləˈreɪʃn] *n.* 高兴；兴奋

inland [ˈɪnlænd] *a.* 内陆的

[ˌɪnˈlænd] *ad.* 向内地(或内陆)

migrate* [maɪˈɡreɪt] *v.* (候鸟等)迁徙；移居

[记] 词根记忆：migr(迁移) + ate → 迁徙；移居

[派] migratory(*a.* 迁徙的，流浪的)

barrel* [ˈbærəl] *n.* 桶；圆筒

[记] 联想记忆：bar(横木) + rel → 横木围成桶，经久又耐用 → 桶

claim* [kleɪm] *v.* 要求；声称，主张；索赔 *n.* 要求；主张，断言；索赔

[记] 本身为词根，意为"大声呼喊"→要求；声称，主张

[搭] lay claim to 对…提出所有权要求；make/put forward a claim to sth. 提出要得到某物

digest [daɪˈdʒest] *v.* 消化；领会 [ˈdaɪdʒest] *n.* 文摘

[记] 词根记忆：di(分开) + gest(搬运) → 运来食物，接着分解 → 消化

[同] absorb(*vt.* 吸收)；comprehend(*v.* 领会)

decipher [dɪˈsaɪfə(r)] *vt.* 破译；解释

[记] 联想记忆：de(去掉)+cipher(密码)→解开密码→破译

extraordinary* [ɪkˈstrɔːdnri] *a.* 不同寻常的，非常的

[记] 组合词：extra(以外的)+ordinary(平常的)→平常之外的→不同寻常的，非常的

aluminium [ˌæljəˈmɪniəm] *n.* 铝

stale [steɪl] *a.* 不新鲜的；陈腐的

[记] 联想记忆：s+tale(传说)→传说被说得太多，陈词滥调→陈腐的

[同] obsolete(*a.* 陈旧的，废弃的)

snap up 抢购

tan [tæn] *n.* 棕褐色；晒黑 *v.* (使)晒成棕褐色，晒黑；硝(皮)

[同] sunburn(*n./v.* 晒黑)

hang on* 抓住；坚持下去；别挂断

impair [ɪmˈpeə(r)] *vt.* 损害；削弱

[记] 词根记忆：im(不)+pair(相等)→使…不一样→损害

[同] injure(*vt.* 伤害，损害，损伤)；undermine(*vt.* 削弱，破坏)

[反] strengthen(*v.* 加强，巩固)；improve(*v.* 改进，改善)

inescapable [ˌɪnɪˈskeɪpəbl] *a.* 不可逃避的；难免的

adolescent [ˌædəˈlesnt] *n.* 青少年 *a.* 青春期的；青少年的

[记] 联想记忆：adol(看做 adult，成年人)+esc(计算机上的退出键)+ent(表人)→好想从成年人退回到青少年→青少年

associate* [əˈsəʊʃieɪt] *v.* 使联合；使有联系；交往

[əˈsəʊʃiət] *n.* 伙伴；同事 *a.* 副的；联合的，合伙的

[记] 词根记忆：as(表加强)+soci(结交；同伴)+ate→交往

[搭] associate with 和…相关，联合；business associate 商业伙伴；associate professor 副教授
[同] combine(*v.* 结合，联合)；join(*v.* 结合)

guinea ['gɪni] *n.* 几尼(英国的旧货币单位，现值 1.05 镑)
[记] 发音记忆："几尼"

layer ['leɪə(r)] *n.* 层，层次
[记] 联想记忆：lay(层面) + er → 层，层次

cable* ['keɪbl] *n.* 缆绳；电缆；电报 *v.* (给…)发电报
[记] 联想记忆：他在工作台(table)上夜以继日地研究电缆(cable)
[搭] underground cables 地下电缆

wedge* [wedʒ] *n.* 楔子，楔形 *vt.* 揳入

God helps those who help themselves.
自助者天助。

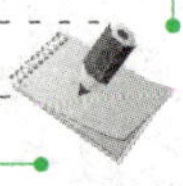

Word List 24

judicious * [dʒuˈdɪʃəs] *a.* 明智的；有见识的

[记] 词根记忆：jud(判断)+icious→具有判断力的→明智的；有见识的

landfill * [ˈlændfɪl] *n.* 垃圾堆；垃圾填筑地，废渣埋填地

[记] 组合词：land(地)+fill(充满)→堆满垃圾的地方→垃圾堆

[搭] landfill site 垃圾掩埋地点

cast [kɑːst] *v.* 投射(光、视线等)；把…加于；投，扔；丢弃，剔除；脱落，蜕(皮)；浇铸，铸造 *n.* 演员表，全体演员；石膏绷带；铸模，铸件；外貌，特征

curtain * [ˈkɜːtn] *n.* 窗帘，门帘

uniform * [ˈjuːnɪfɔːm] *n.* 制服 *a.* 相同的，一致的

[记] 词根记忆：uni(单一)+form(形式)→单一形式的→相同的，一致的

[搭] in uniform 穿着制服的

[派] uniformity(*n.* 同样，一致)

quartz [kwɔːts] *n.* 石英

[记] 联想记忆：quart(看做 quarter，一刻钟)+z→钟表，石英钟→石英

longitudinal * [ˌlɒndʒɪˈtjuːdɪnl] *a.* 经度的，经线的；纵的；长度的

disillusion [ˌdɪsɪˈluːʒn] *vt.* 使醒悟

[记] 联想记忆：dis(不)+illusion(幻想)→不要再幻想了，快醒醒吧→使醒悟

clientele [ˌkliːənˈtel] *n.* (医生、律师等的)顾客，主顾，客户

holistic [həʊˈlɪstɪk] *a.* 整体的，全面的；功能整体性的

[搭] holistic medicine 整体医学

exodus [ˈeksədəs] *n.* 大批离去，成群外出

[记] 词根记忆：ex(出)+od(路)+us → 走上外出的道路 → 大批离去

concur [kənˈkɜː(r)] *v.* 同时发生；意见相同，一致

[记] 词根记忆：con(共同)+cur(跑) → 一起跑 → 一致

preventative [prɪˈventətɪv] *a.* 预防性的

complementary [ˌkɒmplɪˈmentri] *a.* 互补的；补充的，补足的

[记] 来自 complement(*n.* 补充物)

adjunct [ˈædʒʌŋkt] *n.* 附加物，附件；附加语，修饰语

[记] 词根记忆：ad+junct(结合，连接) → 连在上面的东西 → 附加物

simplistic [sɪmˈplɪstɪk] *a.* 过分单纯化的，过分简单化的

hiccup [ˈhɪkʌp] *n.* 嗝，呃逆；暂时(或小的)困难(或挫折) *vi.* 打嗝

prowess [ˈpraʊəs] *n.* 杰出的才能，高超的技艺，专长，造诣

[记] 来自 prow(*a.* 英勇的)

engross [ɪnˈgrəʊs] *vt.* 使全神贯注，占去(某人的)全部注意力和时间

[记] 联想记忆：en(进入)+gross(总的) → 全身心进入一种状态 → 使全神贯注

tease [tiːz] *v.* 逗乐，奚落，戏弄；强求 *n.* 揶揄，戏弄，取笑；逗弄者，取笑者

[记] 联想记忆：tea(茶)+se → 以茶代酒，戏弄别人 → 揶揄，戏弄

[搭] tease sth. out 探讨，深入研究

[同] kid(*v.* 开玩笑，取笑)；toy(*vi.* 玩弄)

exuberant [ɪgˈzjuːbərənt] *a.* 繁茂的，丰富的；非凡的；华而不实的

[搭] an exuberant imagination 丰富的想象力

cavort [kəˈvɔːt] *vi.* 欢跃，跳跃；嬉戏

socialise [ˈsəʊʃəlaɪz] *v.* (同他人)来往，交往，交际；使(某人)适应社会生活

[搭] socialise with 与…来往

optimum [ˈɒptɪməm] *a.* 最好的；最有利的

[记] 词根记忆：optim(最好)＋um → 最好的

[同] optimal(*a.* 最佳的，最理想的)；ideal(*a.* 理想的，完美的)

molecule* [ˈmɒlɪkjuːl] *n.* 分子

[记] 联想记忆：mol(摩尔)＋ecule → 分子

fitness [ˈfɪtnəs] *n.* 健康；适合(某事物)

[记] 来自 fit(*a.* 健康的)

regarding [rɪˈɡɑːdɪŋ] *prep.* 关于

contact* [ˈkɒntækt] *n.* 接触；联系 *vt.* 与…取得联系，联络

[记] 词根记忆：con(共同)＋tact(接触) → 接触

[搭] in contact with sb. 与某人保持联系；come into contact with sb. 接触某人

creative* [kriˈeɪtɪv] *a.* 创造性的；创作的

consultant* [kənˈsʌltənt] *n.* 顾问；专科医生

[记] 联想记忆：consult(请教；查阅)＋ant(表人) → 供咨询的人 → 顾问

secondary [ˈsekəndri] *a.* 次要的，二级的；(教育、学校等)中等的；辅助的，从属的

[记] 来自 second(*num.* 第二)

[搭] be secondary to 仅次于…；secondary school 中学

[派] secondarily(*ad.* 在第二，其次，在第二位)

in favour of 赞同，支持

fraction [ˈfrækʃn] *n.* 小部分，片断

[记] 词根记忆：fract(碎裂)＋ion → 碎的部分 → 小部分，片断

[搭] a fraction of 一小部分

[派] fractional (*a.* 很少的，微不足道的)

dictation [dɪkˈteɪʃn] *n.* 听写

engage* [ɪnˈɡeɪdʒ] *v.* 吸引(某人的注意力等)；占用(某人的时间)；使从事于，使忙于；雇用，聘用；与(某人)交战；(指机器零件等)啮合，衔接

[搭] engage in doing sth. 从事于…

populate* [ˈpɒpjuleɪt] *vt.* (大批地)居住于，生活于

[记] 词根记忆：popul(人) + ate(使…) → 使人在某处 → (大批地)居住于

merchandising* [ˈmɜːtʃəndaɪzɪŋ] *n.* 销售规划

meteorology* [ˌmiːtiəˈrɒlədʒi] *n.* 气象学

[记] 词根记忆：meteor(陨石；天气) + ology(…学) → 研究天气的学科 → 气象学

dealer [ˈdiːlə(r)] *n.* 商人，经销商

[记] 联想记忆：deal(交易) + er (表人) → 进行交易的人 → 商人

weapon [ˈwepən] *n.* 武器，兵器

authorise [ˈɔːθəraɪz] *vt.* 批准，认可；授权

[派] unauthorised(*a.* 未经授权的，未批准的)

pore over 仔细阅读

spectator [spekˈteɪtə(r)] *n.* 观众；旁观者

[记] 词根记忆：spect(看) + at + or (表人)→ 观众；旁观者

compatriot* [kəmˈpætriət] *n.* 同胞；同国人

[记] 联想记忆：他的同伴(companion)跟他是同一个国家的人(compatriot)

dreadful [ˈdredfl] *a.* 可怕的；令人不快的

laboratory [ləˈbɒrətri] *n.* 实验室，研究室

[记] 联想记忆：labor(工作) + at(在) + ory(表地点，名词后缀) → 工作的地方 → 实验室，研究室

shuttle [ˈʃʌtl] *n.* 航天飞机

[记] 联想记忆：shut(关) + tle → 封闭的空间 → 航天飞机

entail* [ɪnˈteɪl] *vt.* 牵涉；需要

[记] 联想记忆：en + tail(尾巴) → 被人抓住尾巴 → 牵涉

alchemist* [ˈælkəmɪst] *n.* 炼金术士

less than* 小于，少于

contrary [ˈkɒntrəri] *a.* 相反的 *n.* 相反

[记] 词根记忆：contra(相反) + ry → 相反的；相反

[搭] to/on the contrary 反之，正相反；contrary to 与…相反；quite the contrary 恰恰相反；contrary opinions 相反的观点

alert [əˈlɜːt] *a.* 警惕的 *n.* 警戒；警报 *vt.* 警告

[记] 联想记忆：*Red Alert*（《红色警戒》）20 世纪 90 年代风靡全球的电脑游戏

shift* [ʃɪft] *v.* 移动，转移；改变，转变 *n.* 转换，转变；轮(或换)班

[记] 联想记忆：电脑键盘上的切换键(Shift 键)

mere [mɪə(r)] *a.* 仅仅的；纯粹的

[记] 联想记忆：仅仅(mere)在这儿(here)徘徊是不行的

monitor [ˈmɒnɪtə(r)] *n.* 班长；监视器 *vt.* 监视；监测

[记] 词根记忆：mon(忠告)+itor→给出忠告→监视

derive* [dɪˈraɪv] *v.* 取得；起源

[记] 联想记忆：de + rive(r) → 黄河是中华文明的发源地 → 起源

[搭] derive from 源自

desire* [dɪˈzaɪə(r)] *v./n.* 想望，期望；要求

[记] 联想记忆：电影 *A Street Car Named Desire*（《欲望号街车》）

[搭] a strong desire to do sth. 做某事的强烈愿望

[派] desirable(*a.* 理想的；可取的)

minimal [ˈmɪnɪməl] *a.* 最小的，最低限度的

[记] 词根记忆：min(小) + imal → 最小的

[反] maximum(*a.* 最大的，最大限度的)

sketch [sketʃ] *v.* 画素描；概述 *n.* 素描；速写

lag* [læg] *v.* 走得慢；落后 *n.* (时间上的)间隔；滞后

[记] 联想记忆：leg(腿)中间的零件 e 换成了 a → 腿坏了 → 走得慢

[搭] time lag 时滞，时间间隔；jet lag 时差，时差反应

trigger* ['trɪgə(r)] *vt.* 引发，导致 *n.* 扳机

[记] 联想记忆：扣动扳机(trigger)射杀了一只老虎(tiger)

[搭] trigger a war 引发战争

[同] initiate(*vt.* 发起)；cause(*vt.* 引起，导致)

supplement ['sʌplɪment] *vt.* 补充，增补

['sʌplɪmənt] *n.* 增补(物)，补充(物)；补遗；增刊；附录

[记] 联想记忆：supple(看做 supply，补给)＋ment → 补充，增补

[搭] supplement to 对…的补充；vitamin supplements 维生素补充剂

offend [ə'fend] *v.* 冒犯；使厌恶；违犯

[记] 联想记忆：off(离开)＋end(最后) → 她受到了冒犯，最后离开了 → 冒犯

[派] offense(*n.* 犯规；冒犯)；offensive (*a.* 冒犯的；攻击性的)

vivid* ['vɪvɪd] *a.* 鲜艳的；生动的

[记] 词根记忆：viv (生命)＋id → 有生命力的 → 生动的

as for/to 至于，关于

enclose [ɪn'kləʊz] *vt.* 围住；附上；把…装入信封

[记] 联想记忆：en(进入)＋close(关闭) → 关在里面 → 围住

[派] enclosure(*n.* 围栏；附件)

dose* [dəʊs] *n.* 剂量，一剂

[记] 联想记忆：玫瑰(rose)对生气中的女孩是一剂(dose)良药

supply* [sə'plaɪ] *n.* 供给，供应(量)；[常 *pl.*] 存货，必需品 *vt.* 供给，供应；满足(需要)，弥补(不足)

[搭] supply sth. to sb. 为某人提供某物

on the horizon 即将发生的

compress [kəmˈpres] *v.* 压紧；压缩

[ˈkɒmpres] *n.* 敷布，压布

[记] 联想记忆：com(表加强) + press(压) → 使劲压 → 压紧；压缩

interest* [ˈɪntrəst] *n.* 兴趣；利息；利益 *vt.* 使感兴趣

overcome* [ˌəʊvəˈkʌm] *vt.* 战胜，克服；(感情等)压倒

[记] 来自词组 come over(战胜；支配)

achievement* [əˈtʃiːvmənt] *n.* 成就，成绩；达到，完成，实现

[记] 来自 achieve(*v.* 达到，完成)

[搭] sense of achievement 成就感

Give a dog a bad name and hang him.

众口铄金，积毁销骨。

Word List 25

dusk [dʌsk] *n.* 薄暮，黄昏

[记] 联想记忆：她趴在书桌(desk)上看着窗外的黄昏(dusk)

cease* [siːs] *v.* 停止，终止

[记] 联想记忆：c + ease(安逸，安心) → 生于忧患，死于安乐 → 停止，终止

arable* [ˈærəbl] *a.* 可耕作的 *n.* 耕地

[记] 联想记忆：ar(看做 art，技术) + able(能够的) → 通过技术认定可耕 → 可耕作的

[搭] arable land 耕地

congested* [kənˈdʒestɪd] *a.* 拥挤不堪的；充塞的

[记] 词根记忆：con(一起，共同) + gest(搬运) + ed → 都搬运到一起 → 拥挤不堪的；充塞的

split [splɪt] *v.* (使)分裂，分离；(被)撕裂，裂开；劈开；分担，分享 *n.* 裂口；分化，分裂

[记] 发音记忆："死劈了它" → 劈开 → (使)分裂

[搭] split into 分成，分开；split from/with sb. 与某人断绝关系，离开某人

distinct [dɪsˈtɪŋkt] *a.* 清楚的，明显的；有区别的，不同的

[记] 词根记忆：di + stinct(刺) → 刺眼的 → 明显的；不同的

[搭] be distinct from 与…截然不同

[派] distinctive(*a.* 独特的)；distinction(*n.* 差别，不同)

negotiate [nɪˈɡəʊʃieɪt] *v.* 洽谈，协商；商定，达成；顺利通过

cruel* [ˈkruːəl] *a.* 残忍的，残暴的

[记] 发音记忆："刻肉"→残忍的，残暴的

[搭] be cruel to 对…残忍

Nordic [ˈnɔːdɪk] *a.* 北欧人的；北欧国家的

[记] 联想记忆：nor(看做 north，北)+dic→北欧人的

linger* [ˈlɪŋgə(r)] *vi.* 继续逗留；缓慢消失

womb* [wuːm] *n.* 子宫；发源地

[记] 联想记忆：生命的过程就是从子宫(womb)到坟墓(tomb)

advantageous [ˌædvənˈteɪdʒəs] *a.* 有利的

[记] 来自 advantage(*n.* 益处，好处)

manoeuvre [məˈnuːvə(r)] *n.* 移动；策略，手段 *v.* 移动，转动；操纵，控制

predatory [ˈpredətri] *a.* 食肉的；掠夺的

[记] 词根记忆：pred(掠夺)+atory→掠夺的

converse [ˈkɒnvɜːs] *vi.* 谈话，会谈

[kənˈvɜːs] *a.* 逆向的 *n.* 相反的事物；反面

[记] 词根记忆：con+vers(转)+e→一起转向→谈话，会谈

[派] conversation(*n.* 交谈，谈话)

context [ˈkɒntekst] *n.* 上下文；背景；环境

[记] 词根记忆：con(共同)+text(编织)→共同编织在一起→上下文

[派] contextual(*a.* 根据上下文的)

entrepreneurial [ˌɒntrəprəˈnɜːriəl] *a.* 创业的

dearth [dɜːθ] *n.* 缺乏，短缺

[记] 联想记忆：dear(珍贵的)+th→物以稀为贵→缺乏，短缺

[搭] a dearth of water 缺水

adventurous [ədˈventʃərəs] *a.* 喜欢冒险的，敢作敢为的；充满危险和刺激的，惊险的

exploitative [ɪkˈsplɔɪtətɪv] *a.* 开发的，利用的；剥削的

impoverish [ɪm'pɒvərɪʃ] *vt.* 使贫困；使枯竭，使贫瘠

[记] 词根记忆：im(进入) + pover(贫困) + ish(使…) → 使进入贫困 → 使贫困

convection [kən'vekʃn] *n.* 传送；对流

plateau ['plætəʊ] *n.* 高原；(上升后的)稳定时期(或状态)

[记] 联想记忆：plat(平的) + eau → 高出平地的地 → 高原

crust [krʌst] *n.* 硬层，硬表面，地壳；(一片)面包皮

[记] 联想记忆：可与 crush (*v.* 压碎)一起记

[派] crusty(*a.* 有脆皮的)

overlie [ˌəʊvə'laɪ] *v.* 躺在…上面；置于…上面

[记] 组合词：over(在…上面) + lie(躺；放) → 躺在…上面；置于…上面

brittle ['brɪtl] *a.* 易碎的，易损坏的；靠不住的；冷淡的，不友好的；(声音)尖利的

[记] 联想记忆：br(看做 break，打破) + ittle(看做 little，小的) → 打破成小块 → 易碎的

[搭] a brittle temper 易发怒的脾气，急脾气

[派] brittleness(*n.* 脆弱)

collision [kə'lɪʒn] *n.* 碰撞；冲突，抵触

[记] 来自 collide(*vi.* 冲撞)

extrusion [ɪk'struːʒn] *n.* 挤出，推出，挤压

[记] 词根记忆：ex(出) + trus(刺) + ion → 挤出

pumice ['pʌmɪs] *n.* 浮石，浮岩 *vt.* 用浮岩磨

predictable [prɪ'dɪktəbl] *a.* 可预言的，可预报的；按老一套办事的，墨守成规的

geological [ˌdʒiːə'lɒdʒɪkl] *a.* 地质的，地质学的

[记] 词根记忆：ge(o)(地球，地) + olog(y)(…学) + ical → 关于地球的学科 → 地质学的

[搭] a geological textbook 地质学教科书

halve* [hɑːv] *v.* 二等分，减半

assimilate [ə'sɪməleɪt] *v.* 吸收；使同化

[记] 词根记忆：as + simil(相同) + ate(使…) → 使相同 → 使同化

[同] absorb(*vt.* 吸收)；digest(*v.* 消化)

harbour [ˈhɑːbə(r)] *n.* 港湾 *v.* 停泊；隐匿
[记] 发音记忆："哈勃"→哈勃望远镜停泊在太空中→停泊

hybrid* [ˈhaɪbrɪd] *n.* 杂交生成的生物体，杂交植物(或动物)；杂种，混血儿；混合物，合成物 *a.* 杂交产生的；混合的，合成的

inhale* [ɪnˈheɪl] *v.* 吸(烟)，吸气
[记] 词根记忆：in(进)+hale(气)→吸气
[派] inhalation(*n.* 吸入；吸入物)

decibel* [ˈdesɪbel] *n.* 分贝
[记] 词根记忆：deci(十分之一)+bel(贝尔，为十个分贝)→分贝

voyage [ˈvɔɪɪdʒ] *n./v.* 旅行，航行，飞行
[记] 词根记忆：voy(路)+age→旅行，航行
[搭] maiden voyage 首航；voyage of discovery 发现之旅；first voyage 第一航行

cherry* [ˈtʃeri] *n.* 樱桃(树)
[记] 联想记忆：要分清浆果(berry)和樱桃(cherry)

contingency* [kənˈtɪndʒənsi] *n.* 偶然性，可能性；意外事件；附带事件
[记] 词根记忆：con+ting(触摸)+ency→触摸引起的→可能性

for the sake of 为了

relieve [rɪˈliːv] *vt.* 救济；缓解
[派] relief(*n.* 救济；缓解)

stance* [stæns] *n.* 姿势；观点，立场
[记] 词根记忆：st(=stand 站立)+ance→站姿→姿势

conduct* [ˈkɒndʌkt] *n.* 举止；指导；管理
[kənˈdʌkt] *v.* 指导；管理，实施；指挥
[记] 词根记忆：con(表加强)+duct(引导)→指导；管理
[搭] conduct oneself (行为)表现

mate* [meɪt] *v.* 交配，配种 *n.* 配偶；伙伴；（商船上的）大副

[记] 联想记忆：配偶(mate)互为对方铺垫子(mat)

attack* [əˈtæk] *n./v.* 进攻；抨击；(疾病等)突然发作

[记] 联想记忆：at(表加强) + tack(看做 tank，坦克) → 用坦克加强进攻 → 进攻；抨击

discredit* [dɪsˈkredɪt] *vt.* 使怀疑；使丧失信誉，使丢脸

[记] 联想记忆：dis(不) + credit(信任) → 不信任 → 使怀疑

flora* [ˈflɔːrə] *n.* (某地区或时期的)一切植物，植物群

[记] 联想记忆：希腊神话里，花神名叫弗洛拉(Flora)

[搭] flora and fauna 动植物

[派] floral(*a.* 花的；饰以花的)

mass [mæs] *a.* 大量的 *n.* 团，众多；【物】质量；[*pl.*] 群众，民众 *v.* 聚集

[记] 联想记忆：和 less(*a.* 少的)一起记

[搭] mass production 大规模生产

anticipate* [ænˈtɪsɪpeɪt] *v.* 预期，预料，期望；先于…行动

[记] 词根记忆：anti(在…之前) + cip(拿，取) + ate(动词后缀) → 在…之前取得 → 先于…行动

[搭] anticipate doing sth. 期待做某事

[派] anticipation(*n.* 预料)

operate [ˈɒpəreɪt] *v.* 运转；动手术；起作用；操作；经营

bypass [ˈbaɪpɑːs] *n.* (绕过市镇的)旁道 *vt.* 绕过

[记] 来自词组 pass by(经过)

[同] circumvent(*vt.* 绕行，避开)

undetected* [ˌʌndɪˈtektɪd] *a.* 未被发现的

[记] 联想记忆：un(不) + detect(发现) + ed → 未被发现的

shaft* [ʃɑːft] *n.* 轴，柄，杆；矛柄，把柄；(光的)束，光线；竖井，(电梯的)升降井

[记] 联想记忆：变速杆(shaft)用来改变(shift)速度

[同] spindle(*n.* 轴，杆)；beam[*n.* (光线的)束]

channel* [ˈtʃænl] *n.* 频道；[常 *pl.*] 渠道，途径；沟渠；海峡，水道；航道

[记] 联想记忆：卫视音乐台的英文是 Channel V

[搭] the English Channel 英吉利海峡

determine* [dɪˈtɜːmɪn] *v.* 确定；决定；(使)下决心

[记] 词根记忆：de + termin(结束) + e → 已经结束 → 决定

dominate [ˈdɒmɪneɪt] *v.* 支配，统治；耸立于

[记] 词根记忆：domin(统治) + ate → 支配，统治

instrumental [ˌɪnstrəˈmentl] *a.* 有帮助的，起作用的；用乐器演奏的

[记] 来自 instrument(*n.* 手段；器具)

load [ləʊd] *v.* 装载；装(胶卷、弹药等) *n.* 负荷；装载

improve* [ɪmˈpruːv] *v.* 改善，改进

[搭] improve on/upon 改进，做出更好的业绩

sensitive* [ˈsensətɪv] *a.* 敏感的，灵敏的；神经过敏的，容易生气的；易受伤害的

[记] 词根记忆：sens(感觉) + itive → 敏感的

[派] sensitivity(*n.* 敏感，灵敏性)

abolish [əˈbɒlɪʃ] *vt.* 废止，废除

[同] annul(*vt.* 废除，取消)

conception [kənˈsepʃn] *n.* 观念；概念

[派] misconception(*n.* 误解)

encounter* [ɪnˈkaʊntə(r)] *vt./n.* 遭遇，遇到

[记] 联想记忆：en(使…) + counter(相反的) → 使从两个相反的方面来 → 遭遇，遇到

[搭] encounter problems 遇到问题

bubble [ˈbʌbl] *vi.* 冒泡，起泡；发出冒泡的声音 *n.* 泡，泡沫；气泡；幻想的计划

[记] 发音记忆：拟声词，指水冒泡的声音

[搭] bubble economy 泡沫经济

sample* [ˈsɑːmpl] *n.* 样品，样本 *vt.* 从…抽样，采样；品尝

[记] 联想记忆：简单的(simple)样品(sample)

[搭] blood sample 血液样本

qualitative [ˈkwɒlɪtətɪv] *a.* 性质的；质量的；定性的

[记] 来自 quality(*n.* 质量)

accountant [əˈkaʊntənt] *n.* 会计师

[记] 联想记忆：account（账目）+ ant（表人）→ 管账的人 → 会计师

plaster [ˈplɑːstə(r)] *n.* 灰泥，石膏；膏药

storey [ˈstɔːri] *n.* 楼层

[记] 联想记忆：可与 store (*n.* 商店)一起记

gang [gæŋ] *n.* 一帮 *v.* 结成一伙

Genius is nothing but labor and diligence.

天才不过是勤奋而已。

Word List 26

enterprise* [ˈentəpraɪz] *n.* 企业，公司；事业

[记] 词根记忆：enter(进入) + pris(握住) + e → 进入市场，把握先机 → 企业，公司

[搭] a backbone enterprise 骨干企业；joint enterprise 合资企业；state enterprise 国有企业

verify* [ˈverɪfaɪ] *vt.* 证明；证实

[记] 词根记忆：ver(真实的) + ify(使…) → 使…真实 → 证明；证实

[派] verification(*n.* 确认)

string [strɪŋ] *n.* 线；弦；细绳；一串 *vt.* (用绳等)缚；扎；挂；(用线)串起；使排成一列

[记] 联想记忆：st + ring(铃) → 一串清脆的铃声 → 一串

litter [ˈlɪtə(r)] *v.* 使乱七八糟；乱扔 *n.* 废弃物，垃圾；一窝幼崽

[记] 联想记忆：把 little 的"l"乱丢，错拿成"r" → 乱扔

[同] trash(*n.* 垃圾)；rubbish(*n.* 垃圾)

manor [ˈmænə(r)] *n.* 领地，庄园

[记] 联想记忆：man(人) + or(表物) → 人靠自己的力量建立起来的 → 领地

location [ləʊˈkeɪʃn] *n.* 位置，场所；(电影的)外景拍摄地

[搭] a good location 好地段

breakdown [ˈbreɪkdaʊn] *n.* 垮台，倒塌，破裂；(健康、精神等)衰竭，衰弱；(机器等的)损坏，故障；分类

[记] 来自词组 break down(打破，破坏)

[同] disintegration(*n.* 瓦解)

irresistible [ˌɪrɪˈzɪstəbl] *a.* 无法抵抗的，不能压制的；不能自已的

[记] 联想记忆：ir + resistible（可抵抗的）→ 不可抵抗的 → 无法抵抗的

fluency [ˈfluːənsi] *n.* 流利，流畅；通顺

[记] 词根记忆：flu（流）+ ency → 话从口中流出 → 流利；流畅

transcription [trænˈskrɪpʃn] *n.* 抄写，誊写；抄本，誊本；书面标注的事物；（乐曲的）改编

introspection [ˌɪntrəˈspekʃn] *n.* 内省，反省

[记] 词根记忆：intro（向内）+ spect（看）+ ion → 看自己的内心 → 内省

elicitation [iˌlɪsɪˈteɪʃn] *n.* 引出，诱出

[记] 词根记忆：e（出）+ lic（诱骗）+ itation → 诱骗到外边来 → 引出，诱出

informant [ɪnˈfɔːmənt] *n.* 提供消息或情报的人，线人；提供资料的人

ambiguity [ˌæmbɪˈgjuːəti] *n.* 模棱两可；不明确

[记] 词根记忆：amb（周围）+ ig（开，驱动）+ uity → 转圈开 → 模棱两可

generative [ˈdʒenərətɪv] *a.* 生殖的，生产的；有生产能力的

recourse [rɪˈkɔːs] *n.* 依靠；求助，求援

scrupulous [ˈskruːpjələs] *a.* 多顾虑的，谨慎的（尤指道德方面）；一丝不苟的，严谨的

[记] 来自 scruple（*n./vi.* 顾忌，顾虑）

[搭] be scrupulous in (doing) sth. 小心谨慎对待（做）某事

utterance [ˈʌtərəns] *n.* 用言语表达，讲话；话语，言语，言论

emeritus [iˈmerɪtəs] *a.* 保留头衔而退休的，荣誉退休的

bilingual [ˌbaɪˈlɪŋgwəl] *a.* （说）两种语言的

[记] 词根记忆：bi（两）+ lingu（语言）+ al → （说）两种语言的

[搭] bilingual education 双语教育

substitution [ˌsʌbstɪˈtjuːʃn] *n.* 代替，置换；代入法

mundane [mʌnˈdeɪn] *a.* 世界的；世俗的，现世的；平淡的

[记] 词根记忆：mund(世界) + ane → 世界的；世俗的

foreseeable [fɔːˈsiːəbl] *a.* 可预知的，能预测的

invoke [ɪnˈvəʊk] *vt.* 恳求，祈求；援用，援引；使用，应用

[记] 词根记忆：in(使) + vok(叫喊) + e → 恳求

hurl [hɜːl] *vt.* 猛投，猛摔；大声叫骂

duplicate [ˈdjuːplɪkeɪt] *vt.* 复制，复写；重复

[ˈdjuːplɪkət] *a.* 完全相同的；副本的 *n.* 复制品

[记] 词根记忆：du(两，双) + plic(重叠) + ate → 两种重叠状态 → 完全相同的；复制品

[搭] duplicate copy 副本

[派] duplication(*n.* 副本；复制)

[同] copy(*n.* 副本 *v.* 复制)

mushroom [ˈmʌʃrʊm] *vi.* 迅速成长(或发展) *n.* 蘑菇

adaptation [ˌædæpˈteɪʃn] *n.* 适应；改编

[记] 来自 adapt(*v.* 适应；改编)

elite* [eɪˈliːt] *n.* 精英，中坚 *a.* 卓越的，精锐的

[记] 联想记忆：e + lite(看做词根 lig，选择) → 选出来的都是精英 → 精英

[搭] social elite 社会精英

up-to-date [ˌʌptəˈdeɪt] *a.* 直到最近的；现代的

bury* [ˈberi] *vt.* 埋葬；埋藏，掩藏

[派] burial(*n.* 埋葬，埋藏；葬礼)

moderate [ˈmɒdərət] *a.* 温和的；适度的

[ˈmɒdəreɪt] *v.* (使)减轻，缓和；使适中

[记] 词根记忆：mod(适合) + er + ate → 使适合的 → 适度的；使适中

bold [bəʊld] *a.* 粗(字)体的；大胆的，鲁莽的，勇敢的；醒目的

[记] 联想记忆：b + old(年长) → 年长的人通常不会太鲁莽 → 鲁莽的

award* [əˈwɔːd] *n.* 奖；评判；授予 *vt.* 授予；给予

[搭] award a prize 颁奖；be awarded for 因…而被授奖；get one's award 得奖；win/receive an award 获奖

hassle* [ˈhæsl] *n.* 困难，麻烦；分歧，争论

[记] 联想记忆：可能是 haste(急忙) + tussle(争执；扭打)的缩合词 → 分歧，争论

addict [ˈædɪkt] *n.* 吸毒成瘾的人，有瘾的人，对…入迷的人

restrain [rɪˈstreɪn] *vt.* 阻止；抑制

[记] 词根记忆：re(回)+strain(拉紧)→阻止；抑制

[派] restraint(*n.* 抑制；约束措施)

reproduce* [ˌriːprəˈdjuːs] *v.* 繁殖，生育；复制，仿造，翻版；再现，使…在脑海中重现

[记] 联想记忆：re(一再) + produce(生产) → 不断生产 → 繁殖

[派] reproduction(*n.* 复制品；繁殖)

signpost* [ˈsaɪnpəʊst] *vt.* 在…设置路标 *n.* 路标

[记] 组合词：sign(标志) + post(放置) → 在…设置路标

intent [ɪnˈtent] *n.* 意图，意向，目的 *a.* 专心的，专注的；急切的

[记] 词根记忆：in(向内) + tent(伸展) → 向内伸展 → 意图

artefact* [ˈɑːtɪfækt] *n.* 人工制品，手工艺品

[记] 词根记忆：art(技巧) + e + fact(制作) → 用技巧制作的东西 → 人工制品

highland [ˈhaɪlənd] *n.* 高地，高原

[记] 组合词：high(高处) + land(陆地) → 高地，高原

application* [ˌæplɪˈkeɪʃn] *n.* 请求，申请(书、表)；应用，运用；施用，敷用

[记] 词根记忆：ap(=ad 向，靠近) + plic(折叠) + ation(名词后缀) → 折得很近 → 申请；应用

[搭] application for 申请…

acquaintance [ə'kweɪntəns] *n.* 熟人；认识，了解

[记] 来自 acquaint(*vt.* 使熟知)

[搭] a speaking acquaintance 见面聊几句的朋友；nodding acquaintance 点头之交

challenge* ['tʃælɪndʒ] *n.* 挑战；质疑；艰巨任务，难题 *vt.* 挑战；质疑

[搭] face a challenge 面对挑战；take up challenges 接受挑战

guideline* ['gaɪdlaɪn] *n.* [常 *pl.*] 指导方针；准则，行动纲领

[记] 组合词：guide(指导) + line(路线) → 指导方针

hemisphere ['hemɪˌsfɪə(r)] *n.* (地球的)半球；大脑半球

[记] 词根记忆：hemi(半) + spher(球) + e → 半球；大脑半球

civil ['sɪvl] *a.* 国民的；民用的；政府的

viable* ['vaɪəbl] *a.* 可行的，可实施的；【生】能自行生长发育的

[记] 词根记忆：vi(道路) + able(能…的) → 有路可走 → 可行的，可实施的

[派] viability(*n.* 可行性)

cameral ['kæmərl] *a.* (立法机关)院的

gigantic [dʒaɪ'gæntɪk] *a.* 巨大的，庞大的

[记] 词根记忆：gigant(=giant 巨人) + ic → 巨大的，庞大的

[同] colossal(*a.* 巨大的，庞大的)；enormous(*a.* 巨大的，极大的)

[反] tiny(*a.* 极小的，微小的)；microscopic(*a.* 极小的)

venue ['venjuː] *n.* (聚集、审判、比赛等的)地点

[记] 联想记忆：ven(来) + ue → 大家都来的地方 → (聚集、审判、比赛等的)地点

[搭] sport venue 运动场馆；outdoor venue 户外场所

grieve [griːv] *v.* (使)伤心

[同] lament(*v.* 哀悼; 悲痛); bemoan(*vt.* 悲叹); sadden(*vt.* 使伤心, 使悲哀)

[反] cheer(*v.* 欢呼); rejoice(*v.* 感到高兴, 充满喜悦)

studio [ˈstjuːdiəʊ] *n.* 工作室; 摄影室; 练习室

inhabitant [ɪnˈhæbɪtənt] *n.* 居民, 住户, 居住者; 栖息的动物

[记] 词根记忆: in(在里面) + hab(居住) + it + ant → 住在里面的人 → 居民, 居住者

suicidal * [ˌsuːɪˈsaɪdl] *a.* 自杀(性)的; 有自杀倾向的

[记] 词根记忆: sui(自己) + cid(杀) + al(形容词后缀) → 自杀(性)的

bilateral * [ˌbaɪˈlætərəl] *a.* 双边的; 双方的

[记] 词根记忆: bi(双) + later(侧面, 边) + al(形容词后缀) → 双边的

clinic [ˈklɪnɪk] *n.* 门诊部, 诊所

memorable * [ˈmemərəbl] *a.* 容易记住的; 难忘的

[记] 词根记忆: memor(记忆) + able(能…的) → 能记忆的 → 容易记住的

[搭] a memorable experience 一次难忘的经历

dazzle [ˈdæzl] *v.* 使目眩; 使倾倒 *n.* 耀眼, 眩目; 令人眼花缭乱的东西

[记] 联想记忆: 他演奏的爵士乐(jazz)令人倾倒(dazzle)

vast * [vɑːst] *a.* 巨大的; 大量的

[记] 联想记忆: 古老的东方(east)地大物博, 人口众多(vast)

[派] vastly(*ad.* 巨大地; 大量地)

underground * [ˈʌndəgraʊnd] *a.* 地下的 *n.* 地铁

[ˌʌndəˈgraʊnd] *ad.* 在地(面)下

[记] 组合词: under(在…下面) + ground(地面, 土地) → 地下的; 在地(面)下

scholar* [ˈskɒlə(r)] *n.* 学者；奖学金获得者

[记] 联想记忆：schol（看做 school，学校）+ ar（表人）→ 学者

[派] scholarship（*n.* 奖学金；学问）

compete* [kəmˈpiːt] *vi.* 竞争；比赛

[记] 词根记忆：com（共同）+ pet（追求，寻求）+ e → 共同追求（一个目标）→ 竞争

[搭] compete against/with 与…竞争；compete for 为…比赛

[派] competitive（*a.* 竞争的）；competitor（*n.* 竞争者，对手）

prescription [prɪˈskrɪpʃn] *n.* 处方，药方；开处方，开药方

[记] 词根记忆：pre（预先）+ script（写）+ ion → 预先把要抓的药写在方子上 → 药方

[搭] fill a prescription 按方配药；give a prescription 开药方

crude [kruːd] *a.* 天然的；粗糙的；粗俗的

[记] 词根记忆：c + rud（天然的）+ e → 天然的

vary [ˈveərɪ] *v.* 改变；（使）多样化；变化；不同

[搭] variable（*a.* 易变的 *n.* 变量）；various（*a.* 各种各样的）

compose [kəmˈpəʊz] *v.* 组成，构成；写，创作（乐曲等）；使安定

[记] 词根记忆：com（共同）+ pos（放）+ e → 放到一起 → 组成，构成

[搭] be composed of 由…组成

in vain* 徒然，无效

alley* [ˈælɪ] *n.* 小巷；胡同

dolphin [ˈdɒlfɪn] *n.* 海豚

bounce [baʊns] *v.* 弹起，反弹；（使）上下晃动 *n.* 弹跳；反弹力；活力，精力

[记] 联想记忆：弹跳(bounce)起来掀翻了一盎司(ounce)酒

[搭] bounce back 卷土重来，恢复过来

platform [ˈplætfɔːm] *n.* 平台，站台；纲领

[记] 联想记忆：plat(平的) + form(形态) → 形状是平的 → 平台

Fortune favors those who use their judgement.

机遇偏爱善断之人。

Word List 27

atmosphere* [ˈætməsfɪə(r)] *n.* 大气；气氛；环境

[记] 词根记忆：atmo + spher(球体) + e → 围绕地球的空气 → 大气

[派] atmospheric(*a.* 大气的)

appoint [əˈpɔɪnt] *vt.* 任命，委任；指定(时间、地点等)

[记] 联想记忆：ap(表加强) + point(指向，指出) → 指定某人做某事 → 任命，委任

[搭] appoint to 任命，委任；appoint sb. to a post 派某人任某职

characteristic* [ˌkærəktəˈrɪstɪk] *n.* 特性；特征 *a.* 特有的；典型的

identify* [aɪˈdentɪfaɪ] *v.* 认出，识别；辨别；查明；确定；视…(与…)为同一事物

[搭] identify...with... 把…与…视为同一事物

[派] identifiable(*a.* 可辨认的；可确认的)

[同] recognize(*vt.* 认出，识别)；determine(*v.* 确定)；distinguish(*v.* 区别，辨别)

altitude [ˈæltɪtjuːd] *n.* 海拔，高度；[*pl.*] 高地，高处

[记] 词根记忆：alt(高) + i + tude(表状态，名词后缀) → 海拔，高度

possess [pəˈzes] *vt.* 具有；拥有

[记] 联想记忆：poss(看做 boss，老板) + ess → 老板拥有很多财产 → 具有；拥有

[搭] possess an interest in 对…感兴趣

excitement* [ɪkˈsaɪtmənt] *n.* 激动；兴奋；令人兴奋的事

[记] 词根记忆：ex(出) + cit(激起，召唤) + e + ment(名词后缀) → 激动，兴奋

contradiction [ˌkɒntrəˈdɪkʃn] *n.* 矛盾，不一致；否认，反驳

[记] 词根记忆：contra(反)＋dict(说)＋ion → 反着说 → 否认，反驳

painstaking [ˈpeɪnzteɪkɪŋ] *a.* 需细心的，辛苦的，煞费苦心的；勤勉的；刻苦的 *n.* 辛苦；勤勉；刻苦

[记] 组合词：pains(痛苦)＋taking(花费…的) → 煞费苦心的

pursuit [pəˈsjuːt] *n.* 追求，寻求；[常 *pl.*] 花时间和精力等做的事；消遣，爱好

[记] 联想记忆：钱包(purse)被小偷偷去，赶忙追赶(pursuit)

[搭] in pursuit of 追求

[同] chase(*n.* 追逐)；hobby(*n.* 业余爱好)

humanistic [ˌhjuːməˈnɪstɪk] *a.* 人文主义的，人性的

coherent [kəʊˈhɪərənt] *a.* 条理清楚的，连贯的；一致的，协调的

[记] 词根记忆：co(共同)＋her(黏附)＋ent → 黏在一起 → 连贯的

[派] coherently(*ad.* 条理清楚地，连贯地；一致地)；coherence(*n.* 一致；连贯性)

[同] consistent(*a.* 一致的)

outlook [ˈaʊtlʊk] *n.* 观点，见解；展望，前景

[记] 组合词：out(外面)＋look(看) → 向外看 → 展望

apportion [əˈpɔːʃn] *vt.* 分派，(按比例或计划)分配

[记] 词根记忆：ap＋portion(部分) → 分成部分 → 分派，分配

finitude [ˈfaɪnɪtjuːd] *n.* 有限；限定，界限

exhaustible [ɪgˈzɔːstəbl] *a.* 可耗尽的，会枯竭的

revelation [ˌrevəˈleɪʃn] *n.* 被揭示的真相，(惊人的)新发现；揭示，显示；泄露

[记] 来自 reveal(*vt.* 揭露，泄露；显示)

[同] disclosure(*n.* 揭发；败露)；exposure(*n.* 暴露；曝光)

[反] concealment(*n.* 隐藏)

resistance [rɪˈzɪstəns] *n.* 反抗，抵制；抵抗力，抵抗性；阻力；电阻

attainable [əˈteɪnəbl] *a.* 可获得的，可达到的，可实现的

indispensable [ˌɪndɪˈspensəbl] *a.* 必不可少的，必需的

[记] 联想记忆：in(不) + dispensable(可有可无的) → 不是可有可无的 → 必不可少的，必需的

[同] essential(*a.* 必要的)；vital(*a.* 极其重要的，必不可少的)；requisite(*a.* 必要的)

cuisine [kwɪˈziːn] *n.* 烹饪；烹调法，烹调风格；菜肴

[记] 发音记忆："口味新" → 烹饪出新口味 → 烹饪

reputable [ˈrepjətəbl] *a.* 名声好的，高尚的；受尊敬的；值得信赖的

overshadow [ˌəʊvəˈʃædəʊ] *vt.* 给…蒙上阴影；使扫兴；使黯然失色

[记] 联想记忆：over(在…上) + shadow(阴影) → 使黯然失色

unparalleled [ʌnˈpærəleld] *a.* 无双的，无比的，空前的

[记] 联想记忆：un(无) + parallel(平行) + ed → 没有东西可与之平行的 → 无双的，无比的

opulence [ˈɒpjələns] *n.* 财富，富裕；丰富，富饶

supersede [ˌsuːpəˈsiːd] *vt.* 代替，取代

[记] 词根记忆：super(在…上面) + sed(坐) + e → 坐在别人的位置上 → 代替，取代

exploitation [ˌeksplɔɪˈteɪʃn] *n.* 开采，开发；剥削，榨取；自私的利用

passionate [ˈpæʃənət] *a.* 充满激情的，热切的，狂热的

[记] 来自 passion(*n.* 激情)

poisonous* [ˈpɔɪzənəs] *a.* 有毒的，有害的；恶毒的，邪恶的

[记] 来自 poison(*n.* 毒)

strip [strɪp] *v.* 剥夺；夺去，使空无一物；拆卸，拆开 *n.* 带状物；条纹；狭长地带，带状水域

[记] 联想记忆：s(音似：死) + trip(旅行) → 死亡剥夺了人的尘世之旅 → 剥夺

exhaust* [ɪɡ'zɔːst] *v.* 使非常疲倦，使疲惫不堪；用尽，耗尽 *n.* (机器排出的)废气

[搭] be exhausted from 因…疲惫不堪；exhaust pipe 排气管；exhaust emission 尾气排放

mysterious* [mɪ'stɪəriəs] *a.* 神秘的，诡秘的

[记] 联想记忆：myster(y)(神秘)+ious→神秘的

spite [spaɪt] *n.* 恶意，怨恨

[搭] in spite of 不管，尽管

passport* ['pɑːspɔːt] *n.* 护照；途径，路子，手段

[记] 联想记忆：pass(通过)+port(港口)→通过港口所需的文件→护照

divert [daɪ'vɜːt] *vt.* 使绕道，转移；娱乐，供消遣

[记] 词根记忆：di(离开)+vert(转)→转移

[派] diversion(*n.* 转移；消遣)

dissemination* [dɪˌsemɪ'neɪʃn] *n.* 散布，传播

[记] 来自 disseminate(*vt.* 散布)；dis(分开)+semin(种子)+ate→撒种子→散布

perpetual [pə'petʃuəl] *a.* 连续不断的；长期的；永久的

[记] 词根记忆：per(贯穿)+pet(追求)+ual→自始至终追求的→长期的；永久的

[同] eternal(*a.* 永恒的)；permanent (*a.* 永久的，持久的)；continuous(*a.* 持续的)

[反] temporary(*a.* 暂时的，临时的)

contradict [ˌkɒntrə'dɪkt] *v.* 反驳，驳斥；与…发生矛盾；相抵触

[记] 词根记忆：contra(反)+dict(说话；断言)→说反话→反驳

[同] deny(*vt.* 驳斥，反对)

organize ['ɔːɡənaɪz] *v.* 组织，使有条理；成立

column ['kɒləm] *n.* 柱；柱形物；专栏(文章)，栏目

source [sɔːs] *n.* 来源，出处；(河的)源头，发源地；根源，起源

[记] 联想记忆：这些资源 (resource) 的来源(source)是哪里？

cater [ˈkeɪtə(r)] *v.* 提供饮食；迎合；满足需要（或欲望）

[记] 联想记忆：cat（小猫）+ er → 小猫饿了，喂点猫粮 → 提供饮食

[搭] cater for 迎合…；为…提供饮食及服务；cater to 迎合…，满足…的需求

[派] catering（*n.* 餐饮业）

lobby [ˈlɒbi] *v.* 游说 *n.* 大厅；游说团

flexible [ˈfleksəbl] *a.* 易弯曲的；柔韧的；灵活的

[记] 词根记忆：flex（弯曲）+ ible → 易弯曲的；柔韧的

[搭] a flexible schedule 可调整的日程表；flexible working hours 弹性工作时间

penalty [ˈpenəlti] *n.* 惩罚；罚金

[记] 词根记忆：pen（刑事的）+ al + ty（名词后缀）→ 惩罚；罚金

[搭] death penalty 死刑

comply [kəmˈplaɪ] *vi.* 遵从；服从

[记] 词根记忆：com（表加强）+ ply（装满）→ 完全装满 → 完全满足 → 遵从；服从

racket [ˈrækɪt] *n.*（网球、羽毛球等的）球拍

[记] 联想记忆：球拍（racket）被火箭（rocket）带入太空

wire* [ˈwaɪə(r)] *n.* 金属丝；电线

capsule [ˈkæpsjuːl] *n.* 胶囊；航天舱，太空舱

[记] 联想记忆：cap（帽子）+ sule（音似：seal，"密封"）→ 帽状物 → 胶囊；密封舱

canteen [kænˈtiːn] *n.* 餐厅，食堂

[记] 发音记忆："看停" → 小孩一看到餐厅就停下不走了 → 餐厅

aeronautics* [ˌeərəˈnɔːtɪks] *n.* 航空学

[记] 词根记忆：aero（空气）+ naut（航行）+ ics（…学）→ 航空学

adopt* [əˈdɒpt] *v.* 采用，采取，采纳；收养，领养；正式通过，批准

[记] 联想记忆：这个被收养(adopt)的孩子必须适应(adapt)新的环境

[搭] adopt the new policy 通过新政策；adopt a new technique 采用新技术

lease [liːs] *n.* 租约 *vt.* 出租，租用

[记] 联想记忆：l + ease(安心) → 有了租约，可以安心了 → 租约

bit* [bɪt] *n.* 少许；小片；小块

conceal [kənˈsiːl] *vt.* 隐藏；隐瞒；掩盖

[记] 联想记忆：con + ceal(看做 seal，密封) → 密封起来 → 隐藏；隐瞒；掩盖

compromise [ˈkɒmprəmaɪz] *n.* 妥协，折中办法 *v.* 妥协，放弃(原则、理想等)；危及

[记] 联想记忆：com + promise(保证) → 相互保证 → 妥协

[搭] reach a compromise over sth. 就某事达成妥协；compromise with sb. on sth. 与某人就某事妥协

haphazard* [hæpˈhæzəd] *a.* 无秩序的，无计划的，组织混乱的

[记] 联想记忆：hap(机会，运气) + hazard(冒险) → 运气加冒险，就能成功 → 偶然情况 → 无计划的

essential [ɪˈsenʃl] *a.* 本质的，基本的；必要的，必不可少的；极其重要的 *n.* 要素；实质，本质；要点

[记] 词根记忆：ess(存在) + ential → 存在的东西 → 要素；实质，本质

[搭] be essential to/for 对…必不可少

[派] essentially(*ad.* 本质上，基本上)

urge [ɜːdʒ] *v.* 敦促，力劝；鼓励；竭力主张

feasible [ˈfiːzəbl] *a.* 可行的，可能的；可做的，可实行的

[记] 联想记忆：f + easi(看做 easy，容易的) + ble → 容易做到的 → 可能的

[搭] a feasible plan 可行的计划

cereal [ˈsɪəriəl] *n.* 谷类植物；谷物；谷类食物

[记] 联想记忆：ce + real(真正的) → 真正的健康食品 → 谷类食物

existence* [ɪgˈzɪstəns] *n.* 存在；生活(方式)

[记] 来自 exist(*vi.* 存在)

[搭] come into existence 产生

apply* [əˈplaɪ] *v.* 申请；应用，使用；涉及

[记] 联想记忆：这家服务站免费提供(supply)打气筒给行人使用(apply)

[搭] apply for 申请；apply to 与…有关；适用；应用；apply oneself to 致力于

slurry* [ˈslʌri] *n.* 泥浆

admission [ədˈmɪʃn] *n.* 允许进入，加入权，进入权；招供，招认；入场券

[记] 词根记忆：ad(表加强) + miss(送) + ion → 允许送入 → 允许进入

attempt* [əˈtempt] *n./v.* 尝试，试图；努力

[记] 词根记忆：at(表加强) + tempt(尝试) → 尝试，试图

[搭] make attempt 尝试；attempt to do sth. 尝试/努力做某事

jaw* [dʒɔː] *n.* 颌

[记] 发音记忆："嚼" → 他下颌脱臼了，没法嚼东西 → 颌

inference [ˈɪnfərəns] *n.* 推论；推断

[记] 联想记忆：从这些参考书(reference)里，你能推断(inference)出什么？

loop* [luːp] *n.* 圈环；环状物；环路；循环 *v.* (使)成环，(使)成圈；成环形运动

subtract [səbˈtrækt] *vt.* 减去；去掉

[记] 词根记忆：sub(在…下面) + tract(拉) → 拉下来 → 减去；去掉

linguistic * [lɪŋ'gwɪstɪk] *a.* 语言的；语言学的

[记] 词根记忆：lingu(语言) + istic → 语言的

[搭] linguistic features 语言特征

aptitude * ['æptɪtjuːd] *n.* 天资，天赋，天生的才能

[记] 联想记忆：对上苍让你具备这种才能(aptitude)心存感激(gratitude)

lava * ['lɑːvə] *n.* 岩浆，熔岩

[记] 联想记忆：幼虫(larva)掉入岩浆(lava)

premier ['premiə(r)] *n.* 总理；首相 *a.* 首要的，第一位的；最著名的

enquiry [ɪn'kwaɪəri] *n.* 询问；调查；探索

Fools learn nothing from wise men, but wise men learn much from fools.

愚者不学无术，智者不耻下问。

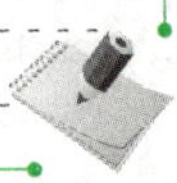

Word List 28

lawsuit [ˈlɔːsuːt] *n.* 诉讼，起诉

[记] 组合词：law(法律)＋suit(起诉，诉讼)→诉讼

pack* [pæk] *v.* (把…)打包，收拾(行李)；包装，包裹；塞满 *n.* 包

[搭] pack up 收拾行装，打点行李；停止，放弃，辞掉

prescribe [prɪˈskraɪb] *v.* 开处方，开药；规定，指示

[记] 词根记忆：pre(预先)＋scrib(写)＋e→预先写好→规定；指示

[搭] prescribe sb. sth 为某人开…药

universe [ˈjuːnɪvɜːs] *n.* 宇宙，天地万物；世界；领域

[记] 词根记忆：uni(一个)＋vers(转)＋e→一个旋转着的整体空间→宇宙

[派] universal(*a.* 普遍的；通用的)

skull [skʌl] *n.* 颅骨；脑袋

[记] 联想记忆：据说大脑袋(skull)的人掌握技能(skill)比较快

domination [ˌdɒmɪˈneɪʃn] *n.* 控制，统治，支配

[记] 词根记忆：domin(统治)＋ation→控制，统治，支配

animate [ˈænɪmət] *a.* 活的，有生命的

[ˈænɪmeɪt] *vt.* 赋予生命；使生机勃勃

[记] 词根记忆：anim(生命；精神)＋ate→赋予生命

accountancy [əˈkaʊntənsi] *n.* 会计工作，会计职业

availability [əˌveɪləˈbɪləti] *n.* 可利用性，可得性；利用的可能性；可利用的人或物

[记] 来自 available(*a.* 可用的)

payable [ˈpeɪəbl] *a.* 可支付的；应支付的

[记] 联想记忆：pay(支付，给予) + able(能…的) → 可支付的；应支付的

solicitor [səˈlɪsɪtə(r)] *n.* (城镇的)法务官；初级律师，事务律师

[同] lawyer(*n.* 律师)；attorney(*n.* 律师)

departure [dɪˈpɑːtʃə(r)] *n.* 离开，出发；背离，违反

audit [ˈɔːdɪt] *vt.* 审计，查账；旁听 *n.* 审计，查账

[记] 词根记忆：aud(听) + it → 听…报告 → 审计；旁听

receipt [rɪˈsiːt] *n.* 收到，接到；发票，收据；[*pl.*] 收入，进款

[记] 词根记忆：re + ceipt(拿，取) → 拿到的，取到的 → 收入，进款

scamper [ˈskæmpə(r)] *vi.* 奔跑，快跑

[记] 联想记忆：s(音似：嘶) + camper(露营者) → 露营者嘶喊着快跑 → 快跑

spiral [ˈspaɪərəl] *a.* 螺旋形的，盘旋的 *v.* 盘旋上升(或下降)；(物价等)急剧增长 *n.* 螺旋形；逐渐加速上升(或下降)

[记] spire(*n.* 螺旋)

[搭] spiral staircase 螺旋形楼梯

[同] twist(*n.* 扭曲；螺旋状)；coil(*v.* 盘绕，卷)

encode [ɪnˈkəʊd] *vt.* 把(电文等)译成电码(或密码)，把…编码

[记] 词根记忆：en + code(电码，密码) → 把…编码

scout [skaʊt] *n.* 侦察员(或机、舰)；童子军 *v.* 侦察；寻找；搜索

[记] 联想记忆：sc + out(外面) → 在外面巡逻的人 → 侦察员

regurgitate [rɪˈɡɜːdʒɪtet] *vt.* 涌回，流回；【动】（使）反胃，将（咽下的食物）返回到口中，反刍

propellant [prəˈpelənt] *n.* 喷射剂；推进物，推进剂

ejection [iˈdʒekʃn] *n.* 喷出；排出物

barrage [ˈbærɑːʒ] *n.* 弹幕射击；火力网

[记] 词根记忆：barr（条，棒）+ age →（火力）像棒子一样长或连续 → 弹幕射击；火力网

intrigue [ɪnˈtriːɡ] *v.* 密谋，施诡计；引起极大兴趣，迷住

[ˈɪntriːɡ] *n.* 阴谋，诡计；密谋

[记] 词根记忆：in（内）+ trig（=tric 小障碍物）+ ue → 在里面放入小障碍物使复杂 → 密谋，施诡计

[搭] political intrigues 政治阴谋

[派] intriguing（*a.* 迷人的，吸引人的）

[同] attract（*vt.* 吸引）；captivate（*vt.* 迷住，迷惑，吸引）；appeal（*vi.* 吸引）；plot（*v./n.* 密谋，阴谋）

transition [trænˈzɪʃn;trænˈsɪʃn] *n.* 过渡，过渡时期；转变，转换，变革

[记] 词根记忆：trans（穿过）+ it（走）+ ion → 穿过一地走到另一地 → 转变

[搭] in transition 转变中

[派] transitional（*a.* 变迁的，过渡期的）

[同] transformation（*n.* 转化）；change（*n.* 转变，改变）

realm [relm] *n.* 界，领域，范围；王国，国度

[记] 联想记忆：real（真正的）+ m → 真正的好东西（如音乐、艺术）无国界 → 领域；王国

ingredient [ɪnˈɡriːdiənt] *n.* （混合物的）组成部分，成分；（烹调的）原料；（构成）要素，因素

[记] 词根记忆：in（内部）+ gred（=grad 进入）+ ient → 放入内部的东西 → 组成部分，成分

friction [ˈfrɪkʃn] *n.* 摩擦（力）；矛盾，冲突

[记] 联想记忆：润滑油的功能（function）是减小摩擦力（friction）

［同］discord（n. 不和，纷争）；conflict（n. 冲突，争论）；attrition（n. 磨损；摩擦）
［反］accord（n. 一致，符合）；harmony（n. 一致；和谐）

astronaut* [ˈæstrənɔːt] n. 宇航员

banner* [ˈbænə(r)] n. 横幅；旗帜
［记］联想记忆：ban（禁止）+ ner → 禁止悬挂横幅 → 横幅

ounce [aʊns] n. 盎司

technique [tekˈniːk] n. 技巧，技艺；技术，技能
［记］词根记忆：techn（技艺）+ ique（看做 ic，…术）→ 技术

stack [stæk] n. 整齐的一叠（或一堆） v. 把…叠成堆，堆放于；堆积，堆起
［记］联想记忆：库存（stock）了一堆（stack）商品
［搭］reference stacks 书库；stack up 把…堆起；a stack of 一堆

petrol [ˈpetrəl] n. 汽油
［记］发音记忆："派车"→ 汽车有油才能往外派 → 汽油

squeeze [skwiːz] v. 压榨，榨取；捏，挤压；挤入，挤过；向…勒索 n. 挤压，捏；紧缺，拮据，经济困难；减少，削减
［记］联想记忆：s + quee（看做 queen，女王）+ ze → 想与女王握手的人很多 → 挤入，挤过
［搭］squeeze out 把…挤出来

sorrow [ˈsɒrəʊ] n. 悲哀；伤心事
［搭］sorrow at/over 为…感到悲伤

arboreal [ɑːˈbɔːriəl] a. 树木的；栖于树木的
［记］词根记忆：arbor（树）+ eal → 树木的
［搭］arboreal insects 栖树的昆虫

façade* [fəˈsɑːd] n. 正面；（虚伪的）外表
［记］联想记忆：faç（看做 face，正面）+ ade → 正面

post-mortem [ˌpəʊst ˈmɔːtəm] *a.* 事后的 *n.* 检尸，尸体解剖；事后反思(或剖析)

[搭] do/conduct/carry out a post-mortem on sb. 进行剖尸验证

disillusionment* [ˌdɪsɪˈluːʒnmənt] *n.* 幻灭；觉醒，醒悟

[记] 联想记忆：dis(不)+illusion(幻想)+ment→不再幻想→觉醒，醒悟

subject* [ˈsʌbdʒɪkt] *n.* 题目；学科；主语

[ˈsʌbdʒekt] *a.* 受…支配的，取决于…的；易遭受…的

[搭] be subject to 经受…

[派] subjective(*a.* 主观的)；subjectivism(*n.* 主观主义，主观论)

blunt [blʌnt] *a.* 钝的；率直的 *vt.* 把…弄钝；使减弱

[记] 发音记忆："不拦的"→口无遮拦的→率直的

stockpile* [ˈstɒkpaɪl] *n.* 囤聚的物资 *vt.* 大量贮备

[记] 组合词：stock(储存)+pile(堆)→成堆地储存→大量贮备

indicate* [ˈɪndɪkeɪt] *v.* 标示，表示，表明；象征；暗示，示意

[记] 词根记忆：in+dic(说)+ate→说出→表示，表明

[派] indicator(*n.* 指示器；指示信号)；indication(*n.* 指示，标示)

statistically* [stəˈtɪstɪkli] *ad.* 统计上地

switch* [swɪtʃ] *n.* 开关；转换 *v.* (使)改变，转变；转换；对调

uncertainty* [ʌnˈsɜːtnti] *n.* 犹豫，迟疑；不确定；无把握

hypothesis [haɪˈpɒθəsɪs] *n.* 假设，假定；假说；猜想

[记] 联想记忆：hypo(在…下面)+thesis(论点)→在论点之下，非真正论点→假设，假定

[搭] Continental Drift Hypothesis 大陆漂移说；raise a hypothesis 提出一个假设

[同] supposition(*n.* 假定；猜想)；assumption(*n.* 假定)

ultraclean* [ˌʌltrəˈkliːn] *a.* 超净的，特净的

mountainous* [ˈmaʊntənəs] *a.* 多山的

[记] 联想记忆：mountain(山) + ous(多…的) → 多山的

trim [trɪm] *vt./n.* 修剪；整理 *a.* 苗条的，修长的；整齐的，整洁的

[记] 联想记忆：tri(看做 try，试) + m(end)(修理) → 试着去修理 → 修剪

[搭] trim one's nails 修剪指甲；trim sth. off/away 把某物去除掉；trim with 用…装饰

steady [ˈstedi] *a.* 稳步的；稳定的 *v.* (使)稳定，(使)平稳；(使)镇定

[记] 联想记忆：st + eady(看做 ready，准备好的) → 事先有准备，心里就有底 → 稳定的

[派] steadily(*ad.* 平稳地)

orientation meeting 新生报到会

dramatic* [drəˈmætɪk] *a.* 引人注目的；戏剧性的；激动人心的；戏剧的

[记] 词根记忆：dra(推动) + ma + tic → 巨大的推动(产生戏剧性变化) → 戏剧性的

[搭] dramatic effect 戏剧性的效果

[派] dramatically(*ad.* 引人注目地；戏剧性地)

amorphous* [əˈmɔːfəs] *a.* 无固定形状的；无组织的

[记] 词根记忆：a(无) + morph(形状) + ous → 无固定形状的

solve* [sɒlv] *vt.* 解答；解决

[派] solution(*n.* 解决；解决办法)

blade* [bleɪd] *n.* 刀片；桨叶；(草的)叶片

[记] 联想记忆：热门电影《刀锋战士》英文为 *Blade*

glimpse [glɪmps] *vt.* 瞥见 *n.* 一瞥，一看

[记] 联想记忆：glim(灯光) + pse → 像灯光一闪 → 一瞥

bulletin* [ˈbʊlətɪn] *n.* (报纸、电台等的)新闻简报；公告；学报；期刊(尤指机关刊物)

[记] 联想记忆：芝加哥公牛队(Bull)又上新闻(bulletin)了

[搭] bulletin board (电子)公告牌；news bulletin 新闻简报

annoy [əˈnɔɪ] *vt.* 使烦恼；打搅

chapel [ˈtʃæpl] *n.* 小教堂；祈祷室

[记] 联想记忆：chap(看做 chamber，房间) + el(小) → 小房间 → 小教堂

subscribe* [səbˈskraɪb] *v.* 订阅，订购；申请，预订

[记] 词根记忆：sub(在…下面) + scrib(写) + e → 在下面写上名字 → 订阅，订购

[派] subscriber(*n.* 订阅者；用户)

foil [fɔɪl] *n.* 箔；箔纸

invoice* [ˈɪnvɔɪs] *n.* 发票 *vt.* 给…开发票

[记] 联想记忆：in + voice(声音) → 大声把人叫进来开发票 → 发票；给…开发票

extra* [ˈekstrə] *a.* 额外的；特别的 *ad.* 额外地，另外；特别地

[记] 本身为词根，意为"额外的；特别的"

transmute* [trænzˈmjuːt] *v.* 改变；(使)变化，变形，变质

[记] 词根记忆：trans(表加强) + mut(变化) + e → 改变

analyse* [ˈænəlaɪz] *vt.* 分析；分解

[记] 词根记忆：ana(贯穿) + lys(分开) + e → 整个分开 → 分析；分解

[派] analysis(*n.* 分析)；analyst(*n.* 分析家)

acoustic [əˈkuːstɪk] *a.* 原声的；声音(学)的；听觉的

stall [stɔːl] *n.* 货摊；小隔间

[记] 联想记忆：sta(看做 stand，立) + ll(像两根柱子) → 两根柱子撑起的狭小空间 → 货摊；小隔间

cover [ˈkʌvə(r)] *vt.* 盖，覆盖；包含，包括；走过(一段路)；适用于；报道，采访；给…上保险，足够支付；用枪掩护 *n.* 盖子，套子；封面；掩蔽(物)，掩护(物)

breakthrough [ˈbreɪkθruː] *n.* 突破；重大进展

[记] 组合词：break(打破) + through(通过) → 打破 → 突破

microprocessor* [ˌmaɪkrəʊˈprəʊsesə(r)] *n.* 微处理器

[记] 联想记忆：micro(微小的) + processor(处理器) → 微处理器

spiritual [ˈspɪrɪtʃuəl] *a.* 精神的；心灵的；宗教的

[记] 来自 spirit(*n.* 精神)

[搭] spiritual damage 精神伤害

concrete* [ˈkɒŋkriːt] *a.* 混凝土制的；确实的，具体的；有形的，实在的 *n.* 混凝土

[记] 词根记忆：con + cre(产生) + te → 产生(事物) → 具体存在的事物 → 实在的；具体的

generalise [ˈdʒenrəlaɪz] *v.* 概括；推广

[记] 来自 general(*a.* 概括的)

[派] generalisation (*n.* 概括，归纳；泛论)

Word List 29

remarkable* [rɪˈmɑːkəbl] *a.* 引人注目的，显著的，值得注意的；异常的，非凡的

[搭] remarkable achievements 非凡的成就

clot* [klɒt] *n.* (血液)凝块 *v.* 凝结成块

[搭] blood clot 血液凝块

prior [ˈpraɪə(r)] *a.* 在前的，优先的

[记] 词根记忆：pri(第一，首要) + or → 排在第一的 → 在前的，优先的

[搭] prior to 在…之前；a prior consideration 事先的考虑

integrate* [ˈɪntɪɡreɪt] *v.* (使)合并，(使)成为一体

[记] 词根记忆：in(不) + tegr(触摸，接触) + ate → 未被触摸 → (使)成为一体

[派] integration (*n.* 结合，综合)；disintegrate (*vt.* 使分解，使碎裂)

exemplify [ɪɡˈzemplɪfaɪ] *vt.* 作为…的典型；例证，举例说明

[记] 来自 example(*n.* 实例)，注意区分 a 和 e

[同] demonstrate(*v.* 证明，论证)；illustrate(*v.* 举例说明，阐明)

herdsman* [ˈhɜːdzmən] *n.* 牧人

[记] 组合词：herds(畜群) + man(人) → 牧人

formulation [ˌfɔːmjuˈleɪʃn] *n.* 公式化，格式化；确切的表达

exploratory [ɪkˈsplɒrətri] *a.* 探测的；勘探的；探索的

pasture [ˈpɑːstʃə(r)] *n.* 牧场，草原 *vt.* 放牧

[记] 联想记忆：pas(看做 pass，通过) + ture → 牛羊通过的地方 → 牧场，草原

[派] pasturage(*n.* 放牧)

[同] meadow(*n.* 草地，牧场)；grassland(*n.* 牧草地，草原)

nutrient [ˈnjuːtriənt] *n.* 滋养物，营养品

[记] 词根记忆：nutri(滋养) + ent(名词后缀) → 滋养物，营养品

plough [plaʊ] *n.* 犁 *v.* 耕地；开(路)；破(浪)

[搭] plough around 试探

patriotic [ˌpætriˈɒtɪk; ˌpeɪtriˈɒtɪk] *a.* 爱国的，有爱国心的；显示出爱国精神的

[搭] patriotic emotion 爱国感情

[派] patriotism(*n.* 爱国主义，爱国精神)

scrub [skrʌb] *v.* 用力擦洗，把…擦净；取消（计划等）*n.* 矮树丛，灌木丛

[记] 联想记忆：sc + rub(摩擦) → 用力擦洗

[同] scour(*v.* 冲洗，擦亮)；thicket(*n.* 灌木丛)

formality [fɔːˈmæləti] *n.* 认真遵循规范、礼节等；例行公事；正式手续

[记] 词根记忆：form(形状) + al + ity(表性质，名词后缀) → 认真维持形状 → 认真遵循规范、礼节等

perquisite [ˈpɜːkwɪzɪt] *n.* 利益；特权

[记] 词根记忆：per + quisit(要求) + e → 要求(得到全部利益) → 利益

heighten [ˈhaɪtn] *v.* (使)增强，(使)加剧

[记] 联想记忆：height(高度，海拔) + en(使…) → 提高 → (使)增强，(使)加剧

[同] intensify[*v.* (使)增强，(使)加剧]

[反] lessen[*v.* (使)减轻，(使)减少]

assimilation [əˌsɪməˈleɪʃn] *n.* 吸收；(被)吸收和同化的过程

[搭] cultural assimilation 文化同化

necessity [nəˈsesəti] *n.* 必然，必要；必需品；必要性

[记] 来自 necessary(*a.* 必需的；必要的)

[派] necessitous(*a.* 贫困的；急需的)

disposable [dɪˈspəʊzəbl] *a.* 一次性的；可动用的

[记] 词根记忆：dis + pos(放置) + able(能…的) → 不能长久放置的 → 一次性的

[搭] disposable income 可支配收入

ingenuity [ˌɪndʒəˈnjuːəti] *n.* 心灵手巧；足智多谋；巧妙，精巧

[记] 词根记忆：in + gen（产生）+ uity → 能产生很多点子 → 足智多谋

simplicity [sɪmˈplɪsəti] *n.* 简单(性)，简易；朴素；直率，单纯

[记] 来自 simple（*a.* 简单的；直率的）

luxuriant [lʌgˈʒʊəriənt] *a.* 繁茂的；肥沃的；丰富的

[记] 词根记忆：lux（光）+ uri + ant（形容词后缀）→ 光线充足的 → 丰富的

consequential [ˌkɒnsɪˈkwenʃl] *a.* 结果的，随之发生的

scour [ˈskaʊə(r)] *vt.* 四处搜寻，细查；擦洗，擦亮；冲刷出，冲刷成

[记] 发音记忆："四 call" → 一连四个电话（call）→ 四处搜寻

[派] scourer（*n.* 洗刷器；去污粉）

seasonal [ˈsiːzənl] *a.* 季节性的，随季节而变化的；节令性的

murky [ˈmɜːki] *a.* 浑浊的；黑暗的；朦胧的；隐晦的

melatonin* [ˌmeləˈtəʊnɪn] *n.* 褪黑激素

cue [kjuː] *n.* 暗示，提示

[记] 联想记忆：线索（clue）有提示（cue）作用

thermal [ˈθɜːml] *a.* 热的，热量的 *n.* 热气流

[记] 词根记忆：therm（=thermo 热）+ al → 热的

[搭] thermal energy 热能

[同] warm（*a.* 暖和的，温暖的）；hot（*a.* 热的）

revolution* [ˌrevəˈluːʃn] *n.* 革命；巨变，大变革

[记] 词根记忆：re + volu（滚，卷）+ tion → 不断向前席卷而来的 → 革命

ID card* 身份证（= identity card）

romance [rəʊˈmæns] *n.* 恋爱；浪漫爱情；爱情小说，传奇故事

[记] 发音记忆："罗曼史" → 浪漫爱情 → 恋爱；浪漫爱情

currently [ˈkʌrəntli] *ad.* 当前，现时，目前

[记] 来自 current（*a.* 当前的）

inferential* [ˌɪnfəˈrenʃl] *a.* 可推断的，推理的
[记] 来自 infer(*v.* 推断)

persist [pəˈsɪst] *vi.* 坚持；维持，保持；持续
[记] 词根记忆：per(始终)+sist(坐)→始终坐着→坚持；持续
[派] persistent(*a.* 持久的，稳固的)；persistence (*n.* 坚持，持续)

minimum [ˈmɪnɪməm] *n.* 最小值，最低限度 *a.* 最低的，最小的
[记] 词根记忆：min(小)+imum→最小的

output* [ˈaʊtpʊt] *n.* 产量；输出量；输出功率 *vt.* 输出
[记] 组合词：out(出)+put(放)→输出
[搭] farm output 农业生产量

stash* [stæʃ] *vt.* 藏匿；贮藏
[记] 联想记忆：st(看做 stay，在)+ash(灰)→放在灰里→藏匿

species* [ˈspiːʃiːz] *n.* 种，物种
[记] 联想记忆：科学家从一些生物物种(species)中选取好的制成标本(specimen)

subtle [ˈsʌtl] *a.* 细微的，微妙的，难以捉摸的；隐约的；精巧的，巧妙的；诡秘的，狡诈的
[记] 词根记忆：sub(在…下面)+tle→暗藏于下面的→微妙的；隐约的
[同] delicate(*a.* 微妙的)；intricate(*a.* 难以理解的)；cunning(*a.* 狡猾的)

competent [ˈkɒmpɪtnt] *a.* 有能力的；能胜任的
[记] 来自 compete(*vi.* 竞争)
[同] sufficient(*a.* 充分的，足够的；能胜任的)
[反] inefficient(*a.* 不能胜任的)

select [sɪˈlekt] *v.* 选择，挑选 *a.* 精选的，优等的
[记] 词根记忆：se+lect(选择)→选择，挑选
[搭] selected poem of sb. 某人的诗选
[派] selective(*a.* 选择的；有选择性的)

loose [luːs] *a.* 松的；散漫的；不精确的

[记] 联想记忆：这样散漫(loose)下去，时间都丢(lose)了

[派] loosen(*v.* 解开，放松)

available* [əˈveɪləbl] *a.* 可获得的，可得到的；可用的；有空的

[记] 联想记忆：avail(有用)＋able(能…的)→可用的

[搭] be available to 可用于；available facilities 可用的器械

illustration [ˌɪləˈstreɪʃn] *n.* 说明；实例；图解，插图

[记] 来自 illustrate(*v.* 举例说明；图解)

slice [slaɪs] *v.* 把…切成片，削 *n.* 薄片，切片；份，部分

[记] 联想记忆：sl＋ice(冰)→把冰块切碎→把…切成片；切片

[搭] a slice of 一片；一部分

waterfront* [ˈwɔːtəfrʌnt] *n.* 滨水路，滨水区，码头区

[记] 组合词：water(水)＋front(面向，朝向)→滨水路，滨水区，码头区

generic [dʒəˈnerɪk] *a.* 一般的，普通的，通用的；种的，属的

[记] 词根记忆：gen(产生)＋er＋ic→产生不同种属的→种的，属的；注意不要和 genetic(*a.* 遗传的；起源的)相混

[搭] generic name 属名

cricket* [ˈkrɪkɪt] *n.* 板球；蟋蟀

[记] 联想记忆：花钱买票（ticket）去看板球(cricket)比赛

exhale* [eksˈheɪl] *v.* 呼出(气)；散发(气味、蒸气等)

[记] 词根记忆：ex(出)＋hale(气)→呼出(气)；散发

creation* [kriˈeɪʃn] *n.* 创造；作品

[记] 来自 create(*v.* 创造)

[派] recreation(*n.* 消遣)

corporate* [ˈkɔːpərət] *a.* 团体的，共同的；法人的，公司的
[记] 词根记忆：corp(身体) + or + ate → 团体的
[搭] corporate crime 法人犯罪；corporate loan 公司贷款；corporate body 法人团体
[派] corporation(*n.* 公司；法人)

swell [swel] *v.* 膨胀；增长，增强
[记] 联想记忆：那种气味（smell）在增长（swell），越来越难闻

synthesis [ˈsɪnθəsɪs] *n.* 综合，合成；综合体
[记] 联想记忆：syn(共同) + thesis(论题) → 将相同的论题综合起来 → 综合

excreta* [ɪkˈskriːtə] *n.* 排泄物

decapitate* [dɪˈkæpɪteɪt] *vt.* 斩首
[记] 词根记忆：de(去掉) + capit(头) + ate → 把头去掉 → 斩首

pepper [ˈpepə(r)] *n.* 胡椒(粉) *vt.* 在…上撒(胡椒粉等)

groan [grəʊn] *vi.* 呻吟；叹息 *n.* 呻吟声，叹息声
[记] 联想记忆：受到折磨（groan），发出呻吟（moan）

diminish* [dɪˈmɪnɪʃ] *v.* 减少；降低；贬低，轻视
[记] 词根记忆：di + min(小) + ish → 减少；降低；贬低
[同] curtail(*vt.* 缩减，减少)；decrease(*v.* 减少)
[反] increase(*v.* 增加，加大)

naive [naɪˈiːv] *a.* 幼稚的，天真的，不成熟的
[记] 联想记忆：native(原始的，土著的)去掉 t → 比土著人还要少一点阅历 → 天真的，幼稚的，不成熟的
[搭] naive attitude 天真的态度
[同] childish(*a.* 幼稚的，不成熟的)；puerile(*a.* 幼稚的，孩子气的)

upset [ʌpˈset] *vt.* 使苦恼；搅乱；推翻，颠倒
[ˌʌpˈset] *a.* 心烦的；(肠胃等)不适的
[记] 联想记忆：up(上) + set(放置) → 底朝天放着 → 颠倒

appeal* [ə'piːl] *vi.* 呼吁；起诉，上诉；吸引 *n.* 上诉，申诉；呼吁；感染力，吸引力

[搭] appeal for 请求；appeal to 诉诸；吸引

consumption [kən'sʌmpʃn] *n.* 消耗(量)；消费(量)

[记] 词根记忆：con(表加强) + sumpt(使用) + ion → 消耗(量)；消费(量)

[搭] consumption pattern 消费模式；consumption of electricity 耗电量

caution ['kɔːʃn] *n.* 谨慎，小心 *v.* 提醒，警告

[记] 发音记忆："考生"→ 考生要谨慎答题 → 谨慎，小心

average* ['ævərɪdʒ] *n.* 平均(数) *a.* 平均的；平常的，普通的 *v.* 平均达到；平均为

[搭] average age 平均年龄；average price 平均价格；on average 平均起来

blonde [blɒnd] *a.* (人)白肤金发碧眼的 *n.* 白肤金发碧眼的女人

burst [bɜːst] *v.* (使)爆炸；突然发作；破裂 *n.* 爆炸

[搭] burst into 突然爆发；burst out 突然激动地喊叫

ecology [iː'kɒlədʒi] *n.* 生态，生态学；生态环境

[记] 词根记忆：eco(家庭) + logy(…学) → 研究(地球这个大)家庭事务的学科 → 生态学

profession [prə'feʃn] *n.* 行业，职业；宣称，表白

[记] 联想记忆：这位教授(professor)从事历史学专业(profession)

for instance* 例如

transit* ['trænsɪt; 'trænzɪt] *n.* 运输，运载 *v.* 通过，经过；中转

[记] 词根记忆：trans(越过，穿过) + it(走) → 从一地走到另一地 → 运输，运载；通过，经过

[派] transition(*n.* 过渡；转变)

[同] transportation (*n.* 运输，运载)；delivery (*n.* 传送，运送)

medieval [ˌmediˈiːvl] *a.* 中世纪的；中古(时代)的

[记] 词根记忆：medi(中间)+ev(时代)+al→中世纪的

behave [bɪˈheɪv] *v.* 表现；(机器等)运转；(事物)起作用；表现得体；使检点

[记] 联想记忆：be+have(有)→表现所拥有的→表现

[搭] behave oneself 注意自己的言行

devastating* [ˈdevəsteɪtɪŋ] *a.* 毁灭性的；强有力的

[搭] devastating effect 毁灭性的影响

dredge* [dredʒ] *v.* 挖掘；疏浚；挖出，吸出；重提(不愉快或令人难堪的)旧事

[记] 发音记忆："掘机"→挖掘

[搭] dredge up 挖掘；疏浚

[派] dredger(*n.* 挖泥船，挖泥机)

launch [lɔːntʃ] *vt.* 将…投放市场；开始从事，发动，发起；发射 *n.* 发射；(产品)上市

[记] 联想记忆：在午餐(lunch)会上推出(launch)新产品，真是不错的主意

[搭] launch into 开始…；积极投入…；launch an attack 发动攻击；launch the product 将新产品投放市场

[派] launcher(*n.* 发射器，发射装置)

Word List 30

disintegrate [dɪsˈɪntɪgreɪt] *v.*(使)碎裂，瓦解，解体

[记] 联想记忆：dis(不)+integrate(一体化，使完整)→使不完整→(使)碎裂，瓦解

fade [feɪd] *v.*(使)变淡，变暗；褪色；凋谢；逐渐消失

[记] 联想记忆：褪色(fade)的记忆何以面对(face)

highway [ˈhaɪweɪ] *n.*公路

[记] 联想记忆：high(高)+way(路)→高速的路→公路

concede [kənˈsiːd] *v.*(不情愿地)承认；让步

[记] 词根记忆：con(带着)+ced(走)+e→带着某物走→让步

chef* [ʃef] *n.*厨师长，厨师

[记] 联想记忆：厨师长(chef)是厨房里的长官(chief)

complaint* [kəmˈpleɪnt] *n.*抱怨；投诉；控告；(尤指不严重、常影响身体某部位的)疾病

irritable [ˈɪrɪtəbl] *a.*急躁的，易怒的，易受刺激的；过敏的

[记] 词根记忆：ir(使…成为，进入)+rit(擦)+able→进入摩擦→急躁的

legislation [ˌledʒɪsˈleɪʃn] *n.*法律，法规；立法

[记] 词根记忆：leg(法律)+islat+ion→法律，法规；立法

bouncing [ˈbaʊnsɪŋ] *a.*健壮的，茁壮的

sizeable [ˈsaɪzəbl] *a.*相当大的

innovative [ˈɪnəveɪtɪv] *a.*革新的，创新的，新颖的；富有革新精神的

[记] 来自 innovate(*vt.* 改革，创新)

[搭] innovative spirit 创新精神

congestion [kən'dʒestʃən] *n.* 拥挤，充塞；充血

[记] 词根记忆：con + gest（搬运）+ ion → 运了一大堆 → 拥挤，充塞

[搭] traffic congestion 交通阻塞

particulate [pə'tɪkjəleɪt] *a.* 粒子状的，微粒的，颗粒的 *n.* 粒子，微粒状物质

[搭] particulate matter 颗粒物质

pollutant [pə'luːtənt] *n.* 污染物质(尤指排入水中和空气中的有害化学物质)，有害物质

[记] 来自 pollute(*vt.* 污染)

megacity ['megəsɪti] *n.* (人口超过 100 万的)大城市

allergic [ə'lɜːdʒɪk] *n.* 过敏的，(对…)变态反应的，变应性的

[记] 词根记忆：all + erg(起作用) + ic → (过敏反应)起作用 → 过敏的

[搭] an allergic reaction 过敏性反应；allergic to 反感，厌恶

populace ['pɒpjələs] *n.* (一个国家或地区的)人口，全体居民；平民，大众

[记] 词根记忆：popul(人民) + ace → 人口；平民，大众

proclaim [prə'kleɪm] *v.* 宣告，宣布，声明；显示

[记] 词根记忆：pro(前，向前) + claim(大声呼喊) → 在前面大叫 → 宣告，声明；显示

[派] proclamation(*n.* 公告，布告，声明)

[同] declare(*v.* 宣布；宣称)；announce(*v.* 宣布，声称)

supervision [ˌsuːpə'vɪʒn] *n.* 监督，管理；指导

comparable ['kɒmpərəbl] *a.* 可比较的，类似的；比得上的

[记] 词根记忆：com(共同) + par(平等) + able → 都是平等的 → 可比较的

[同] similar(*a.* 相似的，类似的)；like(*a.* 相似的，同样的)

habitual [həˈbɪtʃuəl] *a.* 惯常的，通常的

[记] 来自 habit(*n.* 习惯)

rehabilitate [ˌriːəˈbɪlɪteɪt] *vt.* 改造(罪犯等)，使恢复正常生活；使恢复原状，修复；复职；恢复…的名誉

[记] 词根记忆：re + hab(拥有) + ilit + ate → 重新拥有 → 使恢复原状，修复

picturesque [ˌpɪktʃəˈresk] *a.* 美丽如画的；(语言)生动的

[搭] a picturesque village 风景如画的村庄

afield [əˈfiːld] *ad.* 在野外，在田中；在战场上；离乡背井地；到远方，在远处

form * [fɔːm] *n.* 形式；外形；表格 *v.* (使)形成，(使)出现

[派] formality(*n.* 拘谨；礼节)；formability(*n.* 可成形性)

temporary [ˈtemprəri] *a.* 临时的，暂时的

[搭] temporary employment/work 临时工作

[派] temporarily(*ad.* 临时地)

spill * [spɪl] *v.* (使)溢出；涌出

[记] 联想记忆：s + pill(药丸) → 药丸太满了，洒了一地 → 溢出

mediocre * [ˌmiːdiˈəʊkə(r)] *a.* 平庸的，平凡的

[记] 词根记忆：medi(中间) + ocre → 中间状态 → 平庸的，平凡的

[搭] a mediocre writer 平庸的作家

lead * [liːd] *v.* 指引；领导；致使 [led] *n.* 铅

define [dɪˈfaɪn] *vt.* 下定义；限定

[记] 词根记忆：de + fin(范围) + e → 划定范围 → 下定义；限定

figure * [ˈfɪgə(r)] *n.* 数字；人物；体态，体形；轮廓；(插)图，图表；雕像，塑像 *v.* 是重要部分；认为；计算，估计

[搭] leading figures 主要人物，领导人物

productive [prəˈdʌktɪv] *a.* 生产性的；多产的；富有成效的

respond* [rɪˈspɒnd] *vi.* 回答，答复；响应；作出反应

[搭] respond to 回答；对…作出反应；响应

[派] response(*n.* 回答；反应)；respondent(*n.* 回答者 *a.* 回答的)

approval [əˈpruːvl] *n.* 赞成，同意；正式批准

[记] 词根记忆：ap(向)＋prov(试验)＋al → 向某人进行试验 → 赞成，同意；正式批准

smell* [smel] *v.* 散发(或有)…的气味；闻到，嗅到

flaw [flɔː] *n.* 缺点；瑕疵

multiple [ˈmʌltɪpl] *a.* 多重的；多样的 *n.* 倍数

[记] 词根记忆：multi(多的)＋ple(折叠) → 多重的；多样的

[搭] in multiple(s) 成倍地

adventure [ədˈventʃə(r)] *n.* 冒险，冒险活动；异乎寻常的经历，奇遇

[搭] spirit of adventure 冒险精神；adventure playground 儿童游乐园；an adventure film 惊险电影

zone [zəʊn] *n.* 地区，地带；区域

[记] 联想记忆：爱尔兰组合 Boy Zone

diagram [ˈdaɪəgræm] *n.* 图解，图表

[记] 词根记忆：dia(穿过)＋gram(写，图) → 画带有交叉点的图 → 图解，图表

raw material 原材料

slouch [slaʊtʃ] *v.* 懒散地站(或坐、走)；低头垂肩地站(或坐、走)

bloom* [bluːm] *n.* 花；开花(期)；青春焕发(的时期) *v.* (使)开花

[记] 联想记忆：杜鹃花开(bloom)鲜红如血(blood)

[搭] in full bloom 盛开

horizon* [həˈraɪzn] *n.* 地平线；范围；眼界

[记] 联想记忆：ho＋riz(音似：rise“升起”)＋on → 太阳从地平线上升起 → 地平线

[搭] expand one's horizons 开阔眼界
[派] horizontal(*a.* 水平的); horizontally(*ad.* 水平地)

trick* [trɪk] *n.* 诡计，花招 *vt.* 欺诈，哄骗
[记] 联想记忆：西方国家的小孩子在万圣节喜欢玩 treat or trick 的游戏
[派] tricky(*a.* 不易处理的，需要技巧的)

centigrade [ˈsentɪgreɪd] *a.* 百分度的；摄氏度的
[记] 联想记忆：centi(一百) + grade(等级) → 百分度的

courageous* [kəˈreɪdʒəs] *a.* 勇敢的，有胆量的
[记] 来自 courage(*n.* 勇气)

as if/though 好像，仿佛

academic [ˌækəˈdemɪk] *a.* 学院的；学术的；不切实际的 *n.* 学者；大学教师
[搭] academic achievements 学术成就；academic study 学术研究；academic problems 学术问题
[派] academically(*ad.* 学术上)

preferable [ˈprefrəbl] *a.* 更可取的，更好的，更合意的
[记] 联想记忆：prefer(更喜欢) + able(能…的) → 能让人更喜欢的 → 更可取的，更好的

biometrics* [ˌbaɪəʊˈmetrɪks] *n.* 生物测定学

reunite* [ˌriːjuːˈnaɪt] *v.* (使)结合；(使)重聚

minority* [maɪˈnɒrəti] *n.* 少数；少数民族
[记] 词根记忆：min(小) + or + ity(名词后缀) → 少数；少数民族

clench* [klentʃ] *v.* 握紧；咬紧(牙关等)；牢牢抓住

corpus* [ˈkɔːpəs] *n.* 文集，文献，汇编；语料库
[记] 词根记忆：corp(身体) + us → 知识体 → 文集，汇编；语料库

alarm* [əˈlɑːm] *n.* 惊恐，恐慌；报警器；闹钟；警报 *vt.* 使惊恐；使担心
[记] 联想记忆：al + arm(武器) → 受了惊吓，拿起武器 → 惊恐

beam * [biːm] *n.* (光线等的)束；梁；笑容，喜色 *v.* 面露喜色；发射电波，播送

[记] 联想记忆：be + am → 做我自己，成为国家的栋梁 → 梁

[搭] a beam of light 一束光

conjunction [kənˈdʒʌŋkʃn] *n.* 连接；连词

[记] 词根记忆：con(表加强) + junct(连接，联合) + ion → 连接

height * [haɪt] *n.* 海拔；身高

escalator * [ˈeskəleɪtə(r)] *n.* 〈美〉自动扶梯

nasty * [ˈnɑːsti] *a.* 令人讨厌的；不友好的，恶意的，下流的；恶劣的

[记] 联想记忆：做事总是很草率(hasty)，真是令人讨厌(nasty)

[同] disgusting(*a.* 令人厌恶的，使人反感的)；offensive(*a.* 使人不快的，讨厌的)

monster [ˈmɒnstə(r)] *n.* 怪物；巨人，庞然大物

[记] 发音记忆："蒙死他" → 怪物把他给吓蒙了 → 怪物

continually [kənˈtɪnjuəli] *ad.* 连续地，持续地

adequate * [ˈædɪkwət] *a.* 充足的；合适的，合格的

[记] 词根记忆：ad(表加强) + equ(平等) + ate → 比平等多的 → 充足的

[搭] be adequate for 适合于…

[派] inadequate(*a.* 不充足的；不适当的)

hike [haɪk] *v.* 徒步旅行；提高(价格等) *n.* 远足，徒步旅行；猛增

[记] 联想记忆：穿着 Nike 鞋去徒步旅行(hike)

grateful [ˈgreɪtfl] *a.* 感激的，感谢的

organ * [ˈɔːgən] *n.* 器官；(官方的)机构

rely [rɪˈlaɪ] *vi.* 依靠；信赖

[记] 联想记忆：re(一再) + ly(音似：lie"撒谎") → 一再撒谎的人完全不值得信赖 → 信赖

[搭] rely on/upon 依靠

incentive [ɪnˈsentɪv] *n.* 刺激；激励

[记] 词根记忆：in(在…里面) + cent(唱歌) + ive → 在里面唱歌 → 刺激

[同] motivation(*n.* 刺激，动机)；impetus(*n.* 推动，促进，刺激)

at least* 至少

technical [ˈteknɪkl] *a.* 技术的，工艺的

[记] 词根记忆：techn(技艺) + ical → 技术的

[搭] technical suport 技术支持；technical hitch 技术故障，机件故障

chorus [ˈkɔːrəs] *n.* 合唱，合唱曲；合唱队；副歌，叠句；齐声，齐声说的话(或发出的喊声) *v.* 齐声说

[搭] in chorus 异口同声

Fear always springs from ignorance.

恐惧源于无知。

Word List 31

scent [sent] *n.* 香味；气味 *vt.* 嗅到；察觉

[记] 联想记忆：怒放的花朵送出(sent)沁人心脾的香气(scent)

hitherto [ˌhɪðəˈtuː] *ad.* 到目前为止，迄今

[记] 联想记忆：hit(打) + her + to → 迄今为止，他的爱还没有打动她 → 到目前为止，迄今

accomplish [əˈkʌmplɪʃ] *vt.* 达到(目的)，完成(任务)，实现(计划、诺言等)

[记] 联想记忆：ac + compl(看做 complete，完成) + ish(使…) → 完成

[搭] accomplish one's object 达到了某人的目的；accomplish one's mission 完成了某人的任务

bullet* [ˈbʊlɪt] *n.* 枪弹，子弹

[记] 联想记忆：bull(芝加哥公牛队) + et → 芝加哥公牛队队员以子弹般的速度在球场上穿梭 → 枪弹，子弹

rural* [ˈrʊərəl] *a.* 农村的，乡村的

[记] 词根记忆：rur(乡村) + al → 乡村的

enclosure [ɪnˈkləʊʒə(r)] *n.* 四周有篱笆(或围墙等)的场地，围场；(信中的)附件

[记] 词根记忆：en(进入) + clos(关闭) + ure → 被关在里面 → 围场

discontinue [ˌdɪskənˈtɪnjuː] *v.* 停止；中断；不连续

revegetate [riːˈvedʒəteɪt] *v.* 再生长，再植

sustainable [səˈsteɪnəbl] *a.* 可以忍受的；足以支撑的；养得起的

[记] 来自 sustain(*v.* 维持)

[搭] sustainable development 可持续发展

dispersal [dɪˈspɜːsl] *n.* 散布，分散；消散，疏散

fabulous [ˈfæbjələs] *a.* 寓言式的；极为巨大的；极好的

[记] 联想记忆：fab(看做 fable，寓言) + ulous → 寓言式的

retailing [ˈriːteɪlɪŋ] *n.* 零售业

rental [ˈrentl] *n.* 租金额；出租，租赁 *a.* 租用的；出租(业)的

[搭] rental agreement 租约

obsession [əbˈseʃn] *n.* 牵挂，惦念；迷住，困扰；萦绕于心的事物或人；固执的念头

[记] 词根记忆：ob(逆) + sess(=sit 坐) + ion → 坐立不安 → 困扰

[派] obsessional (*a.* 痴迷的，迷恋的；耿耿于怀的)；obsessive (*a.* 迷恋的；急切的)

fraught [frɔːt] *a.* 充满…的；担心的，烦恼的

[记] 可能来自 freight(*n.* 装运的货物)

ethereal [iˈθɪəriəl] *a.* 太空的；轻巧的

[记] 来自 ether(*n.* 太空；苍天)

[搭] ethereal beauty 娇柔、飘逸之美

unobtrusive [ˌʌnəbˈtruːsɪv] *a.* 不显著的，不引人注目的；不张扬的

[记] 联想记忆：un(表否定) + obtrusive(突出的) → 不引人注目的

underpin [ˌʌndəˈpɪn] *vt.* 加固…的基础；加强，巩固

nutritional [njuˈtrɪʃənl] *a.* 营养的，滋养的；营养物的，食物的

velocity [vəˈlɒsəti] *n.* 速度，速率；迅速，快速

[记] 词根记忆：veloc(快的) + ity → 速度，速率；迅速，快速

[搭] gain/lose velocity 加/减速

[同] speed(*n.* 迅速；速度，速率)；rapidity(*n.* 迅速，急速)

unveil [ˌʌnˈveɪl] *v.* 揭去面纱或覆盖物；揭幕；首次公开、揭露或展示(某事物)

[记] 联想记忆：un(解开)+veil(面纱)→揭去面纱或覆盖物

prototype [ˈprəʊtətaɪp] *n.* 原型，蓝本

[记] 词根记忆：proto(首先)+typ(模型)+e→首先的模型→原型

[同] archetype(*n.* 原型)；original(*n.* 原物)

swivel [ˈswɪvl] *v.* 旋转 *n.* 转环，转节

replicate [ˈreplɪkɪt] *vt.* 重复，复现或复制；再制造；再生

[记] 词根记忆：re(一再)+plic(重叠)+ate→一再重叠→复制

capsize [kæpˈsaɪz] *v.* (使船)翻，倾覆

[记] 联想记忆：cap(帽子)+size(大小)→像帽子一样小的船容易翻→(使船)翻，倾覆

project* [ˈprɒdʒekt] *n.* 计划，方案；课题，项目；工程

[prəˈdʒekt] *v.* 放映；投射，发射；(使)突出，(使)伸出；设计，规划

[记] 词根记忆：pro(向前)+ject(投，掷)→向前掷→(使)突出，(使)伸出

[搭] draw up a project 制订方案；carry out a project 执行方案

drum* [drʌm] *n.* 鼓，鼓状物

[记] 发音记忆："壮"→他很壮，腰像鼓似的→鼓，鼓状物

thorny [ˈθɔːni] *a.* 多刺的；痛苦的，棘手的

[记] 联想记忆：t+horn(角)+y→有角的→多刺的

eligible [ˈelɪdʒəbl] *a.* 符合条件的；合适的

[记] 词根记忆：e+lig(=lect 选择)+ible(能…的)→能被选择出来的→符合条件的

[搭] be eligible to 有资格做…

[同] desirable(*a.* 值得要的，合意的)；qualified(*a.* 有资格的)；suitable(*a.* 适当的，相配的)

admit* [əd'mit] *v.* 承认；准许…进入；准许…加入

[记] 词根记忆：ad + mit(送) → 能送进去 → 准许…进入

[派] admission(*n.* 准许进入；入场费；承认)

bacterial [bæk'tɪəriəl] *a.* 细菌的；由细菌引起的

[搭] bacterial infection 细菌感染

management* ['mænɪdʒmənt] *n.* 管理(部门、人员)；处理

[记] 联想记忆：man(人) + age(年纪) + ment → 到了一定年龄、富有经验的人适合做管理人员 → 管理(部门、人员)

enrolment [ɪn'rəʊlmənt] *n.* 登记(人数)，注册(人数)；入学，入伍；登记簿，名册

[记] 来自 enrol(*v.* 登记；入学)

[搭] enrolment form 登记表

strategy ['strætədʒi] *n.* 战略，策略

[记] 联想记忆：str(看做 strange，奇怪的) + ate(吃) + gy → 用奇怪的方法吃掉对手 → 战略，策略

[搭] marketing strategies 营销策略

emerge* [i'mɜːdʒ] *vi.* 出现；显露，(事实等)暴露

[记] 词根记忆：e(出) + merg(浸没) + e → 从浸没物之中出来 → 显露

submerge [səb'mɜːdʒ] *v.* 浸没；潜入水中

[记] 词根记忆：sub(在…下面) + merg(浸没) + e → 浸没；潜入水中

mantle ['mæntl] *n.* 披风，斗篷；覆盖物；(煤气灯)纱罩；【解】外层；包膜；外表；(水库的)槽；【地】地幔 *vt.* 用斗篷盖；覆盖

overall* [ˌəʊvər'ɔːl] *a.* 全面的；全部的

[记] 组合词：over(从头到尾) + all(所有的) → 全面的；全部的

[搭] overall checkup 全面检查

granite* [ˈgrænɪt] *n.* 花岗岩，花岗石

[记] 词根记忆：gran(=grain 颗粒) + ite → 颗粒状石头 → 花岗岩，花岗石

approximate [əˈprɒksɪmət] *a.* 近似的

[əˈprɒksɪmeɪt] *vt.* 近似

[记] 词根记忆：ap(向) + prox(近) + imate → 接近的 → 近似的

[派] approximately(*ad.* 近似地，大约)

gallery [ˈgæləri] *n.* 美术馆

community [kəˈmjuːnəti] *n.* 社会；社区；团体；(动植物的)群落；共同体

[记] 词根记忆：com + mun(服务) + ity → 为大家服务 → 社区；团体

[搭] sense of community 社区意识；community spirit 团体精神

swing* [swɪŋ] *v.* 摇摆；(使)突然转向 *n.* 摇摆；秋千

[记] 联想记忆：s + wing(翅膀) → 摇摆翅膀，在风中盘旋 → 摇摆

cite* [saɪt] *vt.* 引用；引证

spectrum [ˈspektrəm] *n.* 谱，光谱，频谱；范围，幅度

[记] 词根记忆：spect(看) + rum → 能看到光的颜色 → 光谱

[同] range(*n.* 范围，幅度)

drawback [ˈdrɔːbæk] *n.* 缺点；不利条件

[记] 联想记忆：draw(拉) + back(向后) → 拖后腿 → 缺点；不利条件

identity* [aɪˈdentəti] *n.* 身份；特性；同一性

[记] 联想记忆：i + dent(牙齿) + ity(表性质) → 通过牙齿来确定身份 → 身份

[搭] cultural identity 文化特性

trend [trend] *n.* 倾向；趋势；流行，时尚 *vi.* 伸向；倾向

[记] 联想记忆：tend(倾向)加 r 还是倾向(trend)

[搭] a downward trend 向下的趋势；an upward trend 向上的趋势；economic trend 经济趋势

extreme [ɪkˈstriːm] *a.* 极度的；最后的 *n.* 极端，过分

[记] 联想记忆：extre(看做 extra，以外的) + me(我) → 在我能忍受的极限以外 → 极端，过分

[搭] in the extreme 极其

[派] extremely(*ad.* 极端地，非常地)

skip [skɪp] *v.* 跳，蹦；漏过；逃学

[同] leap(*v.* 跳，跳跃；跳过)；overlook(*vt.* 忽视，略过)

military [ˈmɪlətri] *a.* 军事的 *n.* [the ~] 军队

[记] 词根记忆：milit(打架) + ary → 军事的

poison* [ˈpɔɪzn] *n.* 毒，毒药 *vt.* 毒害

[记] 联想记忆：毒害(poison)他人，被送进监狱(prison)

vested* [ˈvestɪd] *a.* 法律规定的；既定的

[记] 联想记忆：到了法律规定的(vested)年龄，就被授予(vest)选举的权利

symphony [ˈsɪmfəni] *n.* 交响乐

[记] 词根记忆：sym(共同) + phon(声音) + y → 奏出共同的声音 → 交响乐

[同] concord(*n.* 和谐，一致)；harmony(*n.* 协调，和谐)

[反] discord(*n.* 不一致，不和谐)

locate* [ləʊˈkeɪt] *vt.* 找到；位于；使坐落于；把…设置在

[记] 词根记忆：loc(地点) + ate(动词后缀) → 发现地点 → 找到；位于

classify [ˈklæsɪfaɪ] *vt.* 把…归类，把…分级

[记] 联想记忆：class(类别) + ify(使…) → 把…归类

enthusiastic [ɪnˌθjuːziˈæstɪk] *a.* 热情的；热心的

[搭] enthusiastic applause 热烈的掌声

[同] eager(*a.* 渴望的)；anxious(*a.* 渴望的，盼望的)；passionate(*a.* 充满热情的)

alter [ˈɔːltə(r)] *vt.* 改变；变动

[记] 本身为词根，意为"改变状态"

disqualify* [dɪsˈkwɒlɪfaɪ] *vt.* 使丧失资格

[记] 联想记忆：dis(非，不) + qualify(具有资格) → 使不具有资格 → 使丧失资格

[搭] disqualify sb. from (doing) sth. 使某人丧失(做)某事的资格

database [ˈdeɪtəbeɪs] *n.* 数据库

[记] 组合词：data(数据) + base(基础) → 数据库

maximum* [ˈmæksɪməm] *n.* 最大量，极限 *a.* 最大的，最高的

[记] 词根记忆：max(大，高) + imum → 最大的，最高的

delivery [dɪˈlɪvəri] *n.* 投递，交付；分娩

undergraduate* [ˌʌndəˈɡrædʒuət] *n.* 大学本科生，大学生，大学肄业生

[记] 组合词：under(不足) + graduate(毕业生) → 还不是毕业生 → 大学本科生

focus* [ˈfəʊkəs] *v.* (使)聚焦，(使)集中 *n.* 焦点，焦距；(注意力、活动等的)中心

[记] 联想记忆：foc(看做 for，为了) + us → 焦点访谈的口号是为人民大众服务 → 焦点

[搭] focus (sth.) on 使聚集，集中；(使)聚焦

administer* [ədˈmɪnɪstə(r)] *v.* 掌管；给予

[搭] administer to 有助于；给予

ash [æʃ] *n.* 灰；灰烬；[*pl.*] 骨灰，遗骸

[搭] cigar ash 烟灰

intensify [ɪnˈtensɪfaɪ] *vt.* 使增强；使加剧

[记] 词根记忆：in(向内) + tens(伸展) + ify(使…) → 使向内伸展 → 使增强

inventory [ˈɪnvəntri] *n.* 目录；存货

[记] 词根记忆：in + vent(来) + ory(表物) → 有关所有进来的货物的 → 目录；存货

[同] checklist(*n.* 清单)

event * [ɪˈvent] *n.* 事件；比赛项目

crucial [ˈkruːʃl] *a.* 决定性的；至关重要的

［记］词根记忆：cruc(十字形，交叉)+ial(形容词后缀)→处于十字路口的→决定性的，至关重要的

［搭］crucial to/for 对…至关重要的；at a crucial time 在关键时刻；a crucial question 关键问题

stage * [steɪdʒ] *n.* 舞台；戏剧；阶段

［搭］on/off stage 在台上/台下；stage fright 怯场

aeration * [ˌeəˈreɪʃn] *n.* 通风

［记］词根记忆：aer(空气)+ation→能通空气→通风

profitable [ˈprɒfɪtəbl] *a.* 有利可图的，赚钱的；有益的

［记］联想记忆：profit(利益)+able(能…的)→能获利的→有利可图的，赚钱的

［同］beneficial (*a.* 有益的，有利的)；lucrative (*a.* 赚钱的；有利可图的)

［反］unprofitable(*a.* 不赚钱的)；worthless(*a.* 无价值的，无益的)

virus [ˈvaɪərəs] *n.* 病毒

faith [feɪθ] *n.* 信任，信用；信仰，信条

［搭］have faith in 信任…，相信…；lose faith in 不信任…，不相信…；religious faith 宗教信仰

cafeteria [ˌkæfəˈtɪəriə] *n.* 自助餐馆；自助食堂

Word List 32

involve* [ɪnˈvɒlv] *vt.* 使卷入，使参与；牵涉，陷入，连累；包含，含有

[记] 词根记忆：in(进入) + volv(卷) + e → 使卷入；牵涉

[搭] involve in 卷入，参加；involve sb. in 使某人卷入；使某人陷入

[派] involvement(*n.* 包含；连累)

dairy [ˈdeəri] *n.* 奶制品；乳品店 *a.* 乳制品的

[记] 联想记忆：每天(daily)吃乳制品(dairy)强壮骨骼

[搭] dairy farm 乳牛场

confirm* [kənˈfɜːm] *vt.* 证实，确定；肯定；批准，使有效

[记] 词根记忆：con(表加强) + firm(坚固的) → 使更加坚固 → 证实；肯定

[派] confirmation(*n.* 证实；批准)

hinge* [hɪndʒ] *n.* 合叶；铰链 *v.* 依…而定

[记] 发音记忆："很紧" → 铰链很紧，转不动 → 铰链

hurricane [ˈhʌrɪkən] *n.* 飓风

[记] 联想记忆：hurri(看做 hurry，匆忙) + cane → 来得很匆忙的风 → 飓风

subsidise* [ˈsʌbsɪdaɪz] *vt.* 津贴，资助

[记] 来自 subsidy(*n.* 津贴；补助金)

stain [steɪn] *vt.* 染污；给…着色 *n.* 污点

[记] 联想记忆：一下雨（rain)，到处都是污点(stain)

unload* [ˌʌnˈləʊd] *v.* 从…卸下货物；摆脱

[记] 联想记忆：un + load（负荷，重担）→ 从…卸下货物

conversion [kənˈvɜːʃn] *n.* 转化；转变，变换；兑换；改变信仰，皈依

[记] 词根记忆：con + vers（转）+ ion → 转化；转变

irrelevant* [ɪˈreləvənt] *a.* 不相关的；离题的

[记] 联想记忆：ir（不）+ relevant（有关的）→ 不相关的

thrill [θrɪl] *v.* （使）非常激动；（使）发抖

[同] excite（*vt.* 使激动，使兴奋）；delight[*v.*（使）高兴，（使）欣喜]

trial* [ˈtraɪəl] *n.* 审讯；试验 *a.* 试验性的

[搭] trial period 试用期；on trial（指人）在试用期间；（指物）在试验中

extol* [ɪkˈstəʊl] *vt.* 赞颂，赞美，颂扬

[记] 词根记忆：ex（外，上）+ tol（举起）→ 举起双手，赞美上帝 → 赞美

albeit [ˌɔːlˈbiːɪt] *conj.* 虽然，尽管

obstacle [ˈɒbstəkl] *n.* 障碍，妨碍物，干扰

[记] 词根记忆：ob（反）+ st（=stand 站立）+ acle（表小东西）→ 反着站的小物体 → 障碍，妨碍物，干扰

[搭] obstacle course 障碍赛跑赛场；重重困难；natural obstacles 天然障碍

meagre [ˈmiːgə(r)] *a.* 少量的，粗劣的

precipitation [prɪˌsɪpɪˈteɪʃn] *n.* 降雨（量），降水（量）；仓促，急躁；【化】沉淀作用

precarious [prɪˈkeəriəs] *a.* 不安全的，充满危险的；不牢靠的，不稳固的

[记] 联想记忆：pre（在…前面）+ car（汽车）+ ious → 坐在汽车前面 → 不安全的

autonomy [ɔːˈtɒnəmi] *n.* 自治，自治权；人身自由，自主权

[记] 词根记忆：auto(自己)+nom(法律)+y→以法律确定自治权→自治，自治权

[派] autonomous(*a.* 自治的；独立自主的)

credibility [ˌkredəˈbɪləti] *n.* 可信性，可靠性

[记] 词根记忆：cred(相信)+ibility(可…性)→可信性，可靠性

onslaught [ˈɒnslɔːt] *n.* 猛攻，猛袭

[记] 联想记忆：on+slaught(er)(打击)→猛攻，猛袭

curtail [kɜːˈteɪl] *vt.* 缩短，削减；剥夺

[记] 词根记忆：cur(关注)+tail(切割)→专注地切→缩短，削减

[同] abridge(*vt.* 缩减，减短)；shorten(*v.* 缩短)

correlation [ˌkɒrəˈleɪʃn] *n.* 相互关系，相关(性)

[记] 联想记忆：cor(共同)+relation(关系)→相互关系

afflicting [əˈflɪktɪŋ] *a.* 痛苦的

simulation [ˌsɪmjuˈleɪʃn] *n.* 假装；模拟

incongruous [ɪnˈkɒŋgruəs] *a.* 不协调的，不一致的；不适宜的

remuneration [rɪˌmjuːnəˈreɪʃn] *n.* 报酬

intermix [ˌɪntəˈmɪks] *v.* 混入，混杂

paramount [ˈpærəmaʊnt] *a.* 最重要的，决定性的 *n.* 最高统治者

[记] 联想记忆：par+amount(数量)→在量上超过别的→最重要的，决定性的

hypnotic [hɪpˈnɒtɪk] *a.* 催眠的 *n.* 催眠药

suffice [səˈfaɪs] *v.* (使)满足，(使)满意；足够

[记] 词根记忆：suf(表加强)+fic(做)+e→拼命地工作→(使)满意；足够

[搭] suffice (it) to say 只要说…就够了

[派] sufficiency(*n.* 充足，足量)；sufficient(*a.* 足够的，充分的)；sufficiently(*ad.* 充分地，十分)

[反] lack(*vt.* 缺乏)

technician [tekˈnɪʃn] *n.* 技术员，技师

[记] 词根记忆：techn（技艺）+ ician（表人）→ 技术员，技师

apart [əˈpɑːt] *ad.* 相间隔；分离；除去 *a.* 分离的

[记] 联想记忆：a + part（分开）→ 分离的

mainstream* [ˈmeɪnstriːm] *n.* 主要倾向，主要趋势，主流；主流派爵士乐（介乎传统与现代之间者）*a.* 主流的

[记] 组合词：main（主要的）+ stream（溪，流）→ 主流

flush [flʌʃ] *v.* 冲洗，清除；（使）发红；（使）脸红；奔流 *n.* 脸红，红光 *a.* 齐平的，同高的

[记] 联想记忆：在闪烁（flash）的镁光灯下，她的脸通红（flush）

[搭] flush away 冲洗掉

[同] redden〔*v.*（使某物）变红；（脸因羞涩、愤怒等）发红〕

stir [stɜː(r)] *v./n.* 搅动；摇动；激动

[记] 本身是词根，意为"刺激"

odd [ɒd] *a.* 奇特的；临时的；奇数的

[记] 联想记忆：奇奇（odd）相加（add）为偶

[派] oddly（*ad.* 奇特地）

inject [ɪnˈdʒekt] *vt.* 注射；注入，灌输

[记] 词根记忆：in（进入）+ ject（投，掷）→ 投进去 → 注入，灌输

[派] injection（*n.* 注射）

[同] implant（*vt.* 注入，灌输）；infuse（*vt.* 注入，灌输）

demand* [dɪˈmɑːnd] *n.* 要求；需求（量）*v.* 要求；需要；询问

[记] 词根记忆：de（下）+ mand（命令）→ 向下命令 → 要求，需求

[搭] in great demand 需求量大；demand for 对…（的）需求

unsatisfactory* [ˌʌnˌsætɪsˈfæktəri] *a.* 不能令人满意的

grid* [grɪd] *n.* 格子，栅格；地图上的坐标方格；输电网，煤气输送网

[搭] power grid 电力网

aeroplane [ˈeərəpleɪn] *n.* 飞机

[记] 联想记忆：aero(航空的) + plane(飞机) → 飞机

controversial* [ˌkɒntrəˈvɜːʃl] *a.* 争论的

[记] 词根记忆：contro(相反) + vers(转) + ial → 反着转 → 争论的

wagon* [ˈwæɡən] *n.* 四轮马车；大篷车

reputation* [ˌrepjuˈteɪʃn] *n.* 名誉，名声

[记] 词根记忆：re(重新) + put(想) + ation(表状态) → 反复想想，名气只是过眼烟云 → 名誉，名声

[搭] have a reputation for 因…而闻名；live up to its reputation 与其名气相符

tag [tæɡ] *n.* 标签；附加语 *v.* 跟随；给…加标签；添加

[记] 联想记忆：在包(bag)上贴标签(tag)

excursion [ɪkˈskɜːʃn] *n.* 远足，短途旅游；【物】偏移，漂移

dizzy [ˈdɪzi] *a.* 头晕目眩的，眩晕的；(使)人头晕的

[记] 联想记忆：di(二) + zz(打鼾声) + y → 室友打鼾，吵得睡不着 → 眩晕的

[同] giddy(*a.* 眼花缭乱的；头晕的)

immune [ɪˈmjuːn] *a.* 免疫的，有免疫力的；有抵抗力的；不受影响的；免除的，免除惩罚的，豁免的

[记] 词根记忆：im(没有) + mun(作用) + e → 没有作用 → 免疫的；免除的

[搭] immune system 免疫系统

[同] resistant(*a.* 有抵抗力的)

[反] susceptible(*a.* 易受…影响或损害)；liable(*a.* 易于…的)

carve [kɑːv] *v.* 切；雕刻

[搭] carve in stone (决定、计划等)不能改变的

canoe* [kəˈnuː] *n.* 独木舟

geology [dʒiˈɒlədʒi] *n.* 地质学；地质概况

[记] 词根记忆：geo(地) + logy(…学) → 地质学；地质概况

directory [dəˈrektəri] *n.* 人名地址录；(电话)号码簿

[记] 联想记忆：direct(指引) + ory(表物) → 指引人们查询的东西 → 人名地址录

mall [mɔːl] *n.* 购物中心

vital* [ˈvaɪtl] *a.* 生死攸关的；极其重要的；有生命力的

[记] 词根记忆：vit(生命) + al → 事关生命的 → 生死攸关的

[搭] vital to/for 对…极重要的，对…必不可少的；at the vital moment 在关键时刻；a vital error 致命的错误；a vital decision 重要决定

droplet [ˈdrɒplət] *n.* 小滴

[记] 词根记忆：drop(=drip 水滴) + let(表小东西) → 小水滴 → 小滴

reveal* [rɪˈviːl] *vt.* 揭露；泄露；展现

[记] 联想记忆：re(相反) + veal(看做 veil，面纱) → 揭开面纱 → 揭露；展现

visible* [ˈvɪzəbl] *a.* 可见的，看得见的；有形的；明显的，显而易见的

[记] 词根记忆：vis(看) + ible(可…的) → 可见的，看得见的

[派] invisible(*a.* 看不见的，无形的)

conference [ˈkɒnfərəns] *n.* (正式)会议

cholesterol [kəˈlestərɒl] *n.* 胆固醇

[记] 组合词：chole(胆，胆汁) + sterol(固醇) → 胆固醇

cube [kjuːb] *n.* 立方形；立方

construct* [kənˈstrʌkt] *vt.* 建造；构思，构筑；创立

[ˈkɒnstrʌkt] *n.* 构想，观念

[记] 词根记忆：con(表加强) + struct(建筑) → 建造；构筑

calcium [ˈkælsiəm] *n.* 钙

[记] 词根记忆：calc(石灰)+ium→石灰富含碳酸钙→钙

interval [ˈɪntəvl] *n.* 间隔，幕间休息；间距

[记] 词根记忆：inter(在…之间)+val→处在两者之间的→间隔；间距

advent* [ˈædvent] *n.* 到来；出现

[记] 词根记忆：ad+vent(来)→到来；出现

[搭] the advent of …的到来

aggressiveness* [əˈgresɪvnɪs] *n.* 侵略；争斗；攻击

category [ˈkætəgəri] *n.* 种类，类别；范畴

fault [fɔːlt] *n.* 缺点，瑕疵，毛病

confusion [kənˈfjuːʒn] *n.* 困惑，糊涂；混淆；混乱，杂乱，无秩序状态，骚乱

[记] 来自confuse(*vt.* 使迷惑)

wrinkle [ˈrɪŋkl] *n.* 皱纹 *v.* (使)起皱纹

[记] 联想记忆：眨眼(twinkle)多了容易起皱纹(wrinkle)

huddle [ˈhʌdl] *vi.* 聚集在一起 *n.* 杂乱的一堆；拥挤

[记] 联想记忆：大家聚集在一起(huddle)处理(handle)问题

clash* [klæʃ] *v.* 发生冲突；不协调；砰地相撞，发出刺耳的撞击声 *n.* 冲突；不协调；(金属等的)刺耳的撞击声

[记] 发音记忆：物体撞碎的声音

[搭] personality clashes 性格冲突

Word List 33

marble [ˈmɑːbl] *n.* 大理石；弹子；[*pl.*] 弹子游戏

[记] 联想记忆：mar（看做 March，三月）+ ble → 大理三月好风光哎 → 大理石

booth [buːð] *n.* (隔开的)小房间；公用电话亭；售货棚

[记] 联想记忆：他在公用电话亭(booth)里打电话来说他牙(tooth)不好

imitation [ˌɪmɪˈteɪʃn] *n.* 模仿；仿造；仿制品，假货，赝品

[搭] in imitation of 模仿，仿效

[同] fake(*n.* 假货，赝品)；counterfeit(*n.* 赝品)

exceed [ɪkˈsiːd] *v.* 超过，胜过

[记] 词根记忆：ex（出）+ ceed（走）→ 走出 → 超过，胜过

[搭] exceed speed limit 超速

cohesion* [kəʊˈhiːʒn] *n.* 结合，团结；凝聚力

[记] 词根记忆：co(一起) + hes(黏附) + ion(名词后缀)→ 黏在一起 → 结合，团结；凝聚力

astound [əˈstaʊnd] *v.* (使)震惊

[记] 联想记忆：as + tound（看做 sound，声音）→ 像被奇怪的声音吓倒 →(使)震惊

absorb* [əbˈsɔːb] *v.* 吸收；吸引…的注意，使全神贯注；把…并入，同化

[记] 词根记忆：ab（离去）+ sorb（吸收）→ 吸收掉 → 吸收

[搭] be absorbed into/in 全神贯注于…

[派] absorption(*n.* 吸收)

livestock [ˈlaɪvstɒk] *n.* 〈总称〉家畜，牲畜

[记] 组合词：live（活）+ stock（东西）→ 活物 → 家畜，牲畜

decrease* [dɪˈkriːs] *v.* 减少，减小

[ˈdiːkriːs] *n.* 减少；减少量

[记] 词根记忆：de(相反)+cre(生长)+ase→减少

[搭] decrease to 减少到

moral [ˈmɒrəl] *a.* 道德的，伦理的 *n.*[*pl.*] 品行，道德；寓意，教训

[记] 词根记忆：mor（风俗，习惯）+ al → 全社会约定俗成的 → 道德的，伦理的

[搭] public morals 社会公德

weigh [weɪ] *v.* 称重；认真考虑，权衡

[搭] weigh out 称出

ceramic [səˈræmɪk] *a.* 陶器的 *n.* [*pl.*] 陶瓷器

[记] 联想记忆：c + era(时代，时期) + mic → 古时中国以陶器闻名 → 陶瓷器

acquisition [ˌækwɪˈzɪʃn] *n.* 取得；获得物

character* [ˈkærəktə(r)] *n.* 性格，品质；性质，特性；人物，角色；(书写或印刷)符号，(汉)字

[记] 联想记忆：char + acter(看做 actor，演员) → 演员刻画人物性格，惟妙惟肖 → 性格

[搭] in character 适合；相称；out of character 不适合；不相称

arrange* [əˈreɪndʒ] *v.* 安排；排列

[记] 联想记忆：ar(表加强) + range(排列) → 有序地排列 → 安排；排列

conservation* [ˌkɒnsəˈveɪʃn] *n.* 保存；保护

[记] 联想记忆：con(表加强) + serv(e)(服务) + ation → 一再为其服务 → 保存；保护

earthworm* [ˈɜːθwɜːm] *n.* 蚯蚓；小人

[记] 组合词：earth(地上) + worm(蚯蚓；小人物) → 蚯蚓；小人

entice [ɪnˈtaɪs] *v.* 怂恿，引诱

[记] 联想记忆：全部(entire)被引诱(entice)了

manipulative [məˈnɪpjələtɪv] *a.* 操纵别人的；老于世故的

memorise [ˈmeməraɪz] *vt.* 记住，熟记

retrenchment [rɪˈtrentʃmənt] *n.* 节省；削减

[记] 来自 retrench(*v.* 紧缩，节省)

motivational [ˌməʊtɪˈveɪʃnl] *a.* 动机的，有关动机的

reinforcement [ˌriːɪnˈfɔːsmənt] *n.* 增援，加强，加固

intervention [ˌɪntəˈvenʃn] *n.* 干涉，干预，介入

[记] 来自 intervene(*vi.* 干涉，干预，介入)

infirmity [ɪnˈfɜːməti] *n.* 虚弱，衰弱

[记] 联想记忆：in(不) + firm(坚定的) + ity → 不坚强 → 虚弱，衰弱

glossy [ˈglɒsi] *a.* 有光泽的，光滑的

[记] 来自 gloss(*n.* 光泽的表面；光彩)

escalate [ˈeskəleɪt] *v.* (使)逐步增长或发展，(使)逐步升级

[记] 来自 Escalator，原来是自动电梯的商标，后来才出现了动词 escalate

extravagance [ɪkˈstrævəgəns] *n.* 奢侈，挥霍；放肆的言行

[记] 词根记忆：extra(超过的) + vag(走) + ance → 超出正常尺度的走的行为 → 放肆的言行

victimise [ˈvɪktɪmaɪz] *v.* (使)受害，迫害

[记] 来自 victim(*n.* 受害者)

evaluation [ɪˌvæljuˈeɪʃn] *n.* 估价，评价

[记] 来自 evaluate(*v.* 评价，评估)

maternal [məˈtɜːnl] *a.* 母亲的；母系的

[记] 词根记忆：mater(母亲) + nal → 母亲的

crusade [kruːˈseɪd] *n.* 十字军(远征)；斗争，运动 *v.* 加入十字军，投身正义运动

[记] 词根记忆：crus(十字形) + ade → 十字军

recalcitrant [rɪˈkælsɪtrənt] *a.* 顽抗的，反抗的

mortality [mɔːˈtæləti] *n.* 死亡率

[记] 词根记忆：mort(死亡) + al + ity(表性质，名词后缀) → 死亡率

[搭] infant mortality 婴儿死亡率

taunt [tɔːnt] *vt.* 嘲笑，讥笑 *n.* [常 *pl.*] 嘲弄的言语，讥讽

disseminate [dɪˈsemɪneɪt] *v.* 散布，传播

[记] 词根记忆：dis(分开) + semin(种子) + ate(动词后缀) → 散布，传播

sanction [ˈsæŋkʃn] *v.* 批准，认可 *n.* 批准，认可；约束因素，约束力；[常 *pl.*] 国际制裁

[记] 词根记忆：sanct(神圣的) + ion → 神圣之物，原指教会的法令，引申为"批准，赞许" → 批准，认可

[派] sanctionist(*n.* 制裁国)

frustration [frʌˈstreɪʃn] *n.* 沮丧，不满

invert* [ɪnˈvɜːt] *vt.* (使)倒转，(使)颠倒

[记] 词根记忆：in(进入) + vert(转) → (使)倒转，(使)颠倒

recipe [ˈresəpi] *n.* 食谱；方法，秘诀，秘方

[记] 词根记忆：re + cip(抓) + e → 抓住的关键 → 秘诀，秘方

[同] secret(*n.* 秘诀)；knack(*n.* 技巧，诀窍)

condense* [kənˈdens] *v.* (使)压缩，精简；(使)凝结

[记] 联想记忆：con + dense(密集的) → 变得密集的 → (使)压缩

unfortunately* [ʌnˈfɔːtʃənətli] *ad.* 不幸地

gather* [ˈgæðə(r)] *v.* 聚集，集合，聚拢；收集，采集；逐渐增加；猜想，推测

[搭] gather in 收割

Cantonese* [ˌkæntəˈniːz] *n./a.* 广东人(的)；广东话(的)

advertise* [ˈædvətaɪz] *vt.* 为…做广告；宣传；(在报刊、电视、广播中)公告，公布

[搭] advertise for 为…做广告

[派] advertisement(*n.* 广告)

utility* [juːˈtɪləti] *n.* 功用，效用；[常 *pl.*] 公用事业

[记] 词根记忆：ut(使用) + ility → 使用的效果 → 功用，效用

[派] utilitarian(*a.* 实用的；功利的)

exhibit* [ɪgˈzɪbɪt] *n.* 展览品 *v.* 陈列，展览；显示

[记] 词根记忆：ex（出）+ hib（拥有；拿住）+ it → 把自己拥有的拿出来 → 展览；显示

[派] exhibition（*n.* 展览）

irrevocable* [ɪˈrevəkəbl] *a.* 无法取消的，不能改变的

[记] 联想记忆：ir（不）+ revocable（可取消的）→ 无法取消的

shelter* [ˈʃeltə(r)] *n.* 掩蔽（处），隐蔽（处）；住所；保护 *v.* 掩蔽；躲避

[记] 联想记忆：shel（看做 shell，壳）+ ter → 像壳一样的地方 → 掩蔽（处）；住所

stock [stɒk] *n.* 储备品；股票；〈总称〉家畜 *v.* 储备 *a.* 常备的

devise* [dɪˈvaɪz] *vt.* 设计，发明

career* [kəˈrɪə(r)] *n.* 生涯；经历；职业

[记] 发音记忆：和同音词 Korea 一起记

[搭] career break 离职期

humidity [hjuːˈmɪdəti] *n.* 湿度；潮湿

[记] 来自 humid（*a.* 潮湿的）

hollow [ˈhɒləʊ] *a.* 空的，空洞的；（声音）沉闷的；虚伪的，空虚的 *v.* 挖空，凿空

statistic [stəˈtɪstɪk] *n.* 统计数值；统计学

[记] 联想记忆：stat（看做 state，国家）+ istic → 常听到新闻说：据国家统计数据表明 → 统计数值

bark* [bɑːk] *vi.* 吠叫 *n.* 犬吠声；树皮

[记] 发音记忆："巴克" → 巴克是《野性的呼唤》中的狗 → 犬吠

burrow* [ˈbʌrəʊ] *v.* 挖掘；钻进；翻寻 *n.* 地洞

[记] 联想记忆：用犁（furrow）挖（burrow）地

[搭] burrow into 探查

equivalent [ɪˈkwɪvələnt] *a.* 相等的，等量的 *n.* 相等物，等价物

[记] 词根记忆：equi（相等）+ val（力量）+ ent → 力量相等的 → 相等的，等量的

[搭] be equivalent to 相当于

fatigue [fəˈtiːg] *n.* 疲劳，劳累 *v.* (使)疲劳

[记] 联想记忆：fat(胖的)+igue → 胖的人容易累 → 疲劳

bibliography [ˌbɪbliˈɒgrəfi] *n.* 参考书目；书目；文献学

[记] 词根记忆：bibl(书)+io+graph(写)+y → 写作时用的书 → 参考书目

probable* [ˈprɒbəbl] *a.* 很可能的，大概的

fortnight [ˈfɔːtnaɪt] *n.* 两星期，十四天

[记] 联想记忆：fort(看做 fourteen，十四)+night(夜晚) → 十四个日日夜夜 → 两星期

treadmill* [ˈtredmɪl] *n.* 踏车；累人的活；单调的例行工作，乏味繁重的工作

[记] 联想记忆：tread(踩踏)+mill(磨坊) → 在磨坊里踩踏车 → 累人的活

flavour [ˈfleɪvə(r)] *n.* 风味，滋味 *vt.* 给…调味

[记] 联想记忆：喜欢(favour)加上 l(看做 love，爱)，生活更有味道(flavour)

[搭] a flavour of …的味道

asymmetry* [ˌeɪˈsɪmətri] *n.* 不对称

[记] 联想记忆：a(不)+symmetry(对称) → 不对称

[派] asymmetric(*a.* 不对称的)

lethal* [ˈliːθl] *a.* 致命的，破坏性的，毁灭性的；有害的

[记] 词根记忆：leth(死，僵)+al → 致死的 → 致命的

stare [steə(r)] *n./vi.* 盯

[记] 联想记忆：盯着(stare)星(star)空

bungalow* [ˈbʌŋgələʊ] *n.* (带走廊的)平房

colony* [ˈkɒləni] *n.* 殖民地；(动、植物的)群体

[记] 词根记忆：col(耕种)+on+y(表场所，名词后缀) → 在某处耕种 → 将那里变为自己的殖民地 → 殖民地

stab [stæb] *v.* 刺，戳

fingerprint* [ˈfɪŋɡəprɪnt] *n.* 指纹，手印

[记] 组合词：finger(手指)+print(印迹)→指纹，手印

enthusiasm [ɪnˈθjuːziæzəm] *n.* 热情，热心，积极性；热衷的事物

briefly* [ˈbriːfli] *ad.* 暂时地；简要地

flint* [flɪnt] *n.* 火石，打火石

[记] 联想记忆：f+lint(看做 line，线)→火石产生的火光如同一条线→火石

commodity* [kəˈmɒdəti] *n.* 商品，货物；日用品

[搭] commodity economy 商品经济；commodity price 商品价格；agricultural commodities 农产品

[同] goods(*n.* 货物)

Faults are thick where love is thin.

一朝情意淡，样样不顺眼。

Word List 34

mixture [ˈmɪkstʃə(r)] *n.* 混合(物)
[记] 词根记忆：mix(混合)＋t＋ure(表状态，名词后缀)→混合(物)

tendency * [ˈtendənsi] *n.* 倾向，趋向
[记] 词根记忆：tend(伸展)＋ency→倾向，趋向

lane * [leɪn] *n.* 小巷；行车道

assess * [əˈses] *vt.* 评定；估价
[派] assessment(*n.* 评定；核定的金额)

inductive * [ɪnˈdʌktɪv] *a.* 诱导的，归纳的

session [ˈseʃn] *n.* 一场，一节；会议；集会
[记] 联想记忆：ses(看做 see，看见)＋sion→看见彼此→会面→会议
[搭] special session 特别会议；in session 正在开会；training session 培训期

constrain [kənˈstreɪn] *vt.* 迫使；约束
[记] 词根记忆：con(表加强)＋strain(拉紧)→约束
[派] constraint(*n.* 限制，约束)

negative * [ˈnegətɪv] *a.* 否定的，反面的；消极的；负的，阴性的 *n.* 负数；(照片的)底片
[记] 词根记忆：neg(否定)＋ative→否定的
[反] positive(*a.* 正面的，积极的)

unwrap [ˌʌnˈræp] *vt.* 打开，解开；除去包装

punctual [ˈpʌŋktʃuəl] *a.* 守时的；准时的
[记] 词根记忆：punct(刺)＋ual(形容词后缀)→用针刺→极准确的；守时的
[派] punctually(*ad.* 准时地)；punctuality(*n.* 准时)

intake [ˈɪnteɪk] *n.* 吸入，纳入；进气口，入口
[记] 联想记忆：in(进入)＋take(带来)→被带进来→吸入，纳入

penetration [ˌpenɪˈtreɪʃn] *n.* 进入，穿过；洞察力，领悟力

municipal [mjuːˈnɪsɪpl] *a.* 市的，市政的；地区的；内政的

[记] 词根记忆：muni（服务）+ cip（拿）+ al（形容词后缀）→ 提供城市公共服务的 → 市政的

[搭] a municipal council 市政委员会；municipal affairs 市政事务

deficit [ˈdefɪsɪt] *n.* 不足额，赤字

[记] 词根记忆：de(向下) + fic(做) + it → 经济走下坡路 → 赤字

triumphant [traɪˈʌmfənt] *a.* 得胜的；得意洋洋的；狂欢的

[记] 来自 triumph(*n.* 胜利)

plagiarise [ˈpleɪdʒəraɪz] *v.* 剽窃，抄袭

[记] 词根记忆：plagi(斜的) + ar + ise → 做不正当之事 → 剽窃，抄袭

reptile [ˈreptaɪl] *n.* 爬行动物，爬虫类；卑鄙的人

[记] 词根记忆：rept(爬) + ile → 爬行动物

[派] reptilian(*a.* 爬虫类的；卑鄙的)

circumscribe [ˈsɜːkəmskraɪb] *vt.* 在…周围画线；限制

[记] 词根记忆：circum(绕圈) + scrib(画) + e → 画地为牢 → 限制

patronage [ˈpætrənɪdʒ] *n.* 赞助；支持；光顾；任免权

[记] 来自 patron(*n.* 赞助人)

analogy [əˈnælədʒi] *n.* 类推；类比

[记] 词根记忆：ana(类似) + log(说) + y → 放在一起说 → 类推；类比

[搭] draw an analogy between... and... 把…比做

[派] analogous(*a.* 类似的)

precedent [ˈpresɪdənt] *n.* 先例，范例；惯例

[记] 词根记忆：pre(在…前面) + ced(走) + ent → 走在前面的 → 先例；惯例

obscurity [əbˈskjʊərəti] *n.* 模糊；费解；不出名

[记] 来自 obscure(*a.* 朦胧的，模糊的)

ascertain [ˌæsəˈteɪn] *vt.* 弄清，查明；确定

[记] 词根记忆：as + cert(确定) + ain → 弄清，查明；确定

[同] discover(*v.* 发现)；clarify(*v.* 澄清)

[反] conceal(*vt.* 隐瞒)；cover(*v.* 掩盖)

esteem [ɪˈstiːm] *n./vt.* 尊重；尊敬

[记] 联想记忆：e(音似：一) + stee(看做 steel, 钢铁) + m(看做 man, 人) → 一个有着钢铁般意志的人值得尊敬 → 尊重；尊敬

[搭] have great esteem for 对…大为敬佩；be held in high esteem by sb. 深受某人敬佩

[同] regard(*vt./n.* 尊敬；尊重)

[反] disesteem(*n./vt.* 轻视)

legitimacy [lɪˈdʒɪtɪməsi] *n.* 合法性；正统性

discrepancy [dɪsˈkrepənsi] *n.* 不同；矛盾

[记] 词根记忆：dis(分开) + crep(发出破裂声) + ancy → 裂开 → 矛盾

[同] difference(*n.* 差别，分歧)

[反] accord(*n.* 一致，符合)

benevolent [bəˈnevələnt] *a.* 善心的，仁心的

[记] 词根记忆：bene(善，好) + vol(意念) + ent → 好意的 → 善心的，仁心的

[派] benevolence(*n.* 善心，仁心)

malevolent [məˈlevələnt] *a.* 有恶意的；恶毒的

[记] 词根记忆：male(恶) + vol(意念) + ent → 有恶意的；恶毒的

downsize* [ˈdaʊnsaɪz] *v.* 缩小，紧缩

[记] 组合词：down (往下) + size (大小，尺寸) → 尺寸变小 → 缩小，紧缩

lunar [ˈluːnə(r)] *a.* 月的；月亮的

[搭] a lunar eclipse 月蚀

complicated* [ˈkɒmplɪkeɪtɪd] *a.* 复杂的；难懂的

[记] 词根记忆：com(共同) + plic(重叠) + ated → 重叠在一起的 → 复杂的

handle [ˈhændl] *v.* 处理；操作，操纵；触，抚摸 *n.* 手柄，把手

［记］联想记忆：hand（手）+ le → 用手操作的东西 → 手柄，把手

［同］manage（*v.* 操纵，控制）；regulate（*v.* 管制，控制）

［派］mishandle（*vt.* 错误地处理）

innovation [ˌɪnəˈveɪʃn] *n.* 革新，创新

［记］词根记忆：in（进入）+ nov（新的）+ ation → 革新，创新

［搭］technological innovation 技术创新

［同］novelty（*n.* 新奇，新奇的事物）；reformation（*n.* 改革，革新）

glitter [ˈglɪtə(r)] *n./vi.* 闪光

［记］联想记忆：g + litter（看做 little，小的）→ 一闪一闪小星星 → 闪光

［同］gleam（*vi.* 闪亮 *n.* 闪光）

feedback* [ˈfiːdbæk] *n.* 反馈；反馈信息

［记］组合词：feed（喂养；提供）+ back（反）→ 反馈

［搭］feedback on 关于…的反馈信息

subsequent* [ˈsʌbsɪkwənt] *a.* 继…之后的，随后的

［记］词根记忆：sub（在…下面）+ sequ（跟随）+ ent → 继…之后的，随后的

［搭］subsequent on 作为…的结果发生

［派］subsequently（*ad.* 随后；接着）

shark [ʃɑːk] *n.* 鲨鱼；诈骗者

council* [ˈkaʊnsl] *n.* 理事会，委员会

［记］Security Council 联合国安理会

venomous [ˈvenəməs] *a.* 有毒的；分泌毒液的；恶意的，狠毒的

［记］来自 venom（*n.* 毒液）

［搭］venomous snakes 毒蛇

intellectual [ˌɪntəˈlektʃuəl] *n.* 知识分子 *a.* 智力的；理智的

[记] 词根记忆：intel(在…中间)+lect(选择)+ual→能从中选择的→有辨别力的→智力的

[搭] intellectual tests 智力测试

strain [streɪn] *v./n.* 拉紧，绷紧；扭伤，拉伤；(使)过劳，(使)极度紧张

[记] 本身为词根，意为"拉紧"

[同] tense[*v./n.* (使)紧张]

champion* [ˈtʃæmpiən] *n.* 冠军

[记] 发音记忆："产品"→冠军是付出无数汗水后的"产品"→冠军

leukaemia* [luːˈkiːmiə] *n.* 白血病

terminology* [ˌtɜːmɪˈnɒlədʒi] *n.* (某学科的)专门用语，术语

[记] 词根记忆：termin(界限)+o+log(说)+y→仅限于一部分人使用的语言→术语

centennial [senˈteniəl] *n.* 百年纪念 *a.* 一百年的

[记] 词根记忆：cent(百)+enn(年)+ial→百年纪念

Mediterranean* [ˌmedɪtəˈreɪniən] *a.* 地中海(式)的 *n.* 地中海

[记] 词根记忆：medi(中间)+terr(地球，土地)+anean→在地球中间的→地中海(式)的

outdo* [ˌaʊtˈduː] *vt.* 超越，胜过

[记] 组合词：out(超过)+do(做)→超越，胜过

discipline* [ˈdɪsəplɪn] *vt.* 训练，训导 *n.* 学科；纪律；处分

[记] 联想记忆：dis(不)+cip+line(线)→不站成一条线就要受惩罚→必须遵守纪律→纪律

consequent [ˈkɒnsɪkwənt] *a.* 作为结果的；随之发生的

[记] 词根记忆：con+sequ(跟随)+ent(形容词后缀)→随之发生的

[派] consequential (*a.* 结果的)；consequently (*ad.* 因此，因而)

fulfil* [fʊlˈfɪl] *vt.* 实现，完成；满足

[记] 联想记忆：ful(看做 full，充满的)+fil(l)(装满)→做得圆满，实现梦想→实现

[搭] fulfil oneself 实现某人自己的抱负

element* [ˈelɪmənt] *n.* 要素；元素；[the -s] 基本原理

[记] 联想记忆：e + lemen(看做 lemon，柠檬) + t → 柠檬是水果的一种 → 要素；元素

[派] elementary(*a.* 初步的；基本的)

segment* [ˈsegmənt] *n.* 片段；部分；节；线段；(橘子等的)瓣

[记] 词根记忆：seg(=sec 切割) + ment → 片段；部分

orchestra [ˈɔːkɪstrə] *n.* 管弦乐队

[记] 联想记忆：or + chest(胸腔) + ra → 管弦乐队的成员大都需借助胸腔的力气吹奏乐器 → 管弦乐队

muscle [ˈmʌsl] *n.* 肌肉；体力；力量，实力

[记] 发音记忆："马瘦" → 瘦马没有肌肉 → 肌肉；体力

function [ˈfʌŋkʃn] *vi.* 运行，起作用 *n.* 功能；职责，作用；函数

[搭] vital functions 生命机能

metaphor* [ˈmetəfə(r)] *n.* 隐喻，暗喻

[记] 词根记忆：meta(变化) + phor(带来) → 换一种方式表达 → 隐喻

[派] metaphorical(*a.* 隐喻的)

delegate [ˈdelɪgət] *n.* 代表，代表团成员

[ˈdelɪgeɪt] *vt.* 委派…为代表；授(权)给…，把…委托给…

[搭] delegate sb. to do sth. 委派某人做某事

fragile [ˈfrædʒaɪl] *a.* 脆弱的；虚弱的；易碎的；易受伤害的

[记] 词根记忆：frag(打破) + ile(易…的) → 容易被打破的 → 脆弱的；易碎的

[同] delicate(*a.* 易碎的；脆弱的)；brittle(*a.* 易碎的；脆弱的)；frail(*a.* 体弱的；易破碎的，易损的)

[反] unbreakable(*a.* 牢不可破的)；sturdy(*a.* 强壮的，强健的)

radiate [ˈreɪdieɪt] *v.* 发光；发热；辐射

[记] 词根记忆：radi(光线) + ate(使…) → 发光；发热

[派] radiation(*n.* 发光；辐射)

situated* [ˈsɪtʃueɪtɪd] *a.* 位于…的；处于…境地的

invader* [ɪnˈveɪdə(r)] *n.* 入侵者

[记] 来自 invade(*v.* 侵犯，侵入)

complete* [kəmˈpliːt] *a.* 彻底的；完成的；绝对的 *vt.* 完成；结束

[记] 词根记忆：com(表加强) + plet(满，填满) + e → 完成；结束

[派] completion(*n.* 完成)；completely(*ad.* 十分；完全)

kit [kɪt] *n.* 成套工具 *vt.* 装备

generate [ˈdʒenəreɪt] *vt.* 发生，产生(光、热、电等)；引起，导致

[记] 词根记忆：gen(产生) + er + ate(使…) → 产生；引起

[派] generation(*n.* 产生；一代)

remote* [rɪˈməʊt] *a.* 远的，长久的；遥远的，偏僻的；远程的；关系疏远的，脱离的；绝少的，微乎其微的；孤高的，冷淡的

[记] 词根记忆：re(反) + mot(移动) + e → 向后移动 → 关系疏远的，脱离的

stove [stəʊv] *n.* 炉

avoid* [əˈvɒɪd] *vt.* 避免；躲开

[记] 联想记忆：a(表加强) + void(空旷，空虚) → 越来越空虚，使人想躲开 → 躲开

[搭] avoid doing sth. 避免做某事

[派] avoidance(*n.* 避免)

dismiss* [dɪsˈmɪs] *v.* 解雇，解散；驳回，不受理

[记] 词根记忆：dis(分开) + miss(送) → 解散

bucket [ˈbʌkɪt] *n.* 水桶

owl [aʊl] *n.* 猫头鹰

absenteeism* [ˌæbsənˈtiːɪzəm] *n.* 旷课；旷工

[记] 来自 absent(*vt.* 缺席 *a.* 缺席的)

apparent* [əˈpærənt] *a.* 显然的；表面上的

[记] 联想记忆：ap + parent(父母) → 父母对儿女的爱是显而易见的 → 显然的

succumb* [səˈkʌm] *vi.* 屈服，屈从；(因…)死亡

[记] 词根记忆：suc(在…下面) + cumb(躺) → 躺下不再起来 → (因…)死亡

stretch [stretʃ] *v.* 伸展；延伸，延续，拉长；使倾注全力，使紧张 *n.* 一段(时间、路程)；伸展，延伸，延续

[搭] at a stretch 一口气地，连续；at full stretch 非常紧张，尽力而为；stretch out 伸展

Far water does not put out near fire.

远水救不了近火。

Word List 35

minister * ['mɪnɪstə(r)] *n.* 部长；外交使节；牧师

combustion * [kəm'bʌstʃən] *n.* 燃烧；燃烧过程

[记] 来自 combust(*v.* 消耗；燃烧)

veterinary * ['vetnri] *a.* 兽医的

[搭] veterinary medicine 兽药

plausible ['plɔːzəbl] *a.* 似有道理的，貌似真实的；嘴巧的

[记] 词根记忆：plaus(鼓掌)＋ible(可…的)→可给予鼓掌的→似有道理的

[派] plausibility(*n.* 似乎有理；善辩)；implausible(*a.* 难以置信的，不像真实的)

elucidate [i'luːsɪdeɪt] *vt.* 阐明，使…清楚

[记] 联想记忆：e＋lucid(清晰的)＋ate→弄清晰→阐明，使…清楚

transient ['trænziənt] *a.* 短暂的，转瞬即逝的 *n.* 在某地短暂停留或工作的人

[记] 词根记忆：trans(穿过)＋ient→时光穿梭→短暂的

[同] temporary(*a.* 暂时的)；passing(*a.* 短暂的)

[反] permanent(*a.* 永久的，持久的)

sanitation [ˌsænɪ'teɪʃn] *n.* (公共)卫生，卫生设施

[记] 词根记忆：san(健康的)＋it＋ation→要想健康，得讲卫生→卫生

distortion [dɪ'stɔːʃn] *n.* 扭曲，变形；曲解，歪曲

altruistic [ˌæltru'ɪstɪk] *a.* 无私的，为他人着想的

[搭] altruistic act 无私的行为

climatic [klaɪ'mætɪk] *a.* 气候(上)的

[搭] climatic phenomenon 气候现象

pragmatic [præg'mætɪk] *a.* 务实的；实事求是的；实用主义观点的

[记] 词根记忆：prag(做)+matic → 切实去做的 → 务实的

dwindle ['dwɪndl] *v.* (使)变小，(使)缩小

[记] 联想记忆：d+wind(风)+le → 随风而去，越来越小 → (使)变小

[搭] dwindle down to 缩减到…；dwindle out 逐渐消失

disdain [dɪs'deɪn] *v./n.* 鄙视，蔑视

[记] 词根记忆：dis(不)+dain(=dign 高贵) → 使人显得不高贵 → 鄙视，蔑视

constituent [kən'stɪtjuənt] *n.* 成分，要素；选区内的选民 *a.* 组成的；有宪法制定或修改权的

[记] 词根记忆：con+stit(=stat 站立)+uent → 站在一起 → 选区内的选民

[搭] a constituent assembly 立宪会议

[派] constituency(*n.* 选区；选区的选民)

[同] component(*a.* 组成的，构成的)

impetus ['ɪmpɪtəs] *n.* 推动，促进，刺激；推动力

[记] 词根记忆：im+pet(追求)+us → 有追求才有动力 → 推动，促进

[同] stimulus[*n.* 促进(因素)，刺激(物)]；spur[*n.* 刺激(物)，激励]

malleable ['mæliəbl] *a.* 可塑的；易改变的

[记] 词根记忆：malle(锤子)+able → 可锤打的 → 可塑的；易改变的

renaissance [rɪ'neɪsns] *n.* [the R-](欧洲14至16世纪的)文艺复兴，文艺复兴时期；(文学、艺术等的)复兴，新生

[记] 词根记忆：re(重新)+naiss(=nasc 出生)+ance → 获得新生 → 复兴，新生

[同] revival(*n.* 苏醒，复兴)；renewal(*n.* 复兴)

incongruity [ˌɪnkɒŋˈgruːəti] *n.* 不和谐，不相称；不协调或不一致的事物

[记] 联想记忆：in(不) + congruity(一致，和谐) → 不和谐，不相称

instinctual [ɪnˈstɪŋktʃuəl] *a.* 本能的

pedigree [ˈpedɪgriː] *n.* 家谱；门第；血统

scuffle [ˈskʌfl] *n./vi.* 扭打，混战

treatise [ˈtriːtɪz] *n.* 论文；专著

hypothetical [ˌhaɪpəˈθetɪkl] *a.* 假设的，假定的；爱猜想的

smother* [ˈsmʌðə(r)] *v.* 厚厚地覆盖；(使)窒息；把(火)闷熄

[记] 联想记忆：s(看做 she，她) + mother(母亲) → 母亲的溺爱快让她窒息了 → (使)窒息

excess* [ɪkˈses] *n.* 超越；过量

[ˈekses] *a.* 过量的，额外的

[记] 词根记忆：ex(出) + cess(走) → 走出界限 → 超越；过量

[派] excessive(*a.* 过分的，过度的)

spine [spaɪn] *n.* 脊椎，脊柱；(动、植物的)刺，刺毛；书脊；〈喻〉中心

[记] 联想记忆：s + pine(松树) → 像松树一样挺拔 → 脊柱

[派] spinal(*a.* 脊椎的)

[同] backbone(*n.* 脊椎)

stress* [stres] *n.* 压力；重音；强调，重点，着重 *vt.* 强调；重读

[记] 联想记忆：s + tress(看做 dress，穿衣) → 穿衣强调个人风格 → 强调

[搭] stress management 压力管理

smooth* [smuːð] *a.* 顺利的；流畅的；协调的

incur* [ɪnˈkɜː(r)] *vt.* 招致，遭受

[记] 词根记忆：in(进入) + cur(跑) → 使往里跑 → 招致，遭受

[搭] incur debt 负债；incur losses 遭受损失

missile * [ˈmɪsaɪl] *n.* 发射物；导弹，飞弹

[记] 词根记忆：miss(发送) + ile(表物体) → 发送出去的东西 → 发射物；导弹

compulsively * [kəmˈpʌlsɪvli] *ad.* 强制地；禁不住地

wrap [ræp] *v.* 裹；包；缠绕

[记] 联想记忆：w + rap(使着迷) → 被缠绕着 → 缠绕

confine [kənˈfaɪn] *vt.* 限制，仅限于；管制，禁闭 *n.* [*pl.*] 界限，范围

[记] 词根记忆：con(表加强) + fin(界限) + e → 限制；管制

[搭] be confined to (局)限于…，(被)限制/封闭在…；beyond the confine of 超出…的范围；confine oneself to 只涉及…，只限于…

limitation * [ˌlɪmɪˈteɪʃn] *n.* 限制；局限

[记] 来自 limit(*v.* 限制)

chain [tʃeɪn] *n.* 链，链条；一连串，一系列；[*pl.*] 枷锁，镣铐；联号，连锁店 *vt.* 用链条拴住

[搭] food chain 食物链

sip [sɪp] *v.* 小口地喝；吸吮

tedious [ˈtiːdiəs] *a.* 冗长乏味的，单调的

[搭] a tedious story 乏味冗长的故事

pathology * [pəˈθɒlədʒi] *n.* 病理学；病变

[记] 词根记忆：path(病痛) + ology(…学) → 病理学

setting * [ˈsetɪŋ] *n.* 环境；背景；安置

[记] 来自 set(*v.* 放置 *n.* 布置)

mood * [muːd] *n.* 心情，情绪

[记] 联想记忆：心情(mood)不好也不能暴饮暴食(food)

extinct * [ɪkˈstɪŋkt] *a.* 灭绝的；废弃的

[记] 词根记忆：ex(没有) + tinct(刺) → 用针刺，使没有 → 灭绝的

[搭] an extinct volcano 死火山

[派] extinction(*n.* 灭绝；废弃)

[同] vanished(*a.* 消失的，不见的)

aridity [ə'rɪdəti] *n.* 干旱；乏味

[记] 来自 arid(*a.* 干旱的；乏味的)

vision* ['vɪʒn] *n.* 想象力；视力，视觉；梦幻，幻觉

sausage ['sɒsɪdʒ] *n.* 香肠

organism ['ɔːgənɪzəm] *n.* 生物；有机体

surveillance [sɜː'veɪləns] *n.* 监视，盯梢

[记] 联想记忆：survei(看做 survey，调查) + llance → 通过观看来调查 → 监视，盯梢

senior ['siːniə(r)] *a.* 资格较老的；年长的 *n.* 较年长者；(中学或大学的)毕业班学生

[记] 词根记忆：sen(老的，年长的) + ior → 年长的；较年长者

[搭] senior citizens 老年人；senior students 大四学生

vague [veɪg] *a.* 模糊的；含糊的

[记] 词根记忆：vag(漫游) + ue → 思路四处游走 → 模糊的；含糊的

translate* ['trænsleɪt] *v.* 翻译

poverty ['pɒvəti] *n.* 贫穷

[搭] live in poverty 在贫困中成长；poverty line 贫困线

breakwater* ['breɪkwɔːtə(r)] *n.* 防浪堤

[记] 组合词：break(超过) + water(水) → 超过水位 → 防浪堤

modify ['mɒdɪfaɪ] *vt.* 更改，修改；(语法上)修饰

[记] 词根记忆：mod(尺度) + ify(使…) → 使…调整尺度 → 更改，修改

clockwise ['klɒkwaɪz] *a./ad.* 顺时针方向的/地

[记] 组合词：clock(时钟) + wise(方向) → 指针转动的方向 → 顺时针方向的

isolate* [ˈaɪsəleɪt] *vt.* 使隔离，使孤立

[记] 词根记忆：isol(=insul 岛屿) + ate(使…) → 使隔离，使孤立

highlight [ˈhaɪlaɪt] *vt.* 强调，突出；以强烈光线照射；集中注意力于 *n.* 最精彩的部分，最重要的事件

[记] 组合词：high(高的) + light(发光) → 光集中的地方 → 强调，突出

moist [mɔɪst] *a.* 湿润的，潮湿的

[记] 联想记忆：薄雾(mist)中湿润的(moist)城市很美

[派] moisture(*n.* 潮湿，湿气)

threaten [ˈθretn] *v.* 威胁，恐吓；预示（危险）快要来临，是…的征兆，可能发生

[搭] be threatened with sth. 被某物吓到

underling* [ˈʌndəlɪŋ] *n.* 职位低的人，下属

[记] 联想记忆：under(在…管辖下) + ling → 职位低的人

medium [ˈmiːdiəm] *n.* 媒质，媒介；工具，手段；（细菌等的）生存环境 *a.* 中等的；平均的

[记] 词根记忆：medi(中间)+um→中间的→媒介

detail [ˈdiːteɪl] *n.* 细节，详情；枝节，琐事 *vt.* 详述，详细说明

[搭] in detail 详细地；with details of 关于…的细节

compile [kəmˈpaɪl] *vt.* 汇编；编纂

[记] 联想记忆：com(共同) + pile(堆) → 堆在一起 → 汇编；编纂

induction* [ɪnˈdʌkʃn] *n.* 就职；归纳；感应

[记] 来自 induct(*vt.* 就任；归纳；感应)

link* [lɪŋk] *n.* 环节；联系，纽带 *v.* 连接，联系

[搭] link...with... 把…与…联系起来

foreland* [ˈfɔːlənd] *n.* 前沿地；岬角

[记] 组合词：fore(前面) + land(土地) → 前面的土地 → 前沿地

unemployment [ˌʌnɪmˈplɔɪmənt] *n.* 失业；失业人数

[记] 联想记忆：un(不)+employ(雇用)+ment →不被雇用→失业

option [ˈɒpʃn] *n.* 选择(权)；(供)选择的物(或人)；选课

[记] 来自 opt(*vi.* 选择)

bay [beɪ] *n.* 海湾

[记] 联想记忆：baby 中间少了一个 b，宝宝(baby)不愿意去海湾(bay)玩

slogan [ˈsləʊgən] *n.* 标语，口号

[记] 词根记忆：s+log(说)+an→标语，口号

instinct [ˈɪnstɪŋkt] *n.* 本能，直觉；天性

[记] 词根记忆：in(在…之内)+stinct(刺激)→内在的刺激→本能，直觉

marsh [mɑːʃ] *n.* 沼泽；湿地

[记] 联想记忆：mars(火星)+h→火星上可能会有沼泽→沼泽

mental* [ˈmentl] *a.* 心理的，精神的；智力的

[记] 词根记忆：ment(思想，心智)+al→心理的，精神的

hospitality [ˌhɒspɪˈtæləti] *n.* (对客人的)友好款待，好客；盛情；招待礼节

[记] 词根记忆：hosp(=host 主人)+ital+ity→主人的盛情款待让人难忘→友好款待；盛情

origin* [ˈɒrɪdʒɪn] *n.* 起源；[常 *pl.*] 出身

[记] 词根记忆：ori(产生)+gin→开始，本源→起源

[搭] have origins in 源于

array* [əˈreɪ] *n.* 陈列；大批 *vt.* 部署

[记] 联想记忆：ar+ray(光线)→像光线一样整齐排列→陈列；大批

[搭] an array of 一批，一列

remain* [rɪˈmeɪn] *v.* 保持；仍旧是；剩下 *n.* [*pl.*] 残余；遗迹；残骸，遗体

comprehension * [ˌkɒmprɪˈhenʃn] *n.* 理解；理解力

[记] 词根记忆：com(共同) + prehens(抓住) + ion → 共同抓住要领 → 理解

journal * [ˈdʒɜːnl] *n.* 杂志；日报；日志

[记] 词根记忆：journ(日) + al → 每日都有的 → 日报；日志

[派] journalese(*n.* 新闻文体；新闻笔调)

False friends are worse than bitter enemies.

明枪易躲，暗箭难防。

Word List 36

notorious [nəʊˈtɔːriəs] *a.* 著名的，众所周知的；声名狼藉的
[派] notoriously(*ad.* 著名地；声名狼藉地)
[同] infamous(*a.* 声名狼藉的，臭名昭著的)；disreputable(*a.* 声名狼藉的)

cash [kæʃ] *n.* 现金，现款 *vt.* 把…兑现

valid [ˈvælɪd] *a.* 有效的，具有法律效力的；正当的；有根据的，有理的
[记] 词根记忆：val(价值) + id → 有价值的 → 有效的，具有法律效力的

enrich [ɪnˈrɪtʃ] *vt.* 充实，使丰富；使富裕
[记] 联想记忆：en(使…) + rich(富有的) → 使富裕

tab [tæb] *n.* 标签

equation [ɪˈkweɪʒn] *n.* 方程式，等式；平衡；等同，相等

miracle [ˈmɪrəkl] *n.* 奇迹；奇事
[记] 词根记忆：mir(惊奇) + acle(表物) → 奇迹；奇事

worthy [ˈwɜːði] *a.* 有价值的；值得的
[派] unworthy(*a.* 没有价值的；不值得的)

irrigation [ˌɪrɪˈgeɪʃn] *n.* 灌溉；冲洗
[记] 词根记忆：ir(进入) + rig(水) + ation → 把水引入 → 灌溉

chief* [tʃiːf] *a.* 主要的；为首的

remedy [ˈremədi] *n.* 药品；治疗法；补救 *vt.* 治疗；补救
[记] 词根记忆：re + med(治疗) + y → 治疗
[搭] remedy for 对…的治疗法或药物/补救

accelerate [əkˈseləreɪt] *v.* 加速；促进
[记] 词根记忆：ac(=to) + celer(快速的) + ate(使…) → 加速；促进

thoughtful [ˈθɔːtfl] *a.* 沉思的；体贴的

brunt* [brʌnt] *n.* 冲击；冲力

[记] 联想记忆：b + run(跑) + t → 飞奔着冲过去 → 冲击；冲力

prominence [ˈprɒmɪnəns] *n.* 突出，显著；卓越；重要

[记] 词根记忆：pro(向前) + min(突出) + ence → 向前突出 → 突出，显著

compass [ˈkʌmpəs] *n.* 罗盘，罗盘仪；界限，范围；[*pl.*] 圆规

[记] 联想记忆：com(共同) + pass(通过) → 双方共同通过的地方 → 界限，范围

inaugurate [ɪˈnɔːgjəreɪt] *vt.* 开始，开创；为…举行就职典礼；为…举行开幕式；为…举行落成仪式

[记] 词根记忆：in(进入) + augur(占卜，预测) + ate → 开始预测 → 开始，开创

[派] inauguration(*n.* 就职，就职典礼)

[同] commence(*v.* 开始)；initiate(*vt.* 开始)

suppress [səˈpres] *vt.* 压制，镇压；禁止发表，查禁；抑制(感情等)，忍住；阻止…的生长(或发展)

[记] 联想记忆：sup(向下) + press(压) → 压下去 → 压制，镇压

[派] suppressant(*n.* 抑制剂)；suppression(*n.* 镇压，抑制)

[同] squash(*v.* 镇压，压制)；restrain(*vt.* 抑制，压制)

perpetuate [pəˈpetʃueɪt] *vt.* 使永存；使持续

[记] 词根记忆：per(自始至终) + pet(追求) + uate → 永远追求 → 使持续

configuration [kənˌfɪgəˈreɪʃn] *n.* 结构，配置；轮廓，外形

[记] 联想记忆：con + figur(e)(形状) + ation → 轮廓，外形

replenish [rɪˈplenɪʃ] *vt.* 再斟(或装)满；添加，补充

[记] 词根记忆：re(重新) + plen(填满) + ish → 添加，补充

encompass [ɪnˈkʌmpəs] *vt.* 包含；包围；环绕

[记] 联想记忆：en(进入) + compass(范围) → 进入所属范围 → 包含；包围

camouflage [ˈkæməflɑːʒ] *v./n.* 掩饰，伪装

[记] 联想记忆：cam(看做 came，来) + ou(看做 out) + flag(旗帜) + e → 扛着旗帜出来 → 伪装成革命战士 → 掩饰，伪装

encapsulate [ɪnˈkæpsjuleɪt] *vt.* 装入胶囊；压缩；总结，概述

[记] 来自 capsule(*n.* 胶囊)

reinvigorate [ˌriːɪnˈvɪgəreɪt] *vt.* 使重新振作；使恢复活力

repatriate [ˌriːˈpætrieɪt] *v.* 把(某人)遣返回国；归国

[记] 词根记忆：re(重新) + patr(父亲；祖国) + iate → 重新送回祖国 → 把(某人)遣返回国

tensile [ˈtensaɪl] *a.* 拉力的，张力的；可延展的，可伸长的

[搭] tensile force 张力

solidify [səˈlɪdɪfaɪ] *v.* 巩固，确保；凝固，(使)固化；团结

propagate [ˈprɒpəgeɪt] *v.* 繁殖，增殖；传播，宣传，使普及

[记] 词根记忆：pro(向前) + pag(扎牢，系牢) + ate → 向前系牢 → 繁殖；传播

[派] propagation(*n.* 繁殖；传播)

[同] produce(*vt.* 生产；繁殖)；multiply(*v.* 繁殖)

germinate [ˈdʒɜːmɪneɪt] *v.* (使)发芽，(使)生长；发展

[记] 词根记忆：germ(芽) + in + ate(使…) → (使)发芽

unbeatable [ʌnˈbiːtəbl] *a.* 无敌的，不可战胜的

accredit [əˈkredɪt] *vt.* 信任，相信，委任，授权；把…归于

[记] 联想记忆：ac + credit(相信) → 信任，相信

disorientate [dɪsˈɔːrienteɪt] *vt.* 使失去方向感；使迷茫，使不知所措(=disorient)

slumber [ˈslʌmbə(r)] *v.* 睡眠(尤指睡得安稳而舒服)，安睡 *n.* [常 *pl.*] 睡眠，安睡

[记] 联想记忆：s + lumber(木材) → 睡得很沉，像根木头 → 安睡

sufficient* [səˈfɪʃnt] *a.* 足够的，充分的

[搭] be sufficient for 对…来说足够的，充分的

[派] insufficient(*a.* 不足的)

antiquity* [ænˈtɪkwəti] *n.* 古，古老；古代；古人；古迹，古物

[记] 来自 antique (*a.* 古代的)

pretend [prɪˈtend] *v.* 装作，假装

[记] 联想记忆：pre(预先)+tend(趋向)→预先就有了趋向→装作，假装

dominant [ˈdɒmɪnənt] *a.* 占优势的；统治的；居高临下的

[记] 词根记忆：domin(统治)+ant→统治的

[搭] a dominant power in the world 世界头号强国；a dominant position 统治地位

privacy [ˈprɪvəsi] *n.* 隐私，私事；隐私权

[记] 词根记忆：priv(私有的)+acy→隐私

[反] publicity(*n.* 公开)

pilot* [ˈpaɪlət] *n.* 飞行员，引航员 *vt.* 驾驶，为…引航

[记] 发音记忆："派了他"→派他去开飞机→飞行员

advance [ədˈvɑːns] *a.* 预先的；先行的 *v.* 前进，向前移动；取得进展；预付 *n.* 前进，前移；增长，提高；预付(款等)

[搭] in advance 预先，提前

efficiency [ɪˈfɪʃnsi] *n.* 效率；功效，效能

[记] 词根记忆：ef(出)+fic(做)+iency→努力做出来的东西→效率；功效

drainage [ˈdreɪnɪdʒ] *n.* 排水(系统)

[记] 联想记忆：drain(排水)+age(集体名词后缀)→排水(系统)

credible [ˈkredəbl] *a.* 可信的，可靠的

[记] 词根记忆：cred(相信)+ible(可…的)→可信的

[派] incredible(*a.* 难以置信的)

elaborate [ɪˈlæbərət] *a.* 详尽的；复杂的；精心制作的
[ɪˈlæbəreɪt] *v.* 详述；详细制定
[记] 联想记忆：e(出) + labor(劳动) + ate → 辛苦劳动做出来的 → 精心制作的

consult [kənˈsʌlt] *v.* 请教；查阅；商议
[记] 联想记忆：不顾侮辱（insult），不耻请教(consult)
[派] consultation(*n.* 请教；咨询)

fare* [feə(r)] *n.* 费，票价 *vi.* 进展
[记] 联想记忆：你若与我同行，我不会在乎(care)船费(fare)

foundation* [faʊnˈdeɪʃn] *n.* 基础；地基；创立
[记] 来自 found(*vt.* 建立)

principal [ˈprɪnsəpl] *a.* 主要的 *n.* 校长；资本；主角
[记] 词根记忆：prin(第一) + cip(拿，取) + al → 最先拿取 → 主要的

collection* [kəˈlekʃn] *n.* 收集，积聚；收藏(品)

comparatively* [kəmˈpærətɪvli] *ad.* 相对地；比较地

victim* [ˈvɪktɪm] *n.* 牺牲者；受害者
[记] 联想记忆：胜利者(victor)的荣耀是牺牲者(victim)的鲜血换来的
[搭] fall victim to 成为…的牺牲品；成为…的受害者

aisle [aɪl] *n.* 走廊，通道；(教堂的)侧廊
[记] 联想记忆：ai(看做 air，空气) + sle → 让空气流通的道 → 通道

lime* [laɪm] *n.* 石灰
[记] 联想记忆：石灰(lime)的形成需要时间(time)

scan* [skæn] *v.* 扫描；浏览 *n.* 扫描
[记] 发音记忆："四看" → 眼睛像扫描仪一样四处看 → 扫描；浏览
[派] scanner(*n.* 扫描仪)

sculpture [ˈskʌlptʃə(r)] *n.* 雕塑品
[记] 来自 sculpt(*v.* 雕塑，雕刻)

rigorous [ˈrɪɡərəs] *a.* 严密的；严格的，严厉的；严酷的

[记] 联想记忆：rig（看做 rog，要求）+ or + ous（多…的）→ 不断要求的 → 严格的

[派] rigorously（*ad.* 严密地；严格地；严酷地）

[同] meticulous（*a.* 谨小慎微的）；rigid（*a.* 严格苛刻的）

[反] careless（*a.* 粗心的，疏忽的）

fragment [ˈfræɡmənt] *n.* 碎片，小部分，片断

[fræɡˈment] *v.* 分裂；破碎

[记] 词根记忆：frag（打碎）+ ment（名词后缀）→ 碎片，片断

audio [ˈɔːdiəʊ] *a.* 听觉的；声音的

[记] 词根记忆：aud（听）+ io → 听觉的

landmark* [ˈlændmɑːk] *n.* 路标，地标；里程碑

[记] 组合词：land（土地）+ mark（标志）→ 路标，地标

biography [baɪˈɒɡrəfi] *n.* 传记

[记] 词根记忆：bio（生命）+ graph（写）+ y → 记录生命的文字 → 传记

dubious [ˈdjuːbiəs] *a.* 怀疑的；靠不住的，不确定的

[记] 词根记忆：dub（不确定，不明确）+ ious → 靠不住的，不确定的

[同] doubtful（*a.* 可疑的，不确定的）；questionable（*a.* 可疑的）

boulder* [ˈbəʊldə(r)] *n.* 大石头；鹅卵石

drill [drɪl] *v./n.* 钻；训练

[记] 联想记忆：dr + ill（生病的）→ 生病了还坚持训练 → 训练

batch [bætʃ] *n.* 一批，一组，一群；一批生产量

[记] 联想记忆：bat（蝙蝠）+ ch → 蝙蝠群居生活 → 一批，一群

[搭] in batch 成批地；a batch of 一批，大量

camel* [ˈkæml] *n.* 骆驼

[记] 联想记忆：came(来)+l→把骆驼牵过来→骆驼

shell [ʃel] *n.* 壳；炮弹 *v.* 给…去壳；炮击

triangle [ˈtraɪæŋgl] *n.* 三角(形)

[记] 联想记忆：tri(三)+angle(角)→三角(形)

subsidy [ˈsʌbsədi] *n.* 津贴，补助金

[记] 词根记忆：sub(在…下面)+sid(坐)+y→在下面提供帮助→津贴，补助金

[搭] housing subsidies 住房补贴

contrived* [kənˈtraɪvd] *a.* 不自然的；人为的

[记] 词根记忆：contri(=contra 相反)+ve(=vene 走)+d→故意反着走→不自然的

multiply [ˈmʌltɪplaɪ] *v.* (使)增加，(使)繁殖；乘

joint [dʒɔɪnt] *n.* 接头；关节 *a.* 连接的；联合的

[记] 联想记忆：join(结合，连接)+t→接头；关节

[搭] call for joint effort from 需要…的共同努力；joint venture 合资企业

spray* [spreɪ] *n.* 浪花；喷雾；飞沫 *v.* 喷射，(使)溅洒

[记] 联想记忆：sp(音似：四泼)+ray(光线)→光线向四面射去→喷射

meanwhile [ˈmiːnwaɪl] *ad.* 与此同时

[记] 组合词：mean(意味)+while(当…时)→就在那个时候→与此同时

force* [fɔːs] *vt.* 强迫 *n.* [*pl.*] 军队；力气；影响力

[搭] bring into force 开始生效，开始实施

evolve* [iˈvɒlv] *v.* (使)逐渐形成；(使)演变，(使)进化

[记] 词根记忆：e(出)+volv(卷，转)+e→转出来→(使)进化

[搭] evolve from 由…进化而来；evolve into 进化成为…

Word List 37

chew* [tʃuː] v. 咀嚼；回味；熟思

[搭] chew over 深思熟虑；详细讨论；chew up 咀嚼

speculate [ˈspekjuleɪt] v. 推测；投机

bulge [bʌldʒ] n./v. 膨胀；凸出；塞满

insignificant* [ˌɪnsɪgˈnɪfɪkənt] a. 无关紧要的，无意义的

[记] 联想记忆：in(不) + significant(有意义的，重要的) → 无关紧要的，无意义的

revise* [rɪˈvaɪz] v. 修订；复习

[记] 词根记忆：re(一再) + vis(看) + e → 反复看 → 修订；复习

deposit [dɪˈpɒzɪt] v. 存放；储蓄；使沉淀；付(保证金) n. 存款；保证金，押金；沉积物

[记] 联想记忆：de + posit(看做 position，位置) → 将钱放在安全的位置，存入银行 → 储蓄

[搭] savings deposit 储蓄存款；a fixed deposit 定期存款

professional* [prəˈfeʃənl] a. 职业的；专业的 n. 自由职业者；专业人员

[搭] professional misconduct 失职；professional knowledge 专业知识

rigid [ˈrɪdʒɪd] a. 严格的，死板的；刚硬的，僵硬的

solemn [ˈsɒləm] a. 庄严的，隆重的；严肃的，认真的

[记] 词根记忆：sol(太阳) + emn → 太阳是神圣庄严的 → 庄严的

outsell* [ˌaʊtˈsel] vt. 卖得比…多

forum [ˈfɔːrəm] *n.* 论坛；讨论会

[记] 联想记忆：for + u(看做 you，你) + m(看做 me，我) → 让你我说话的地方 → 论坛

anecdote [ˈænɪkdəʊt] *n.* 短故事；趣闻，轶事

[记] 联想记忆：a + nec(看做 neck，脖子) + dote(溺爱) → 一个人伸着脖子听喜爱的趣闻、轶事 → 趣闻，轶事

[派] anecdotal(*a.* 趣闻的，轶事的)

conversely [ˈkɒnvɜːsli] *ad.* 相反地，颠倒地

[记] 词根记忆：con + vers(转) + e + ly → 转过去 → 相反地，颠倒地

prefabricate [ˌpriːˈfæbrɪkeɪt] *vt.* 预制构件(用以组装建筑物、船舶等)

paralysis [pəˈræləsɪs] *n.* 瘫痪，麻痹，中风

[记] 词根记忆：para(半) + lys(分开) + is → 身体裂成两半 → 瘫痪，麻痹

geometric [ˌdʒiːəˈmetrɪk] *a.* 几何的，几何学的

[记] 来自 geometry(*n.* 几何学)

[搭] geometric configuration 几何构型

floral [ˈflɔːrəl] *a.* 花的，像花的；绘有花的，饰以花的；植物群的

pollinate [ˈpɒləneɪt] *vt.* 【植】给…授粉

[记] 联想记忆：pollin(看做 pollen，花粉) + ate → 给…授粉

objectify [əbˈdʒektɪfaɪ] *vt.* 使客观化；使具体化；物化

presuppose [ˌpriːsəˈpəʊz] *vt.* 预先假定…属实；认为，假设；以…为先决条件，以…为前提

[记] 联想记忆：pre(预先) + suppose(假定) → 预先假定…属实

recapture [ˌriːˈkæptʃə(r)] *vt.* 重获，收复

contrive [kənˈtraɪv] *v.* 计划，图谋；设计；发明

[记] 词根记忆：contri(=contra 反) + ve(=vene 走) →(和普通人不同)反着走 → 设计，发明

[同] devise(*vt.* 设计，发明)；plan(*v.* 计划)

anticipation [ænˌtɪsɪˈpeɪʃn] *n.* 预料

[搭] by anticipation 预先，事先；in anticipation 预先；预料，期待

provenance [ˈprɒvənəns] *n.* 出处，起源

[记] 词根记忆：pro(在…之前) + ven(来) + ance → 先于…来到的东西 → 出处，起源

studious [ˈstjuːdiəs] *a.* 好学的，学习勤勉的；专心的；谨慎的，认真的，仔细的

[记] 来自 study(*n./v.* 学习)

[同] diligent(*a.* 勤勉的，用功的)

vibrant [ˈvaɪbrənt] *a.* 振动的；活泼的，充满生气的；兴奋的

inventive [ɪnˈventɪv] *a.* 发明的，创造的；善于发明创造的

[记] 来自 invent(*v.* 创造，发明)

protrude [prəˈtruːd] *v.* (使)伸出；(使)突出

[记] 词根记忆：pro(向前) + trud(伸出) + e → 向前伸出 → (使)伸出；(使)突出

managerial [ˌmænəˈdʒɪəriəl] *a.* 经理的；管理的，经营的

[搭] managerial talent 管理人才

notoriety [ˌnəʊtəˈraɪəti] *n.* 声名狼藉，臭名昭著

[记] 词根记忆：not(知道) + oriety(多) → 坏事人所共知 → 臭名昭著

opaque [əʊˈpeɪk] *a.* 不透明的；晦涩的，难懂的

[记] 词根记忆：opa(不透明) + que → 不透明的

[派] opaquely (*ad.* 不透明地，无光泽地)；opaqueness(*n.* 含糊)

[同] obscure(*a.* 模糊的；费解的)；vague(*a.* 含糊的，不明确的)

[反] transparent(*a.* 透明的)

ape* [eɪp] *n.* 猿 *vt.* 模仿

partial [ˈpɑːʃl] *a.* 部分的，不完全的；偏爱的，癖好的；偏向一方的，偏心的

[派] partially(*ad.* 部分地)

portable [ˈpɔːtəbl] *a.* 便于携带的；手提式的

[记] 词根记忆：port(拿，运)+able(可…的)→可以拿的→便于携带的；手提式的

depart* [dɪˈpɑːt] *vi.* 离开，起程

[记] 词根记忆：de(去掉，离开)+part(离开)→离开，起程

gauge [geɪdʒ] *n.* 测量仪表；规格，标准；计量器 *vt.* 测量，度量

[记] 发音记忆："规矩"→规格

[同] measure(*n.* 量具 *v.* 测量，度量)

dialect [ˈdaɪəlekt] *n.* 方言，土语

[记] 词根记忆：dia(相对)+lect(讲)→相对于普通话，方言更亲切→方言

debate [dɪˈbeɪt] *n./v.* 争论，辩论

[记] 词根记忆：de(表加强)+bat(打)+e→竞选双方在打口水战→争论，辩论

[搭] beyond debate 无异议，无可争辩；open the debate 在辩论时首先发言；debate upon/on 讨论(问题)

[同] dispute (*v./n.* 争论，辩论)

freefone [ˈfriːfəʊn] *n.* 免费电话

cosmopolitan* [ˌkɒzməˈpɒlɪtən] *a.* 世界性的，全球的 *n.* 世界主义者；四海为家者

[记] 词根记忆：cosmo(世界，宇宙)+polit(城市)+an→世界城→世界性的；世界主义者

helix* [ˈhiːlɪks] *n.* 螺旋(形)，螺旋结构

[记] 联想记忆：heli(看做 helic，螺旋的)+x→螺旋(形)，螺旋结构

motion [ˈməʊʃn] *n.* 运动；手势 *v.* (向…)打手势

[记] 词根记忆：mot(移动)+ion→运动

[搭] set/put sth. in motion 让某物动起来，开动某物

understanding [ˌʌndəˈstændɪŋ] *n.* 理解；谅解 *a.* 体谅的；宽容的

circumstance * [ˈsɜːkəmstəns] *n.* 环境; [*pl.*] 境况，情况
[记] 词根记忆: circum(周围) + st(站立) + ance → 站在周围的事物 → 环境
[搭] in/under...circumstances 在…情况下; in/under no circumstances 在任何情况下都不

temper * [ˈtempə(r)] *n.* 情绪 *vt.* 使缓和
[记] 联想记忆: 情绪 (temper) 会影响体温 (temperature)

bamboo [ˌbæmˈbuː] *n.* 竹子
[记] 发音记忆: "颁布" → 古时颁布的法令有些是刻在竹简上的 → 竹子

shore [ʃɔː(r)] *n.* 滨，岸，海滩

insurance [ɪnˈʃʊərəns] *n.* 保险; 保险费; 保险业
[记] 来自 insure(*v.* 给…保险)
[搭] unemployment insurance 失业保险; accident insurance 意外险; life insurance 人寿险

impress * [ɪmˈpres] *vt.* 给…留下深刻印象，使铭记; 印，压印 *n.* 印记
[记] 联想记忆: im(=on 在…上) + press(压) → 在上面压 → 压印

maintain * [meɪnˈteɪn] *vt.* 维持，保持; 维修，保养; 坚持，主张; 赡养，负担
[记] 词根记忆: main(手) + tain(拿住) → 用手牢牢握住 → 维持，保持
[搭] maintain one's health 保持健康

meaningful * [ˈmiːnɪŋfl] *a.* 有目的的; 有意义的
[记] 联想记忆: meaning(含义，意义) + ful(充满…的) → 有目的的; 有意义的

exist * [ɪɡˈzɪst] *vi.* 存在; 生存
[派] existence(*n.* 存在; 生存; 生活方式)

jostle * [ˈdʒɒsl] *v.* 推挤; 挤开通路

version * [ˈvɜːʃn] *n.* 样式; 型号; 种类; 说法; 版本; 译本
[记] 词根记忆: vers(转) + ion → 从原文转化而来 → 译本

hostility* [hɒˈstɪləti] *n.* 敌意，敌对，对抗；抵制，反对，否决；[*pl.*] 交战，战争

appearance* [əˈpɪərəns] *n.* 出现；外观

[记] 来自 appear(*vi.* 出现)

grind [graɪnd] *n.* 〈口〉苦差事 *v.* 磨(碎)，碾；折磨

[记] 联想记忆：将一块大(grand)石头磨碎(grind)

[搭] the daily grind 繁重的日常工作

optimistic* [ˌɒptɪˈmɪstɪk] *a.* 乐观的，乐观主义的

[记] 词根记忆：optim(最好)+istic → 什么都往最好处想的 → 乐观的

tense [tens] *a.* 拉紧的 *v.* (使)拉紧

[记] 发音记忆："弹死" → 没有弹性 → 拉紧的

[派] tension(*n.* 紧张)

ignore* [ɪgˈnɔː(r)] *vt.* 不顾，不理，忽视

[记] 联想记忆：ig + nore(看做 nose，鼻子) → 翘起鼻子不理人 → 不顾，不理，忽视

extract* [ˈekstrækt] *n.* 摘录，选段；提出物，精，汁

[ɪkˈstrækt] *vt.* 取出；提取

[记] 词根记忆：ex(出)+tract(拉) → 拉出 → 取出；提取

[搭] extract from 从…中提取

[同] abstract(*n.* 摘要，梗概)；remove(*vt.* 移开，挪走)；cull(*vt.* 挑选，精选)

therefore* [ˈðeəfɔː(r)] *ad.* 因此，所以

bar* [bɑː(r)] *n.* 酒吧；栅栏；棒，条状物 *vt.* 闩(门、窗等)；阻拦

[记] 发音记忆："吧" → 酒吧

externally [ɪkˈstɜːnəli] *ad.* 外表上，外形上

[记] 来自 external(*a.* 外表的)

abound* [əˈbaʊnd] *vi.* 富于；充满

[记] 联想记忆：a(一个)+bound(界限，范围) → 所有物品都在一个范围内 → 富于；充满

subjective [səbˈdʒektɪv] *a.* 主观(上)的

[反] objective(*a.* 客观的)

particularly* [pəˈtɪkjələli] *ad.* 特别，尤其

[记] 来自 particular(*a.* 特别的)

quiver [ˈkwɪvə(r)] *v.* 颤抖，抖动

[同] quake(*vi.* 震动；颤抖)；shake〔*v.* (使)颤抖，(使)震动〕

marker [ˈmɑːkə(r)] *n.* 标记，标志

district [ˈdɪstrɪkt] *n.* 区，地区

MasterCard* [ˈmaːstə(r)kaːd] *n.* 万事达信用卡

classification [ˌklæsɪfɪˈkeɪʃn] *n.* 分类；级别

[记] 来自 classify (*vt.* 把…分类)

pollution* [pəˈluːʃn] *n.* 污染，污染物；玷污

obtain [əbˈteɪn] *v.* 获得，得到；通用，流行

[记] 词根记忆：ob + tain(拿住) → 拿到 → 获得，得到

mandarin* [ˈmændərɪn] *n.* 橘子；达官贵人，官僚；[M-] 普通话

[记] 词根记忆：mand(命令) + arin → 命令全国都要讲的 → 普通话

Word List 38

probe [prəʊb] *v.* 探索，查究；（用探针或探测器等）探查，探测 *n.* 探针；探测器，探测飞船；探索，调查

[记] 词根记忆：prob（检测）+ e → 探测，查究

[同] investigate（*v.* 调查）；survey（*v.* 调查）

panic* [ˈpænɪk] *a.* 恐慌的 *n.* 恐慌，惊惶 *v.*（使）惊慌失措

disturb* [dɪˈstɜːb] *v.* 扰乱；弄乱，打乱；打扰，使烦恼

[记] 词根记忆：dis（分开）+ turb（晃动，搅动）→ 扰乱；打乱

[搭] disturb the peace 扰乱和平

grassy* [ˈgrɑːsi] *a.* 草绿色的；似草的

glorious [ˈglɔːriəs] *a.* 光荣的；壮丽的

[记] 发音记忆："哥劳累死" → 劳累致死，荣誉来之不易 → 光荣的

fertile [ˈfɜːtaɪl] *a.* 肥沃的，多产的，富饶的；能繁殖的

[记] 词根记忆：fer（带来）+ tile → 可带来果实的 → 多产的

[搭] fertile land/field/soil 肥沃的土地；fertile eggs 受精卵

amateur [ˈæmətə(r)] *n.* 外行；业余爱好者 *a.* 业余的

[记] 词根记忆：amat（爱）+ eur（表人）→ 业余爱好者

[反] professional（*a.* 职业的，专业的）

undisguised* [ˌʌndɪsˈgaɪzd] *a.* 无伪装的；坦率的

[记] 联想记忆：un（不，无）+ disguise（装饰；伪装）+ d → 无伪装的

silver* [ˈsɪlvə(r)] *n.* 银；银器

fulfillment [fʊl ˈfɪlmənt] *n.* 履行；实现

aspire [ə ˈspaɪə(r)] *v.* 向往，渴望，追求；有志于，有抱负

[记] 联想记忆：a + spire（塔尖，尖顶）→ 向塔尖看 → 向往，渴望，追求

recession [rɪ ˈseʃn] *n.* （经济的）衰退，衰退时期；撤回，退回

[记] 词根记忆：re（反）+ cess（行走）+ ion → 向后走 → 衰退；撤回

[搭] economic recession 经济衰退期

miscellaneous [ˌmɪsə ˈleɪniəs] *a.* 各种各样的；混杂的

[记] 来自 miscellanea（*n.* 杂记，杂录）

[搭] miscellaneous costs 杂费

utilization [ˌjuːtəlaɪ ˈzeɪʃn] *n.* 利用

caustic [ˈkɔːstɪk] *n.* 腐蚀剂 *a.* 腐蚀性的；（指评论）讽刺的，挖苦的

[记] 联想记忆：caus（看做 cause，造成）+ tic → 造成腐蚀的 → 腐蚀性的

[搭] caustic remarks 讽刺性的言论

detergent [dɪ ˈtɜːdʒənt] *a.* 净化的，清洁的 *n.* 清洁剂

[记] 词根记忆：de（去掉）+ terg（擦）+ ent → 擦掉（脏）东西 → 清洁的

reclaim [rɪ ˈkleɪm] *vt.* 纠正；要求归还，收回；开垦（土地）

[记] 联想记忆：re（一再）+ claim（大声叫喊）→ 一再叫喊，要求归还 → 要求归还

[派] reclamation（*n.* 开垦；回收）

deflect [dɪ ˈflekt] *v.* （使）偏斜，（使）转向

[记] 词根记忆：de（离开）+ flect（弯曲）→ 弯到旁边 →（使）偏斜

trench [trentʃ] *n.* 沟，壕沟 *v.* 挖沟

[记] 联想记忆：t + rench（看做 bench，长凳）→ 像长凳一样狭长的地区 → 沟，壕沟

holistically [həʊ ˈlɪstɪkli] *ad.* 整体地，全盘地

urbanization [ˌɜːbənaɪˈzeɪʃn] *n.* 城市化，都市化

insularity [ˌɪnsjuˈlærəti] *n.* 岛国(状态)；与外界隔绝的生活状况；(思想、观点等的)偏狭

permeate [ˈpɜːmieɪt] *v.* 扩散，弥漫；渗透，渗入

[记] 词根记忆：per(全部)＋mea(经过，流过)＋te → 全部经过 → 扩散，弥漫；渗透

[派] permeation(*n.* 渗入，透过)；permeant(*a.* 浸透的)

[同] penetrate(*v.* 穿透，渗透)

repack [rɪˈpæk] *vt.* 重新包装；重新填塞；再装配；拆修

disruptive [dɪsˈrʌptɪv] *a.* 制造混乱的；分裂性的；破坏性的

clinical [ˈklɪnɪkl] *a.* 临床的；冷静客观的；简朴的，不装饰的

[记] 来自 clinic(*n.* 诊所)

momentum [məˈmentəm] *n.* 动力，冲力，势头；动量

[记] 联想记忆：moment(瞬间)＋um → 冲力在瞬间迸发 → 冲力

[同] impetus(*n.* 促进；推动力)

disempower [ˌdɪsɪmˈpaʊə(r)] *vt.* 使失去权力或影响

depletion [dɪˈpliːʃn] *n.* 削减，消耗

[记] 词根记忆：de(去掉)＋plet(填满)＋ion → 使不满 → 削减，消耗

authenticate [ɔːˈθentɪkeɪt] *vt.* 鉴别，证明

[记] 来自 authentic(*a.* 真的；真正的)

anatomy* [əˈnætəmi] *n.* 解剖(学)；解剖结构

[记] 词根记忆：ana(分开)＋tomy(切) → 切开机体组织 → 解剖(学)

[搭] human anatomy 人体解剖(学)

[派] anatomical(*a.* 解剖学的)

confidence [ˈkɒnfɪdəns] *n.* 信任；信心

chemical* [ˈkemɪkl] *a.* 化学的 *n.* 化学制品

literal [ˈlɪtərəl] *a.* 照字面的；逐字的

[记] 词根记忆：liter(文字)＋al → 照字面的

comprehensive* [ˌkɒmprɪˈhensɪv] *a.* 全面的，广泛的；综合的；包容的

[记] 词根记忆：com（完全地）+ prehens（抓住）+ ive → 全部抓住 → 全面的；综合的

glue [gluː] *n.* 胶水 *vt.* 胶合，张贴

[记] 联想记忆：用胶水(glue)把那幅蓝色的(blue)画贴上

bureau [ˈbjʊərəʊ] *n.* 办公室；机构；局；处；所

[搭] an employment bureau 职业介绍所

marsupial* [mɑːˈsuːpiəl] *n./a.* 有袋动物(的)

[搭] marsupial animals 有袋动物

commencement [kəˈmensmənt] *n.* 开始，开端；毕业典礼

observe [əbˈzɜːv] *v.* 察觉；观察；遵守

[记] 词根记忆：ob（表加强）+ serv（维持）+ e → 遵守

brood [bruːd] *v.* 沉思；孵蛋 *n.* (雏鸡等)一窝

[记] 联想记忆：同一窝(brood)生出的是同一个品种(breed)

[同] meditate（*v.* 想，考虑）；hatch（*v.* 孵化）

interdependent* [ˌɪntədɪˈpendənt] *a.* 互相依赖的，互助的

[记] 联想记忆：inter（相互）+ dependent（依赖的）→ 互相依赖的

prominent [ˈprɒmɪnənt] *a.* 突出的；著名的；显著的

[记] 词根记忆：pro（向前，在前）+ min（伸出，突出）+ ent（形容词后缀）→ 突出的；显著的

conventional* [kənˈvenʃənl] *a.* 普通的，习惯的；常规的，因循守旧的，传统的

[搭] conventional value 传统价值

productivity [ˌprɒdʌkˈtɪvəti] *n.* 生产力；生产率

[记] 来自 product（*n.* 产品）

[同] output（*n.* 产量）；capacity（*n.* 生产力）

viscous [ˈvɪskəs] *a.* 黏滞的，黏性的

murder [ˈmɜːdə(r)] *n./v.* 谋杀，凶杀

transform* [trænsˈfɔːm] *v.* 使改观，改革，改善；变换，把…转换成

［记］词根记忆：trans（越过；交叉）+ form（形状）→ 使形状交叉 → 使改观

strategist [ˈstrætədʒɪst] *n.* 战略家

［记］来自 strategy（*n.* 战略）

indulge [ɪnˈdʌldʒ] *v.* 沉溺于，纵情于；满足（欲望、兴趣等）；放纵，听任

［记］词根记忆：in + dulg（屈服，让步）+ e → 屈服于欲望 → 放纵

［同］gratify（*vt.* 使满意，纵容）；satisfy〔*v.* 满足，（使）满意〕；pamper（*vt.* 纵容，娇惯）

centrifugal force* 离心力

personality* [ˌpɜːsəˈnæləti] *n.* 人格；个性；名人，人物

definition [ˌdefɪˈnɪʃn] *n.* 定义，释义；清晰（度）

host* [həʊst] *n.* 主人；东道主；主办方；大量，许多 *v.* 主办；招待

［搭］a host of 大量的；host country 主办国

feminism* [ˈfemənɪzəm] *n.* 男女平等主义；女权主义；女权运动

［记］词根记忆：femin（女）+ ism（…主义）→ 女权主义

abate [əˈbeɪt] *v.* 减轻；降价

［记］联想记忆：a（表加强）+ bate（减弱，减少）→ 减轻

expectation [ˌekspekˈteɪʃn] *n.* 期待，预期；［*pl.*］前程，成功的前景

［记］来自 expect（*v.* 期待）

［搭］role expectation 角色期待

excessive [ɪkˈsesɪv] *a.* 过多的，极度的，过分的

brilliant [ˈbrɪliənt] *a.* 光辉灿烂的；卓越的，有才华的

［记］词根记忆：brilli（发光）+ ant（形容词后缀）→ 发光的 → 光辉灿烂的

hall * [hɔːl] *n.* 门厅；礼堂

seminar * [ˈsemɪnɑː(r)] *n.* (大学的)研究班，研讨会

charcoal * [ˈtʃɑːkəʊl] *n.* 炭，木炭

[记] 组合词：char(烧焦)+coal(煤)→将煤烧焦→炭

navigable * [ˈnævɪgəbl] *a.* 可通航的；适于航行的

[记] 词根记忆：nav(船)+ig(开动)+able(能…的)→船可以开动的→可通航的

foul * [faʊl] *a.* 发臭的；肮脏的；邪恶的 *n.* 犯规

[记] 联想记忆：邪恶的(foul)心灵(soul)

track and field * 田径

contemplate [ˈkɒntəmpleɪt] *v.* 思量，沉思；注视，凝视；打算，预期

[记] 联想记忆：con+templ(看做temple，庙)+ate→庙里的和尚常常打坐→思量，沉思

[同] ponder(*v.* 沉思，考虑)

budget * [ˈbʌdʒɪt] *n.* 预算，预算经费 *v.* 做预算

[搭] budget deficit 预算赤字；cut down the budget 减少预算；on a budget 节省费用

flee [fliː] *v.* 逃走；逃避

worthwhile [ˌwɜːθˈwaɪl] *a.* 值得花费时间(或金钱)的，值得做的

[记] 组合词：worth(值得)+while(一段时间)→值得花费时间的

[搭] be worthwhile to do sth./doing sth. 值得做某事

clamp [klæmp] *v.* (用夹具等)夹紧 *n.* 夹钳

convenience [kənˈviːniəns] *n.* 方便；便利设施

[记] 词根记忆：con(共同)+ven(来)+i+ence→共同行动来维护→便利设施

[搭] convenience food/store 便利食品/商店；at sb.'s convenience 在某人方便时

[派] inconvenience(*n.* 麻烦，不方便)

fountain [ˈfaʊntən] *n.* 喷泉

[记] 联想记忆：山(mountain)顶上有喷泉(fountain)

migrant [ˈmaɪɡrənt] *n.* 移居者，移民；迁移动物，候鸟

[记] 词根记忆：migr(移动) + ant(表人或物) → 移居者；迁移动物

specify [ˈspesɪfaɪ] *v.* 指定；详细说明

[记] 词根记忆：spec(看) + ify(使…) → 让人看清楚 → 详细说明

deviance* [ˈdiːviəns] *n.* 异常；偏常行为

[记] 词根记忆：de(偏离) + vi(路) + ance → 偏离正路 → 偏常行为

[派] deviant(*a.* 不正常的；偏离常规的)

Experience is the father of wisdom and memory the mother.

经验是智慧之父，记忆是智慧之母。

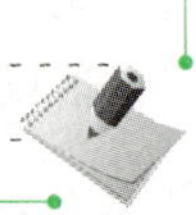

Word List 39

estimate* [ˈestɪmeɪt] *v.* 估计，估量；估价；评价
[ˈestɪmət] *n.* 估计，估量；估价；评价
[记] 联想记忆：评估(estimate)地产(estate)

tick off 用记号勾出，给…打核对号

livelihood* [ˈlaɪvlihʊd] *n.* 生活，生计

manufacture [ˌmænjuˈfæktʃə(r)] *vt.* 大量制造，成批生产 *n.* 大量制造；工业品
[记] 词根记忆：manu(手)+fact(制作)+ure → 用手制作 → 大量制造

censure* [ˈsenʃə(r)] *vt./n.* 指责，谴责，责难
[记] 词根记忆：cens(评价)+ure → 可以评价的 → 指责，谴责

voltage [ˈvəʊltɪdʒ] *n.* 电压

logic [ˈlɒdʒɪk] *n.* 逻辑；逻辑学
[记] 词根记忆：log(言语)+ic → 言语正确的 → 逻辑；逻辑学

metro* [ˈmetrəʊ] *n.* 地下铁路

enroll* [ɪnˈrəʊl] *v.* 入学，登记；加入；招收
[记] 联想记忆：en(进入)+roll(名单) → 上了名单 → 登记
[搭] enroll on 注册

civilization [ˌsɪvəlaɪˈzeɪʃn] *n.* 文明(社会)，文化
[记] 词根记忆：civ(=citizen 市民，公民)+iliza+tion(名词后缀) → 文明(社会)

compendium* [kəmˈpendiəm] *n.* 简要，概略
[记] 词根记忆：com(共同)+pend(悬挂)+i-um → 把重要的部分抽出来挂在一起 → 简要，概略

embark [ɪmˈbɑːk] *v.* (使)上船或飞机；(使)从事

[搭] embark on/upon 从事，着手，开始工作

deserve* [dɪˈzɜːv] *v.* 应得；值得

[记] 词根记忆：de + serv(服务) + e → 花钱享受应得的服务 → 应得；值得

eject [iˈdʒekt] *v.* 弹出；喷出；驱逐，逐出

[记] 词根记忆：e(出) + ject(扔) → 扔出来 → 驱逐，逐出

[搭] eject from 从…逐出

[同] expel(*vt.* 驱逐；开除)；remove(*vt.* 开除)；evict(*vt.* 驱逐，逐出)

verification [ˌverɪfɪˈkeɪʃn] *n.* 确认

autoimmune [ˌɔːtəʊɪˈmjuːn] *a.* 自身免疫的

[记] 联想记忆：auto(自身) + immune(免疫的) → 自身免疫的

inheritance [ɪnˈherɪtəns] *n.* 遗传；继承，继承物；遗产，遗赠

[搭] historic inheritance 历史遗产

relentless [rɪˈlentləs] *a.* 无情的，残酷的

requisite [ˈrekwɪzɪt] *a.* (情况)需要的；(成功)必要的 *n.* 必需品；要素

[记] 词根记忆：re(再，又) + quisit(要求) + e → 一再要求 → 需要的，必要的

dizziness [ˈdɪzinəs] *n.* 头昏眼花，眩晕

periphery [pəˈrɪfəri] *n.* 不重要的部分；外围

[记] 词根记忆：peri(周围) + pher(带来) + y → 带到周围 → 不重要的部分；外围

credential [krəˈdenʃl] *n.* 证明书；(学历、资历)资格证书；证件

[记] 词根记忆：cred(相信) + ential → 让人相信的东西 → 证明书

facsimile [fækˈsɪməli] *n.* 复制品；副本

[记] 词根记忆：fac(做) + simil(相同) + e → 做出相同的东西 → 复制品；副本

reel [riːl] *n.* 卷轴，卷筒，卷盘，线轴 *v.* 摇摇晃晃地移动，蹒跚；眩晕，发昏；卷，绕

[记] 联想记忆：喝醉酒，步履蹒跚(reel)，感觉(feel)墙走我不走

[同] shamble(*vi.* 蹒跚)；stagger(*v.* 踉跄，蹒跚)

churn [tʃɜːn] *n.* (制作黄油用的)搅乳器；*v.* 用搅乳器搅拌；剧烈搅动；猛烈翻滚；反胃，恶心

nocturnal [nɒkˈtɜːnl] *a.* 夜晚的；夜晚发生的；夜晚活动的

[记] 词根记忆：noct(夜)＋urnal → 夜晚的

[搭] nocturnal vision 夜视能力

obstruct [əbˈstrʌkt] *v.* 妨碍，阻止；阻塞；截断

[记] 词根记忆：ob(反)＋struct(建造) → 反着建造 → 妨碍，阻止

prohibitive [prəˈhɪbətɪv] *a.* 禁止的，抑制的；令人望而却步的

[记] 词根记忆：pro(在…之前)＋hibit(拿住)＋ive → 提前拿住 → 抑制的

navigation [ˌnævɪˈgeɪʃn] *n.* 航空，航海，航行；导航，领航

[记] 词根记忆：nav(船)＋ig(开，驱动)＋ation → 开动船只 → 航海，航行

entwine [ɪnˈtwaɪn] *vt.* 使缠住，使盘绕

monumental [ˌmɒnjuˈmentl] *a.* 纪念碑的，纪念物的；不朽的，有重大意义的

[记] 联想记忆：monument(纪念碑)＋al(形容词后缀) → 纪念碑的；不朽的

reiterate [riˈɪtəreɪt] *vt.* 重复，反复；反复地说，重申

[记] 词根记忆：re(再，又)＋it(走)＋erate → 重复地走 → 反复地说，重申

jeopardise [ˈdʒepədaɪz] *vt.* 危害，使受危困

peripheral [pəˈrɪfərəl] *a.* 外围的；次要的，附带的 *n.* 外围设备

[记] 词根记忆：peri(周围)＋pher(带来)＋al → 外围的

elusive [iˈluːsɪv] *a.* 难懂的，难捉摸的；易忘的

[记] 词根记忆：e(出)＋lus(光)＋ive → 没有灵光出来的 → 难懂的，难捉摸的

distinctive* [dɪˈstɪŋktɪv] *a.* 出众的；有特色的

[记] 来自 distinct(*a.* 明显的)

[同] characteristic(*a.* 特别的，特殊的)

board* [bɔːd] *n.* 板；委员会

[搭] board of education 教育委员会

decompression [ˌdiːkəmˈpreʃn] *n.* 减压；减压室

[记] 联想记忆：de(减)＋compress(压缩)＋ion → 减压

prevalent [ˈprevələnt] *a.* 流行的，普遍的

[记] 词根记忆：pre(在…之前)＋val(力量)＋ent → 有走在前面的力量的 → 流行的

[同] widespread(*a.* 分布广泛的，普遍的)；universal(*a.* 普遍的)

[反] rare(*a.* 稀有的，罕见的)；uncommon(*a.* 不凡的，罕有的)

twist* [twɪst] *v.* 缠绕；捻；扭曲，弯曲 *n.* 弯曲

[记] 联想记忆：tw(看做 two，两个)＋ist(表人) → 两个人扭打在一起 → 缠绕

rent* [rent] *v.* 租借；出租 *n.* 租金

[派] rental(*a.* 租用的 *n.* 租金)

eminent* [ˈemɪnənt] *a.* 杰出的，显赫的

[记] 词根记忆：e(出)＋min(突出)＋ent → 杰出的，显赫的

crescent* [ˈkresnt] *n.* 新月，月牙；新月形（物）*a.* 新月形的

[记] 联想记忆：cre＋scent(香味) → 新月长到满月，月饼飘香 → 新月

sucker [ˈsʌkə(r)] *n.* 吸盘；吸根，根出条

calm [kɑːm] *a.* 镇静的；平静的 *v.* （使）平静；（使）镇静

[记] 联想记忆：她手掌(palm)心出汗，内心很不平静(calm)

scope* [skəʊp] *n.* 眼界，见识；(活动、影响等的)范围；(发挥能力等的)余地，机会

[记] 联想记忆：s + cope(对付，处理) → 人处理的事情多了，眼界自然就会开阔 → 眼界

cooperate [kəʊˈɒpəreɪt] *vi.* 合作，协作

[记] 词根记忆：co(共同) + oper(工作) + ate → 一起工作 → 合作，协作

[搭] cooperate with (sb.) in (sth.) 和(某人)合作做(某事)

[派] cooperation (*n.* 合作，协作)；cooperative (*a.* 合作的)

applaud [əˈplɔːd] *v.* (向…)鼓掌，喝彩；称赞

[记] 词根记忆：ap(表加强) + plaud(击，打) → 双手击打 → (向…)鼓掌，喝彩

appraisal [əˈpreɪzəl] *n.* 评估，评价

[记] 词根记忆：ap(给，向) + prais(价格) + al → 给定价 → 评价

allowance [əˈlaʊəns] *n.* 津贴；允许，容忍

[记] 联想记忆：allow(允许) + ance → 允许

[搭] make allowance(s) for 考虑到，顾及；体谅，原谅；为…留余地；at no allowance 无限制，尽情地；financial allowance 财政津贴

heir [eə(r)] *n.* 继承人

[记] 发音记忆："儿啊" → 儿子当然是继承人了 → 继承人

exploit* [ɪkˈsplɔɪt] *vt.* 剥削；开发，开拓；利用

[ˈeksplɔɪt] *n.* 英勇行为；业绩，功绩

[记] 词根记忆：ex(出) + plo(折叠) + it → 向外折 → 开拓；利用

[派] exploitation(*n.* 利用；开发)

domestic [dəˈmestɪk] *a.* 本国的；家庭的；驯养的

[记] 词根记忆：dom(家) + estic → 家庭的

[派] domesticate(*vt.* 驯养，教化)

unexpected [ˌʌnɪkˈspektɪd] *a.* 想不到的，意外的

counsel [ˈkaʊnsl] *n.* 律师，法律顾问；建议，忠告 *v.* 商议，劝告

[记] 联想记忆：coun(看做 court，法庭) + sel(看做 sell，卖) → 在法庭上卖弄技巧的人 → 律师

sticky [ˈstɪki] *a.* 黏性的；(天气)湿热的

[记] 联想记忆：stick(粘住) + y → 黏性的

competition* [ˌkɒmpəˈtɪʃn] *n.* 竞争；比赛

responsible* [rɪˈspɒnsəbl] *a.* 有责任感的；可靠的

[记] 词根记忆：re(再，又) + spons(承诺，约定) + ible(能…的) → 能一再遵守承诺、约定的 → 有责任感的

[搭] be responsible for 承担…的责任，有责任…

[派] responsibility(*n.* 责任，职责)

critic [ˈkrɪtɪk] *n.* 批评家；爱挑剔的人

[记] 词根记忆：crit(判断) + ic → 判断是非 → 批评家

[搭] a music critic 乐评人

extensive [ɪkˈstensɪv] *a.* 广大的，广阔的；广泛的

[搭] make extensive use of 广泛应用

corridor [ˈkɒrɪdɔː(r)] *n.* 过道，走廊

[搭] in the corridor 在走廊里

imagine* [ɪˈmædʒɪn] *v.* 想象；猜想

[派] imagination (*n.* 想象，空想；想象力)；imaginable(*a.* 可想象的，可能的)；imaginative (*a.* 想象的，虚构的)

interact [ˌɪntərˈækt] *vi.* 相互作用；相互影响

[记] 词根记忆：inter(在…之间) + act(行动) → 相互之间有行动 → 相互作用

[搭] interact with 和…相互作用

[派] interaction(*n.* 相互作用)

starchy* [ˈstɑːtʃi] *a.* 含淀粉的

[记] 来自 starch(*n.* 淀粉)

trivial* ['trɪviəl] *a.* 无价值的，琐屑的；平庸的，普通的

[记] 词根记忆：tri(三)+vi(路)+al(形容词后缀)→三岔路的→琐屑的

[同] trifling(*a.* 不重要的)；petty(*a.* 小的，不重要的)

exorbitant [ɪɡ'zɔːbɪtənt] *a.* 过分的，不合理的

[记] 联想记忆：ex(出)+orbit(轨道，常规)+ant→走出常规→过分的，不合理的

large-scale* ['lɑːdʒ'skeɪl] *a.* 大规模的，大范围的

region* ['riːdʒən] *n.* 地区；范围

[记] 词根记忆：reg (统治)+ion→统治的区域→地区；范围

[派] regional(*a.* 地区的)

alternate ['ɔːltəneɪt] *v.* (使)轮流，(使)交替

[ɔːl'tɜːnət] *a.* 轮流的；间隔的；交替的

[记] 词根记忆：altern(其他人或物)+ate→其他的→轮流的；交替的

steer [stɪə(r)] *v.* 引导；驾驶

[记] 联想记忆：当你驾驶(steer)的时候，眼睛一定要盯住(stare)前方

bargain ['bɑːɡən] *vi.* 讨价还价 *n.* 协议；交易；便宜货

infection [ɪn'fekʃn] *n.* 传染，感染，侵染，传播；传染病

[搭] a severe infection 严重的传染病；respiratory infection 呼吸道感染

conservative [kən'sɜːvətɪv] *a.* 保守的；传统的；守旧的 *n.* 保守的人

[搭] Conservative Party (英国的)保守党

spin* [spɪn] *v.* (使)旋转 *n.* 旋转

personnel [ˌpɜːsə'nel] *n.* 全体人员，员工

liver ['lɪvə(r)] *n.* 生活者，居住者；肝脏

[记] 联想记忆：没有肝脏(liver)，人便无法生存(live)

[搭] liver cells 肝细胞

inflammable* [ɪnˈflæməbl] *a.* 易燃的；易怒的

[记] 词根记忆：in + flamm（燃烧）+ able（易…的）→ 容易着火的 → 易燃的

[搭] an inflammable temper 易怒的脾气

disfigure* [dɪsˈfɪɡə(r)] *vt.* 使毁容，使变丑

[记] 联想记忆：dis(离开，分离) + figure(形体) → 正常的形体消失了 → 使毁容

surf [sɜːf] *v.* 冲浪

[记] 发音记忆："舒服" → 冲浪很舒服 → 冲浪

swear [sweə(r)] *v.* 宣(誓)；诅咒

Everything is good when new, but friends when old.

东西是新的好，朋友是老的亲。

Word List 40

create* [kri'eɪt] *vt.* 创造，创作；产生

mime* [maɪm] *v.* 模拟，模仿 *n.* 哑剧表演；哑剧演员

[记] 词根记忆：mim(模仿)+e→模拟，模仿

impose [ɪm'pəʊz] *v.* 把…强加于；征(税等)；处以(罚款、监禁等)

[记] 词根记忆：im(使…)+pos(放置)+e→强行放置→把…强加于

likelihood ['laɪklihʊd] *n.* 可能；可能性

[记] 来自 likely(*ad.* 很可能)

explode [ɪk'spləʊd] *v.* (使)爆炸；爆发；激增

[记] 词根记忆：ex(出)+plod(击掌)+e→众人齐声鼓掌声响如爆炸→(使)爆炸；爆发

[派] explosion(*n.* 爆炸)

spectacular [spek'tækjələ(r)] *a.* 壮观的；令人惊叹的 *n.* 壮观的场面；精彩的表演

[搭] a spectacular success 巨大的成功；make a spectacular of oneself (因行为等)出丑，出洋相

enormous* [ɪ'nɔːməs] *a.* 巨大的，庞大的，极大的

[记] 联想记忆：e(出)+norm(规范)+ous(形容词后缀)→超出规范的→巨大的

[派] enormously(*ad.* 巨大地，庞大地)

counterproductive [ˌkaʊntəprə'dʌktɪv] *a.* 产生相反效果的，适得其反的

[记] 联想记忆：counter(反)+productive(有成效的)→产生相反效果的

variant ['veəriənt] *a.* 不同的 *n.* 变量；变体

healing ['hiːlɪŋ] *n.* 康复，复原 *a.* 有治疗作用的

[记] 来自 heal(*v.* 治疗，治愈)

autocratic [ˌɔːtəˈkrætɪk] *a.* 独裁的，专制的

[记] 词根记忆：auto(自己)+crat(统治)+ic→独自统治的→独裁的，专制的

emulate [ˈemjuleɪt] *vt.* 与…竞争，赶上；仿真，模仿

[记] 词根记忆：emul(竞争)+ate→与…竞争

[派] emulation(*n.* 竞争；仿效)

disastrous [dɪˈzɑːstrəs] *a.* 损失惨重的，灾难性的；极坏的

[记] 词根记忆：dis(分离)+astr(星星)+ous(形容词后缀)→古人认为星位发生偏离就预示有灾难发生→灾难性的

topple [ˈtɒpl] *v.* 倒塌，倒下；打倒，推翻

[记] 联想记忆：top(顶)+ple→使顶向下→打倒，推翻

resilience [rɪˈzɪliəns] *n.* 弹性，弹力；复原力；适应性；(指人)乐观的性情

[记] 来自 resilient(*a.* 有弹性的；适应力强的)

collateral [kɒˈlætərəl] *a.* 并行的；间接的，附带的

[记] 词根记忆：col(共同)+later(侧面，边)+al(形容词后缀)→并行的

colossal [kəˈlɒsl] *a.* 巨大的，庞大的

tackle [ˈtækl] *v.* 对付，处理；向某人提起(问题或困难情况)；(足球等比赛中)抢截，抢球 *n.* 用具，器具；滑轮(组)，滑车；(足球等比赛中)抢截

[记] 联想记忆：tack(钉)+le→除去眼中钉→对付，处理

[搭] tackle sb. about sth. 与某人就其事进行交涉

[派] tackler(*n.* 拦截队员)

coordinate [kəʊˈɔːdɪneɪt] *v.* 调整，协调

[kəuˈɔːdɪnət] *n.* 同等者，同等物 *a.* 同等的，并列的

[记] 词根记忆：co(共同)+ordin(顺序)+ate(使…)→使…顺序一致→调整，协调

supplementary [ˌsʌplɪˈmentri] *a.* 增补的，补充的

[记] 词根记忆：sup(在…下面)+ple(填满)+ment+ary→在下面填满的→增补的，补充的

[同] additional(*a.* 另外的，附加的)

scrutiny [ˈskruːtəni] *n.* 详细检查，细看；监视

[记] 联想记忆：scru(音似：四顾) + tiny(微小的) → 连微小的都要顾到 → 详细检查，细看

[同] inspection(*n.* 检查，审查)

[反] neglect(*n.* 疏忽，忽视)

cognition [kɒgˈnɪʃn] *n.* 感知，认知；认识力

[记] 词根记忆：co(共同) + gn(知道) + ition → 共同知道 → 认知

repel [rɪˈpel] *vt.* 击退，驱逐；抵制，拒绝；使反感，使厌恶

[记] 词根记忆：re(=back 向后) + pel(推) → 向后推 → 击退，驱逐

[派] repellent(*a.* 令人反感的)

[同] repulse(*vt.* 击退，驱逐)；disgust(*vt.* 使厌恶)

domesticate [dəˈmestɪkeɪt] *vt.* 驯养，教化；使喜爱家居生活

[记] 来自 domestic(*a.* 家庭的)

exhaustive [ɪgˈzɔːstɪv] *a.* 包揽无遗的，彻底的，详尽的

calibrate [ˈkælɪbreɪt] *vt.* 标定，划分；校准刻度

descend [dɪˈsend] *v.* 下来，下降；遗传

[记] 词根记忆：de(向下) + scend(爬) → 往下爬 → 下降；遗传

[搭] descend on/upon (结伙)袭击；突然来访

frontier [ˈfrʌntɪə(r)] *n.* 边境，边界；开发地区的边缘地带；[常 *pl.*] 前沿，新领域

[记] 联想记忆：front(前方) + ier → 一国最前方的地域 → 边境，边界

fascinating [ˈfæsɪneɪtɪŋ] *a.* 迷人的

stroke [strəʊk] *n.* 击，打；(病)突然发作，中风；(体育中的)击球；笔触，一笔；(游泳或划船的)划，划法；一击；报时的钟声；抚摸 *vt.* 抚摸

solar [ˈsəʊlə(r)] *a.* 太阳的；(利用)太阳能的

[记] 词根记忆：sol(太阳) + ar → 太阳的

sympathise [ˈsɪmpəθaɪz] *vi.* 同情；赞同

fusion* [ˈfjuːʒn] *n.* 熔化，熔合；聚变

[记] 词根记忆：fus(流) + ion → 流到一起 → 熔合；聚变

slash [slæʃ] *n.* 砍痕，伤痕；斜线号 *v.* 砍；大幅度削减

[记] 联想记忆：一条斜线(slash)在他脑海里闪闪发光(flash)

diversity* [daɪˈvɜːsəti] *n.* 多样性；差异

[记] 词根记忆：di(分离) + vers(转换) + ity(名词后缀) → 分别转换方向 → 多样性；差异

[搭] cultural diversity 文化多样性；diversity of 各种各样的

decline* [dɪˈklaɪn] *n./v.* 下降，减少；衰退，衰落

[记] 词根记忆：de(向下) + clin(弯曲) + e → 向下弯曲 → 下降；衰退

[搭] on the decline 在衰退中；in decline 下降；rapid decline 飞速减少；phase of decline 衰退期

crisis* [ˈkraɪsɪs] *n.* 危机；紧要关头，关键阶段

[记] 联想记忆：cri(看做 cry，哭) + sis(看做 sos，求救信号) → 哭喊着求救 → 危机

edible [ˈedəbl] *a.* 可食用的

[记] 词根记忆：ed(吃) + ible(可…的) → 可食用的

[派] inedible(*a.* 不可食用的)

[同] eatable(*a.* 可以吃的)

collaboration [kəˌlæbəˈreɪʃn] *n.* 合作，协作；勾结，通敌

[记] 词根记忆：col(共同，一起) + labor(工作) + ation → 合作，协作

[搭] in collaboration with 与…合作；与…勾结

decouple* [diːˈkʌpl] *v.* 减弱，减少

participant* [pɑːˈtɪsɪpənt] *n.* 参加者，参与者

[记] 联想记忆：parti(看做 party，聚会) + cip + ant → 参加聚会的人 → 参加者

weaken * [ˈwiːkən] *v.* (使)变弱，(使)减弱

distract [dɪˈstrækt] *vt.* 转移(注意力)；使分心

[记] 词根记忆：dis(分开) + tract(拉) → (注意力)被拉开 → 使分心

[搭] distract attention from 转移注意力

[派] distraction(*n.* 分心；娱乐)

[反] attract(*v.* 吸引，引起注意)

frown * [fraʊn] *vi.* (表示愤怒或烦心而)皱眉

[记] 联想记忆：f(音似：翻) + row(看做 brow，眉毛) + n → 翻眉毛 → 皱眉

[搭] frown on/upon 反对；厌恶

skew * [skjuː] *vt.* 使偏；曲解 *a.* 歪斜的

glove * [glʌv] *n.* 手套

[记] 联想记忆：g + love(喜欢) → GG 喜欢 MM 给他织的手套 → 手套

beehive * [ˈbiːhaɪv] *n.* 蜂窝；蜂箱

[记] 组合词：bee(蜜蜂) + hive(蜂房，蜂箱) → 蜂窝；蜂箱

astray [əˈstreɪ] *ad.* 迷路地；误入歧途地

[记] 联想记忆：as(像) + tray(盘子) → 像在盘子里转圈圈 → 迷路地；误入歧途地

theory * [ˈθɪəri] *n.* 理论，原理；学说；意见，看法

[记] 词根记忆：the(看，考虑) + ory → 做事时要考虑、参看的东西 → 理论，原理

[派] theoretical(*a.* 理论的)

weakness * [ˈwiːknəs] *n.* 虚弱；缺点；偏好，嗜好

portion [ˈpɔːʃn] *n.* 部分；一份 *vt.* 划分，分配

[记] 联想记忆：port(看做 part，部分) + ion → 部分；划分

compound * [kəmˈpaʊnd] *vt.* 使恶化，加重；使化合，使合成

[ˈkɒmpaʊnd] *n.* 化合物，复合物；(有围墙或篱笆等的)楼群，大院 *a.* 复合的，化合的；综合的

[记] 词根记忆：com(一起) + pound(放置) → 放到一起 → 化合物

span [spæn] *n.* 跨距；一段时间 *v.* 横跨；持续

vacancy [ˈveɪkənsi] *n.* 空位，空房间；(职位的)空缺，空职；无主意，空虚，茫然若失

[记] 来自 vacant(*a.* 空的，未被占用的)

locality [ləʊˈkæləti] *n.* 位置；地区

[记] 来自 local(*a.* 地方的)

circle* [ˈsɜːkl] *n.* 圆；圈，环状物；圈子，阶层；周期，循环 *v.* 圈出；盘旋，环绕…移动

[派] circular(*a.* 圆形的；循环的)

accuracy [ˈækjərəsi] *n.* 准确(性)，精确(性)

[记] 词根记忆：ac(表加强) + cur(注意，关心) + acy → 一再关心，使其精确 → 准确(性)

tolerate [ˈtɒləreɪt] *vt.* 容忍，宽容；容许，承认

afford* [əˈfɔːd] *v.* 负担得起

[记] 联想记忆：af + ford(看做 Ford，美国福特家族) → 财大气粗 → 负担得起

[搭] afford to do sth. 负担得起做某事

[派] affordable(*a.* 能负担的，承担得起的)

excellent* [ˈeksələnt] *a.* 极好的；杰出的

connect* [kəˈnekt] *v.* 连接，衔接；联合，关联；由…联想到；给…接通电话

[记] 词根记忆：con(一起) + nect(绑) → 与…绑在一起 → 连接

[搭] connect with/to 与…连接

cylinder [ˈsɪlɪndə(r)] *n.* 圆柱体；圆筒；汽缸

disadvantage [ˌdɪsədˈvɑːntɪdʒ] *n.* 缺点，不利

[记] 联想记忆：dis(不) + advantage(优点) → 不是优点 → 缺点

participate* [pɑːˈtɪsɪpeɪt] *vi.* 参加，参与

[记] 词根记忆：part(部分) + i + cip(拿，取) + ate → 拿住部分 → 参加

[搭] participate in 参加

principle [ˈprɪnsəpl] *n.* 原则，原理；规范，准则；基本信念，信条

[记] 词根记忆：prin(第一) + cip(拿，取) + le → 须第一位选取的 → 原则，原理

refreshment [rɪˈfreʃmənt] *n.* (精力的)恢复；[*pl.*] 茶点，点心，饮料

[同] beverage(*n.* 饮料)

deteriorate* [dɪˈtɪəriəreɪt] *v.* 变坏，恶化；退化

[记] 词根记忆：de(向下) + ter(地) + ior + ate → 向地面下降 → 变糟糕 → 变坏

[反] improve(*v.* 改善，改进)；ameliorate(*v.* 改善，改进)

scorching [ˈskɔːtʃɪŋ] *a.* 酷热的；激烈的

[记] 来自 scorch(*v.* 烧焦)

meantime [ˈmiːntaɪm] *n.* 其时 *ad.* 同时，当时

[搭] in the meantime 与此同时

townscape* [ˈtaʊnskeɪp] *n.* 市镇风光

[记] 组合词：town(市镇) + scape(景色) → 市镇风光

upper* [ˈʌpə(r)] *a.* 上面的；地位较高的

innocent [ˈɪnəsnt] *a.* 清白的；无害的；天真的

[记] 词根记忆：in(不) + noc(伤害) + ent(形容词后缀) → 没受过伤害的 → 天真的

emphasis [ˈemfəsɪs] *n.* 强调；重要性

[搭] place emphasis on 把重点放在…上面，强调…

approach* [əˈprəʊtʃ] *v.* 靠近，接近；来临 *n.* 靠近，接近；方法，途径

[搭] approach to 接近，近似

[派] approachable(*a.* 易亲近的；友善的)

duration [djuˈreɪʃn] *n.* 持续，持续的时间，期间

[记] 词根记忆：dur(持续) + ation → 持续

primarily [praɪˈmerəli] *ad.* 首先；主要地，首要地

due* [djuː] *a.* 到期的，预期的；应有的，应得的；正当的

[记] 发音记忆："丢"→应有的东西丢了→应有的，应得的

[搭] due to 由于；in due course 及时地，在适当的时候

Every man has his hobbyhorse.

萝卜青菜，各有所爱。

Word List 41

keen [kiːn] *a.* 热衷的，热心的，渴望的；敏锐的，敏捷的；激烈的，紧张的；锋利的

[搭] be keen on 渴望，对…喜爱，热衷于

worm [wɜːm] *n.* 虫，蠕虫；蜗杆，螺纹

stiff * [stɪf] *a.* 硬的，僵硬的 *ad.* 极其，非常

[记] 联想记忆：可与 still(*a.* 静止的)一起记

timber [ˈtɪmbə(r)] *n.* 木材，木料；栋木，大梁

[记] 联想记忆：timb(看做 time，时间) + er → 树苗变成木材需要时间 → 木材，木料

[搭] timber industry 木材业

profound [prəˈfaʊnd] *a.* 深切的，深远的；知识渊博的，见解深刻的，深奥的

[记] 联想记忆：pro(在…前面) + found(创立) → 有超前创见性 → 深远的；深奥的

[同] abstruse(*a.* 深奥的)；recondite(*a.* 深奥的，难以理解的)

[反] shallow(*a.* 肤浅的，浅薄的)

journalist [ˈdʒɜːnəlɪst] *n.* 新闻工作者，新闻记者

permission * [pəˈmɪʃn] *n.* 允许，准许

[记] 词根记忆：per(贯穿，自始至终) + miss(送) + ion → 始终送出 → 允许，准许

[搭] without permission 未经许可

labour * [ˈleɪbə(r)] *n.* 劳动；劳动力，工人 *v.* 劳动；努力

[搭] labour costs 劳动成本；labour away 努力做困难的事

[记] 发音记忆："累伯" → 农民伯伯劳动很辛苦，很累 → 劳动

quota [ˈkwəʊtə] *n.* 定额，限额，配额

[记] 发音记忆："阔的"→出手阔绰，没有限额→限额

[同] allotment (*n.* 份额)

unconcerned* [ˌʌnkənˈsɜːnd] *a.* 漠不关心的；不烦恼的

suspect* [səˈspekt] *v.* 猜想，怀疑

[记] 词根记忆：su(s)(在…下面)+spect(看)→在下面看一看→怀疑

[搭] suspect of (doing) sth. 怀疑(做)某事

[派] suspicious(*a.* 疑心的；可疑的)

deterioration [dɪˌtɪərəˈreɪʃn] *n.* 恶化；堕落

triple [ˈtrɪpl] *a.* 三部分的；三倍的 *v.* (使)增至三倍

[记] 词根记忆：tri(三)+ple→三部分的

condemn [kənˈdem] *vt.* 声讨，极力谴责；给…判刑

[记] 词根记忆：con(共同)+dem(伤害；诅咒)+n→极力谴责

[搭] condemn sb. to death 判某人死刑

[派] condemnation(*n.* 谴责；定罪)

transcend [trænˈsend] *vt.* 超越，胜过，优于

[记] 词根记忆：trans(越过)+(s)cend(爬)→超越，胜过

cumulative [ˈkjuːmjələtɪv] *a.* 积累的，渐增的

[记] 词根记忆：cumul(堆积)+ative→积累的

horizontal [ˌhɒrɪˈzɒntl] *a.* 地平线的，水平的

[记] 来自 horizon(*n.* 地平线)

adobe [əˈdəʊbi] *n.* 土坯，泥砖

certify [ˈsɜːtɪfaɪ] *vt.* 证明，保证

[记] 词根记忆：cert(确认)+ify(使…)→使得到确认→证明，保证

arousal [əˈraʊzl] *n.* 唤起，激起

addiction* [əˈdɪkʃn] *n.* 瘾；沉溺

[搭] television addiction 看电视上瘾

allege* [əˈledʒ] *vt.* 断言，宣称

[记] 词根记忆：al(向)+leg(送)+e→用力向某人寄送→断言，宣称

amphibious* [æmˈfɪbiəs] *a.* 两栖的；水陆两用的

ascend* [əˈsend] *v.* 攀登；上升，升高

[记] 词根记忆：a(向)+scend(爬)→向上爬→攀登；上升

assert* [əˈsɜːt] *v.* 断言，声称；坚持

[记] 词根记忆：as(表加强)+sert(放置)→强行放入→断言

[搭] assert oneself 坚持自己的权利，表现自己的权威；assert one's rights 维护自己的权利

[派] assertive (*a.* 断言的；武断的)；assertion (*n.* 断言；主张)

[同] declare(*v.* 断言，宣称)；protest(*v.* 断言)

assure* [əˈʃʊə(r)] *vt.* 使确信，使确保；保证，向…保证

[记] 联想记忆：as+sure(确定的)→使确信

baffle* [ˈbæfl] *vt.* 使困惑，难倒 *n.*挡板，隔板

[记] 联想记忆：战役(battle)开始，一向忠诚的tt反戈，令人费解(baffle)→使困惑

[派] bafflement (*n.* 迷惑不解)

bewilder* [bɪˈwɪldə(r)] *vt.* 使迷惑，使混乱

[记] 联想记忆：be+wild(荒野的)+er→迷失在荒野中→使迷惑

[派] bewilderment(*n.* 困惑，迷惑)；bewildering (*a.* 令人困惑的)

[同] puzzle(*vt.* 使迷惑)；confuse(*vt.* 使糊涂)

biodiversity* [ˌbaɪəʊdaɪˈvɜːsəti] *n.* 生物多样性

bud* [bʌd] *n.* 花蕾；叶芽 *v.* 发芽，萌芽

[记] 联想记忆：泥土(mud)中发出的芽(bud)

[搭] taste bud 味蕾

celestial* [səˈlestiəl] *a.* 天体的，天上的

[记] 词根记忆：cel(天空)+est+ial→天体的

combination* [ˌkɒmbɪˈneɪʃn] *n.* 结合(体)，联合(体)；化合

[记] 来自 combine(*v.* 结合)

impact* [ˈɪmpækt] *n.* 影响，作用；冲击

renew* [rɪˈnjuː] *v.* 重新开始；恢复；更换，更新；续借

[记] 联想记忆：re(再，又) + new(新的) → 重新开始

bow* [baʊ] *v.* 低下(头)；弯腰，鞠躬 [bəʊ] *n.* 弓

[记] 联想记忆：彩虹(rainbow)没有了雨(rain)只剩下了弓(bow)

defeat* [dɪˈfiːt] *n./vt.* 击败；挫败；战败

[记] 联想记忆：击败(defeat)敌人，战绩(feat)辉煌

subsoil* [ˈsʌbsɔɪl] *n.* 底土，下层土

[记] 联想记忆：sub(在…下面) + soil(土壤) → 下面的土壤 → 底土

bin* [bɪn] *n.* 大箱子；仓

evoke [ɪˈvəʊk] *vt.* 唤起

[记] 词根记忆：e(出) + vok(叫喊) + e → 喊出声来 → 唤起

flutter [ˈflʌtə(r)] *v.* 振(翅)，拍打(翅膀)；飘动，晃动；(快速而不规则地)跳动

[记] 联想记忆：fl(看做 fly) + utter(看做 butter) → 蝴蝶(butterfly)振翅而飞 → 振(翅)

front-line* [frʌnt ˈlaɪn] *a.* 前线的；第一线的

desperate* [ˈdespərət] *a.* 绝望的；拼命的，不顾一切的；极度渴望的；危急的

[记] 词根记忆：de(去掉) + sper(希望) + ate → 去掉希望 → 绝望的

wheelchair [ˈwiːltʃeə(r)] *n.* (病人等用的)轮椅

[记] 组合词：wheel(车轮) + chair(椅子) → 带轮子的椅子 → 轮椅

gear [gɪə(r)] *n.* 齿轮，传动装置，(排)挡；(从事某项活动所需的)用具、设备、衣服等 *vt.* 调节，调整，使适应

[搭] gear to/towards 调整，使合适；gear the plan 调整计划

band* [bænd] *n.* 乐队；群，伙；带，箍；条纹；波段，频带 *vt.* 用带绑扎

[记] 联想记忆：乐队(band)成员需用手(hand)来弹吉他和键盘

breed [briːd] *v.* 饲养，养殖，繁殖；养育，培育；酿成，招致 *n.* 种，品种

intelligible [ɪnˈtelɪdʒəbl] *a.* 可理解的，明白易懂的，清楚的

[记] 词根记忆：intel(在…中间)+lig(选择)+ible(能…的)→能在众多选择中作出选择的→可理解的

[同] clear(*a.* 清楚的，明白的)；distinct(*a.* 清楚的，明显的)

essence [ˈesns] *n.* 本质；精髓

[记] 词根记忆：ess(存在)+ence→本质

predispose* [ˌpriːdɪˈspəʊz] *v.* 事先(在某方面)影响某人；偏爱；(使)易受感染(或患病)

[记] 联想记忆：pre(预先)+dispose(处理)→预先处理，不然容易感染→易受感染

[派] predisposition(*n.* 倾向，癖好)

display* [dɪˈspleɪ] *vt./n.* 陈列，展览；显示，表现

[记] 联想记忆：dis(分开)+play(播放，表演)→分开播放→陈列，展览

[搭] on display 展示，陈列

retire* [rɪˈtaɪə(r)] *v.* 退休；引退，退隐，撤退

[记] 联想记忆：re(再，又)+tire(劳累)→不再劳累→退休

enlarge [ɪnˈlɑːdʒ] *v.* 扩大，放大，扩充

[记] 联想记忆：en(使…)+large(大的)→使…变大→扩大，放大

occur [əˈkɜː(r)] *vi.* 发生；存在

[记] 词根记忆：oc(向)+cur(跑)→跑向→发生

[搭] occur to 被想到；(主意)浮现于脑中

[派] occurrence(*n.* 事故；发生的事件)

relate [rɪˈleɪt] *v.* 有关联；讲述，叙述

[记] 词根记忆：re + lat(搬运) + e → 有关联

[派] relative(*a.* 有关系的；相对的 *n.* 亲属)；relation(*n.* 关系；叙述)

stark* [stɑːk] *a.* 光秃秃的，赤裸的；荒凉的；完全的

[记] 联想记忆：star(星球) + k → 许多星球没有大气，没有生命 → 荒凉的

inform* [ɪnˈfɔːm] *v.* 通知；向…报告

[记] 联想记忆：in(进入) + form(形式) → 进入形式，公告于众 → 通知

halt* [hɔːlt] *v.* 暂停；踌躇；停住 *n.* 暂停

[记] 联想记忆：h + alt(高音) → 高处不胜寒，该停下来了 → 停住

nerve [nɜːv] *n.* 神经；勇敢

[记] 词根记忆：nerv(体力；神经；勇气) + e → 神经；勇敢

deadline* [ˈdedlaɪn] *n.* 最后期限

[记] 组合词：dead(死) + line(线) → 死期 → 最后期限

limb [lɪm] *n.* 肢，臂；树枝

[记] 联想记忆：多喝点维 C 饮料，手臂(limb)有力就能爬(climb)上高山了

sphere* [sfɪə(r)] *n.* 球(体)；范围，领域

[记] 词根记忆：spher(球) + e → 球(体)

evolution [ˌiːvəˈluːʃn] *n.* 进展；进化

[记] 词根记忆：e(出) + volu(滚) + tion → 滚出外边 → 人类的进化就是不停向前滚的过程 → 进化

[搭] Darwin's theory of evolution 达尔文的进化论

suitable [ˈsuːtəbl] *a.* 适当的，相配的；合适的，适宜的

[记] 组合词：suit(合适) + able(能…的) → 合适的 → 适当的

[搭] suitable for 适宜

[派] suitability(*n.* 合适；适宜性)

beverage* [ˈbevərɪdʒ] *n.* 饮料

[记] 联想记忆：b(看做 be) + ever(曾) + age(年龄) → 对我们这个年龄的人来说，饮料在我们孩童时曾是奢侈品 → 饮料

influenza* [ˌɪnfluˈenzə] *n.* 流行性感冒

[记] 联想记忆：流行性感冒(influenza)会影响(influence)很多人

criminal [ˈkrɪmɪnl] *a.* 犯罪的；刑事的 *n.* 罪犯

[搭] criminal acts 犯罪行为

undoubtedly [ʌnˈdaʊtɪdli] *ad.* 毋庸置疑地，确凿地

avalanche [ˈævəlɑːnʃ] *n./v.* 雪崩

alienation* [ˌeɪliəˈneɪʃn] *n.* 疏远；离间

[搭] alienation from 与…疏远

accumulate [əˈkjuːmjəleɪt] *v.* 积累；堆积

[记] 词根记忆：ac(表加强) + cumul(堆积) + ate → 不断堆积 → 积累

[派] accumulation(*n.* 积累；堆积物)

transmit* [trænsˈmɪt] *v.* 传送；传染；发射

[记] 词根记忆：trans(越过) + mit(送) → 越过去输送 → 传送

[派] transmitter(*n.* 传送者；发射机)

identification [aɪˌdentɪfɪˈkeɪʃn] *n.* 身份证明；识别，鉴定

[记] 词根记忆：ident(一样的，相同的) + ific(使…) + a + tion(名词后缀) → 查看是否相同 → 鉴定

[搭] identification card 身份证

wander [ˈwɒndə(r)] *v.* 徘徊，闲逛，漫步；偏离正道；走神，(神情)恍惚

[记] 联想记忆：在十字路口徘徊(wander)，想知道(wonder)下一步该怎么走

[搭] wander from/off 偏离…，游离…；wander about/over 漫游…

classical* [ˈklæsɪkl] *a.* 古典的；传统的；经典的

[搭] classical music 古典音乐

abuse* [əˈbjuːs] *n.* 滥用，妄用；虐待，伤害；辱骂，毁谤

[əˈbjuːz] *v.* 滥用，妄用；虐待，伤害；辱骂，毁谤

[记] 词根记忆：ab(偏离)＋us(使用)＋e → 使用不当 → 滥用

[搭] drug abuse 滥用药物，吸毒；abuse one's authority/office 滥用权威/职权

fake [feɪk] *a.* 假的*n.* 假货；骗子*v.* 伪装

[记] 联想记忆：打击造(make)假(fake)

Every man has his faults.

金无足赤，人无完人。

Word List 42

incorporate [ɪnˈkɔːpəreɪt] *vt.* 把…合并，纳入；包含，吸收

[记] 词根记忆：in(进入) + corp(身体) + orate → 进入身体成为一部分 → 把…合并

trace [treɪs] *vt.* 追踪，追查；追溯；描摹，标出 *n.* 痕迹；微量

[记] 联想记忆：描绘(trace)车轮的痕迹(track)

[搭] without (a) trace 无影无踪；trace element 痕量元素，微量元素

[派] traceable(*a.* 可追踪的)

convey* [kənˈveɪ] *vt.* 传送，运送；表达，传递

[记] 词根记忆：con + vey(搬运) → 传送，运送

[搭] convey a message 传递信息

boundary [ˈbaʊndəri] *n.* 分界线；边界

[记] 联想记忆：bound(bind 过去分词，束缚) + ary(表场所，名词后缀) → 分界线；边界

[搭] push back the boundary of 扩大…的范围

frank* [fræŋk] *a.* 坦白的，直率的

[搭] to be frank 坦白说

bonus [ˈbəʊnəs] *n.* 奖金，红利；好处

[记] 联想记忆：bon(好的) + us(我们) → 一发奖金，我们大家都说好！ → 奖金，红利

militant* [ˈmɪlɪtənt] *a.* 好战的，好斗的；激进的 *n.* 好斗的人，激进分子

[记] 词根记忆：milit(打架) + ant → 好战的

[同] combative(*a.* 好斗的)；agitator(*n.* 鼓动者，煽动者)；firebrand(*n.* 引起动乱的人)

[反] dove(*n.* 主和派人物)；pacifist(*n.* 和平主义者，反战主义者)

starve* [stɑːv] *v.* (使)挨饿；(使)饿死

[记] 联想记忆：star(明星) + ve → 和明星养尊处优的生活正相反 → 挨饿

refresh [rɪˈfreʃ] *v.* (使)复原，更新；(使)精神振作，(使)精力恢复

[记] 联想记忆：re(再，又) + fresh(新鲜的) → (使)复原，更新

[搭] refresh sb.'s memory 恢复某人的记忆

[派] refreshment(*n.* 精力恢复)

dystrophy* [ˈdɪstrəfi] *n.* 营养障碍；营养不良

[记] 词根记忆：dys(坏) + troph(营养) + y → 营养不良

[搭] muscular dystrophy 肌肉萎缩症

conduce* [kənˈdjuːs] *v.* 有益于，有助于；导致

[搭] conduce to 导致；有助于

consulate* [ˈkɒnsjələt] *n.* 领事馆；领事职位，领事任期

contaminant* [kənˈtæmɪnənt] *n.* 致污物，污染物

[搭] biological contaminant 生物污染物

demerit* [diːˈmerɪt] *n.* 过失；缺点，短处

denomination* [dɪˌnɒmɪˈneɪʃn] *n.* 命名；(货币等的)单位；宗教派别

[记] 来自 denominate(*vt.* 命名，取名)

disturbance* [dɪˈstɜːbəns] *n.* 扰乱，打扰；骚乱，混乱；心神不安，烦恼

[记] 词根记忆：dis + turb(晃动，搅动) + ance → 扰乱，打扰

enjoyable* [ɪnˈdʒɔɪəbl] *a.* 令人愉快的，使人快乐的

expiry* [ɪkˈspaɪəri] *n.* 满期，终结

[搭] date of expiry 有效期限

fluctuation* [ˌflʌktjuˈeɪʃn] *n.* 波动，起伏；动摇

[记] 来自 fluctuate(*v.* 波动)

frequency* [ˈfriːkwənsi] *n.* 频繁；频率

hamlet* [ˈhæmlət] *n.* 小村庄

hence* [hens] *ad.* 因此，所以；今后，从此

[记] 发音记忆："恨死"→恨死你，从此不相往来→从此

inadequate* [ɪnˈædɪkwət] *a.* 不充分的；不适当的

[记] 联想记忆：in(不) + adequate(适当的，足够的)→不充分的；不适当的

keystone* [ˈkiːstəʊn] *n.* 拱顶石；(计划、论据等的)基础，主旨

manifest* [ˈmænɪfest] *a.* 明显的 *vt.* 表明，显示 *n.* 货物清单

[记] 词根记忆：mani(手) + fest(打)→用手打开→明显的

marginally* [ˈmɑːdʒɪnəli] *ad.* 稍微，些微

moderately* [ˈmɒdərətli] *ad.* 适度地，不过分地，有节制地

noticeable* [ˈnəʊtɪsəbl] *a.* 显而易见的；明显的

optic* [ˈɒptɪk] *a.* 眼的，视觉的；光学的 *n.* 光学仪器

[搭] fiber optic cable 光缆；an optic examine 视力检查

outweigh* [ˌaʊtˈweɪ] *vt.* 比…重；(在重要性、影响上)比…更重要；胜过，强于

[记] 组合词：out(超过) + weigh(称重)→比…更重要

long-term* [ˈlɒŋtɜːm] *a.* 长期的

adverse [ˈædvɜːs] *a.* 不利的，有害的

[记] 词根记忆：ad(向) + vers(转) + e→转向不希望的一方→不利的，有害的

[搭] adverse circumstances 逆境

[同] unfavorable(*a.* 不利的)；harmful(*a.* 有害的)

finale* [fɪˈnɑːli] *n.* (音乐的)终曲；终场

[记] 联想记忆：final(最后的) + e→终场

astonish [əˈstɒnɪʃ] *vt.* 使惊讶，使吃惊

[记] 联想记忆：a(一个) + ston(看做 stone，石头) + ish→一石激起千层浪，怎不叫人惊讶→使惊讶

charge* [tʃɑːdʒ] *n.* 价钱，费用；管理；照管；掌管；控告，指控；电荷，电量 *v.* 索取(金额)，要价；控告，指控；委以；指示；(使)充电

[搭] take charge of 担任，负责；in charge (of) 负责，主管；no charge / free of charge 免费

module [ˈmɒdjuːl] *n.* 模块；模式；(航空器中的)舱；组件；单元

[记] 联想记忆：与 model(*n.* 模型)一起记

corps* [kɔː(r)] *n.* 部队；军团

[记] 联想记忆：与 cops(警察)一起记，两者都是国家的防卫力量

petroleum [pəˈtrəʊliəm] *n.* 石油

[记] 词根记忆：petr(石头) + ole(油) + um → 石油

magma [ˈmæɡmə] *n.* 岩浆

stylish* [ˈstaɪlɪʃ] *a.* 时髦的；漂亮的

[搭] stylish hairstyle 时髦的发型

dump* [dʌmp] *vt.* 倾卸，倾倒 *n.* 垃圾场

[记] 发音记忆："当铺"→到当铺去倾销→倾卸，倾倒

[搭] dump...on... 把…倾倒在…上

debris [ˈdebriː] *n.* 碎屑，残骸；【地质】岩屑

[记] 发音记忆："堆玻璃"→一堆碎玻璃→碎屑，残骸

irony* [ˈaɪərəni] *n.* 反话，讽刺；出人意料的事情

[记] 联想记忆：iron(铁) + y → 像铁一样冷冰冰的话→反话，讽刺

[派] ironically(*ad.* 讽刺地；嘲讽地)

component* [kəmˈpəʊnənt] *n.* 成分；零部件 *a.* 构成的，组成的

[记] 词根记忆：com(共同) + pon(放) + ent → 放到一起(的东西)→成分

[搭] key component 主要成分

[同] ingredient(*n.* 成分)；element(*n.* 要素，元件)；constituent(*a.* 组成的)

fieldwork* [ˈfiːldwɜːk] *n.* 实地调查，野外考察

[记] 组合词：field(场地) + work(工作) → 实地调查

contaminate [kənˈtæmɪneɪt] *vt.* 污染

[同] taint(*vt.* 污染，玷污)；pollute(*vt.* 弄脏，污染)；defile(*vt.* 弄脏，污损)

applicant [ˈæplɪkənt] *n.* 申请人

strap* [stræp] *n.* 带子 *vt.* 捆扎；(用绷带)包扎

[记] 联想记忆：与 strip(*n.* 条，带)一起记

[派] strapless(*a.* 无吊带的，无肩带的)；strapped (*a.* 缺钱的，手头紧的)

fundamental [ˌfʌndəˈmentl] *a.* 基础的，基本的 *n.* [*pl.*] 基本原理

[记] 词根记忆：fund(基础) + ament + al → 基础的，基本的

[搭] fundamental differences 根本差异

conclusion* [kənˈkluːʒn] *n.* 结论，推论；结束，结尾；【法】缔结，议定

[搭] in conclusion 最后，总之；draw a conclusion 得出结论；at the conclusion of... 当…结束时

intensity [ɪnˈtensəti] *n.* 强烈，剧烈；强度

notable* [ˈnəʊtəbl] *a.* 值得注意的；显著的，杰出的，显赫的 *n.* 名人，要人

[记] 词根记忆：not(知道) + able(能…的) → 能为人所知的 → 值得注意的

[搭] a notable person 重要人物

[派] notably(*ad.* 显著地，特别地)

[同] eminent(*a.* 杰出的，显赫的)；noteworthy (*a.* 显著的，值得注目的)；remarkable(*a.* 显著的，值得注意的)

implement [ˈɪmplɪment] *vt.* 使生效，实施；贯彻，执行

[ˈɪmplɪmənt] *n.* 工具

[记] 词根记忆：im(在…里面) + ple(填满) + ment → 在…里面填满 → 实施；执行

[派] implementation(*n.* 实施；执行)
[同] perform (*v.* 做，履行)；execute (*vt.* 执行，履行)；utensil(*n.* 用具)；instrument(*n.* 工具)

isle [aɪl] *n.* 小岛，岛

cervical* [ˈsɜːvɪkl] *a.* 子宫颈的；颈部的

plot [plɔt] *n.* 情节；阴谋；小块土地

acquaint [əˈkweɪnt] *vt.* (使)认识；(使)熟悉

violence [ˈvaɪələns] *n.* 暴力行为；激烈，猛烈
[记] 发音记忆："为尔冷死"→多么激烈的爱啊！→激烈

revolve [rɪˈvɒlv] *v.* (使)旋转
[记] 词根记忆：re(再) + volv(卷，转) + e → 不断滚动 → (使)旋转
[搭] revolve about/round 围绕…旋转

vegetarian [ˌvedʒəˈteəriən] *n.* 素食者 *a.* 素食者的
[搭] a vegetarian restaurant 素食饭馆

ratio [ˈreɪʃiəʊ] *n.* 比，比率
[记] 词根记忆：rat(清点) + io → 比，比率

scream* [skriːm] *v.* 尖叫 *n.* 尖叫声
[记] 联想记忆：孩子们见到冰淇淋(ice-cream)，立刻尖叫(scream)起来

steep* [stiːp] *a.* 陡峭的；(价格等)过高的；急剧的
[记] 联想记忆：step(阶梯)中又加一个 e → 更高了 → 陡峭的

interior* [ɪnˈtɪəriə(r)] *a.* 内部的，里面的 *n.* 内部；内地
[搭] interior decoration 室内装潢；interior design 室内设计

analogous* [əˈnæləgəs] *a.* 类似的
[记] 来自 analogy(*n.* 类似，相似)
[搭] be analogous to... 与…类似

cookery* [ˈkʊkəri] *n.* 烹调法
[记] 来自 cook(*v.* 烹调)
[搭] cookery book 烹调书，食谱

high-tech* [ˈhaɪˈtek] *n.* 高科技
[记] 组合词：high(高的) + tech(科技) → 高科技

aggressive* [əˈgresɪv] *a.* 侵犯的，侵略的，挑衅的；有进取心的，有冲劲的

［记］词根记忆：ag + gress（行走）+ ive（形容词后缀）→ 不断行走，四处闯荡 → 有进取心的

［搭］aggressive behaviour 挑衅行为

［同］militant（*a.* 好战的）；enterprising（*a.* 有进取心的）

process* [ˈprəʊses] *n.* 过程；步骤，程序 *vt.* 加工；处理；办理

［记］词根记忆：pro（向前）+ cess（行走）→ 向前走 → 过程

［搭］a peaceful process 一个平静的过程；in the process of doing sth. 在做某事的过程中

hum [hʌm] *n.* 嗡嗡声，嘈杂声 *vi.* 哼曲子；发出嗡嗡声

［记］发音记忆："哼" → 蚊子、苍蝇的哼哼声 → 嗡嗡声

sinister* [ˈsɪnɪstə(r)] *a.* 不吉祥的，凶兆的；险恶的，邪恶的

［记］词根记忆：sinist（左手）+ er → 古罗马时人们认为左边代表着"不祥、邪恶" → 不吉祥的

refinement [rɪˈfaɪnmənt] *n.* 精巧的附件，精制的改良品；精炼；文雅

Word List 43

solidarity [ˌsɒlɪˈdærəti] *n.* 团结，一致

[记] 词根记忆：solid(坚实的) + arity → 坚实的状态 → 团结

[同] unity(*n.* 团结；一致)；concord(*n.* 一致)

[反] split(*n.* 分裂)

outline [ˈaʊtlaɪn] *n.* 提纲；梗概；轮廓；草图 *vt.* 概述；列提纲

[记] 组合词：out(外部的) + line(线条) → 外部线条 → 轮廓；草图

[搭] an outline of a speech 讲话提纲

blank* [blæŋk] *a.* 空白的

[记] 联想记忆：b(看做 be) + lank(看做 lack，缺乏的) → 缺乏内容 → 空白的

photocopy* [ˈfəʊtəʊkɒpi] *v.* 影印，复印 *n.* 影印本，复印件

[记] 组合词：photo(照片，图片) + copy(复制) → 复制照片、图片 → 影印，复印

accessory* [əkˈsesəri] *n.* 附件，零件；[常 *pl.*]（尤指女性的）服装搭配物，装饰品；【律】同谋，帮凶

[记] 联想记忆：ac(附近) + cess(走) + ory → 接近主体部件 → 附件，零件

[搭] accessory to... …的附件

dean [diːn] *n.* （基督教的）教长；（大学的）院长、系主任

[记] 发音记忆："盯" → 院长狠狠地盯着作弊的学生 → 院长

compensate [ˈkɒmpenseɪt] *v.* 补偿，赔偿；弥补

[记] 词根记忆：com(用) + pens(偿还) + ate → 用某物来偿还 → 补偿，赔偿；弥补

[搭] compensate (sb.) for sth. 弥补，补偿；赔偿

[同] indemnify(*vt.* 赔偿，补偿)

chest * [tʃest] *n.* 胸; 金库, 资金

tanker [ˈtæŋkə(r)] *n.* 油轮; 油罐车; 加油飞机

[记] 联想记忆: tank(大容器; 油箱) + er → 装油的大容器 → 油轮; 油罐车

[搭] an oil tanker 油轮; 运油车

capture * [ˈkæptʃə(r)] *vt.* 捕获, 俘获; 夺取, 赢得 *n.* 捕获; 战利品

[记] 词根记忆: capt(抓住) + ure(表行为) → 抓住 → 捕获, 俘获

in addition * 另外; 加之

overestimate * [ˌəʊvərˈestɪmeɪt] *vt.* 对…估计过高

[ˌəʊvərˈestɪmət] *n.* 过高的估计

overview * [ˈəʊvəvjuː] *n.* 综览, 概述

pathway * [ˈpɑːθweɪ] *n.* 路径, 途径

[记] 组合词: path(小路) + way(道路) → 路径, 途径

perplex * [pəˈpleks] *vt.* 使困惑; 使复杂化

[记] 词根记忆: per(彻底地) + plex(重叠) → 完全重叠在一起 → 使困惑; 使复杂化

[派] perplexity(*n.* 困惑); perplexing(*a.* 复杂的)

[同] baffle(*vt.* 使困惑); mystify(*vt.* 使迷惑)

recognition * [ˌrekəgˈnɪʃn] *n.* 识别; 认出; 承认, 确认, 认可; 赏识, 表彰

[记] 来自 recognize(*vt.* 认出; 承认)

reconstruction * [ˌriːkənˈstrʌkʃn] *n.* 重建; 再现

[搭] economic reconstruction 经济重建; facial reconstruction 面貌复原

render * [ˈrendə(r)] *vt.* 使得, 致使; 给予, 以…回报; 提供; 呈报, 递交; 表达; 表演; 翻译

[记] 词根记忆: ren(回, 向后) + der(给) → 还给 → 以…回报; 提供

[派] rendering(*n.* 表演; 翻译)

renewal * [rɪˈnjuːəl] *n.* 更新, 恢复; 重新开始; 重建; 复兴; 续期; 重申

requisition* [ˌrekwɪˈzɪʃn] *n./vt.* 正式要求；征用

reserved* [rɪˈzɜːvd] *a.* 说话不多的，内向的；有所保留的，预订的

[搭] closed reserved 只读不借

resolve* [rɪˈzɒlv] *v.* 解决，解答；决定，决意；分解，分析 *n.* 决心，决意

[记] 词根记忆：re(完全) + solv(解开) + e → 解决，解答

[搭] resolve to do sth. 决定做某事

sack* [sæk] *n.* 麻袋，粗布袋；解雇；劫掠 *vt.* 解雇；劫掠

[记] 联想记忆：公司解雇(sack)了的员工缺少(lack)竞争力

[搭] get the sack 被解雇，被开除；give sb. the sack 开除/解雇某人

slide* [slaɪd] *v.* 滑动，下滑；(使)悄悄地移动 *n.* 滑动，下滑；滑坡，滑道，滑面；幻灯片；(土、泥等的)突然崩落

[记] 联想记忆：s + lid(盖子) + e → 盖子太滑，从桌子上滑了下去 → 滑动，下滑

[搭] slide into 不知不觉地陷入；slide projector 幻灯片放映机；slide ruler 计算尺

[派] sliding(*a.* 滑行的)

slump* [slʌmp] *vi.* 大幅度下降，暴跌；突然倒下，猛然落下 *n.* 萧条期；低潮状态

[记] 联想记忆：sl + ump(看做 jump，跳下) → 突然跳下 → 暴跌

surface* [ˈsɜːfɪs] *n.* 表面；外表，外观 *v.* 浮出水面；浮现，显露；在…上加表面

[记] 词根记忆：sur(在…之上) + fac(脸) + e → 脸的上面 → 表面；外表

tickle* [ˈtɪkl] *v.* (使)发痒；使高兴，逗乐 *n.* 痒

[记] 联想记忆：他买了张电影票(ticket)逗她高兴(tickle)

transportation * [ˌtrænspɔːˈteɪʃn] *n.* 运输，运输系统，运输工具

unanimous * [juˈnænɪməs] *a.* 一致同意的；一致通过的

[记] 词根记忆：un(=uni 一个) + anim(精神) + ous → 大家都秉持一种精神 → 一致同意的

[派] unanimously(*ad.* 全体一致地，一致同意)

underestimate * [ˌʌndərˈestɪmeɪt] *vt.* 低估

[ˌʌndərˈestɪmət] *n.* 低估

[记] 组合词：under(不足) + estimate(估计) → 估计不足 → 低估

understandable * [ˌʌndəˈstændəbl] *a.* 可以理解的，能懂的；可同情的

transcribe * [trænˈskraɪb] *vt.* 抄写，誊写；打印；转录

[记] 词根记忆：tran + scrib(写) + e → 转写 → 抄写，誊写

differ [ˈdɪfə(r)] *vi.* 不同，相异；(在意见方面)发生分歧

undertake [ˌʌndəˈteɪk] *v.* 承担(某事物)，负起(某事物的)责任；同意或答应做某事

[搭] undertake responsibility 承担责任

plus [plʌs] *prep.* 加上；和，以及 *n.* 加号；正号 *a.* 比所示数量多的

[记] 联想记忆：pl(看做 play，玩) + us(我们) → 加上我们，大家一起玩儿 → 加上

recycle * [ˌriːˈsaɪkl] *v.* 回收利用

[记] 联想记忆：re(重新) + cycle(循环) → 使再循环 → 回收利用

[同] reclaim(*vt.* 回收)

captive * [ˈkæptɪv] *a.* 被抓住的，被捕获的；受控制的；受垄断的 *n.* 被抓住的人或动物

[记] 词根记忆：capt(抓住) + ive → 被抓住的，被捕获的

[搭] captive market 垄断市场

unconquerable * [ˌʌnˈkɒŋkərəbl] *a.* 不可征服的

respect * [rɪˈspekt] *vt.* 尊敬 *n.* 尊敬；方面

[记] 词根记忆：re(一再) + spect(看) → 一再注视，以示尊敬 → 尊敬

[派] respectable(*a.* 值得尊敬的)

neutral [ˈnjuːtrəl] *a.* 中立的；无明显特性的

campus* [ˈkæmpəs] *n.* 校园

[记] 联想记忆：camp(营地)+us(我们)→校园是学生们学习的营地→校园

presentation* [ˌprezn ˈteɪʃn] *n.* 赠送；赠品，礼物；授予，提供；显示；引荐，介绍；报告；表演，上演

[搭] make/give a presentation 做报告；on presentation of sth. 展示某物

residence [ˈrezɪdəns] *n.* 住宅，住处；居住

[记] 来自 resident(*a.* 居住的)

mission [ˈmɪʃn] *n.* 使命，任务；代表团，使团；传教，布道

content* [ˈkɒntent] *n.* 内容；满意

[kənˈtent] *vt.* 使满意 *a.* 满意的

[记] 词根记忆：con(全部)+tent(拥有)→全部拥有→满意的

[搭] be content with 对…感到满足、满意；table of contents 目录

emit* [iˈmɪt] *vt.* 发出（光、热、声音等），射出，散发，排放

[记] 词根记忆：e(向外)+mit(送)→发出，射出，散发

pamphlet [ˈpæmflət] *n.* 小册子

assurance [əˈʃʊərəns] *n.* 信心；保证；保险

[记] 来自 assure(*v.* 保证)

[搭] quality assurance system 质量保证体系

equipment [ɪˈkwɪpmənt] *n.* 设备，装备

hamster* [ˈhæmstə(r)] *n.* 仓鼠

sensible* [ˈsensəbl] *a.* 明智的；合情理的；能觉察到的

[记] 词根记忆：sens(感觉)+ible(能…的)→能感觉到的→合情理的

[搭] a sensible idea 合乎情理的想法

spacecraft [ˈspeɪskrɑːft] *n.* 航天器，宇宙飞船

[记] 组合词：space(太空)+craft(技术)→太空技术→航天器，宇宙飞船

consequence* [ˈkɒnsɪkwəns] *n.* [常 *pl.*] 结果，影响；重要意义

[记] 词根记忆：con(和…一起) + sequ(跟随) + ence → 跟随其后 → 结果，影响

[搭] as a consequence 因而，结果

efficient* [ɪˈfɪʃnt] *a.* 有效的，效率高的；有能力的，能胜任的

[记] 词根记忆：ef(出) + fic(做) + ient → 能做出来的 → 有能力的

[派] efficiently(*ad.* 有效率地，有效地)

current* [ˈkʌrənt] *a.* 流通的；流动的；现行的，当前的 *n.* (水、气等的)流动；电流；潮流

[搭] current affairs 时事；air currents 气流；alternating current 交流电

inversion* [ɪnˈvɜːʃn] *n.* 倒置，颠倒

[记] 词根记忆：in(反的) + vers(转) + ion(名词后缀) → 倒转 → 倒置，颠倒

elevate [ˈelɪveɪt] *vt.* 提升…的职位；举起；使更有修养

[记] 词根记忆：e(向外) + lev(升) + ate(使…) → 使…升起来 → 举起

loan* [ləʊn] *n./vt.* 贷款，借

[记] 发音记忆："漏" → 账本有漏洞，因为把钱借出去了 → 贷款，借

capable [ˈkeɪpəbl] *a.* 有能力的；能够的

[记] 词根记忆：cap(抓住) + able(能…的) → 能抓住的 → 有能力的

performance* [pəˈfɔːməns] *n.* 演出，表演；履行，执行；功能，性能表现

[搭] live performances 现场表演

handicapped [ˈhændikæpt] *a.* 残废的，有生理缺陷的

[记] 联想记忆：hand（手）+ i + cap（帽子）+ ped → 没法用手来戴帽子 → 残废的，有生理缺陷的

[搭] mentally handicapped 有心理缺陷的

insulate [ˈɪnsjuleɪt] *vt.* 使绝缘，使隔热，使隔音；隔离；使隔绝(以免受到影响)

[记] 词根记忆：insul(岛)+ate(使…)→使成为孤岛→隔离；使隔绝

[搭] insulate sb. from/against sth. 使某人与(不良影响)隔绝

[同] isolate(*vt.* 使孤立，使隔离)

household [ˈhaʊshəʊld] *n.* 家庭，户，全家人 *a.* 家庭的，家用的，普通的；家喻户晓的

[记] 组合词：house(房屋)+hold(拥有)→有房屋才像个家→家庭

[搭] household appliances 家用电器

detrimental* [ˌdetrɪˈmentl] *a.* 不利的，有害的

[记] 来自 detriment(*n.* 损害，伤害)

[搭] be detrimental to... 对…有害；detrimental effect 不良影响

decorate* [ˈdekəreɪt] *v.* 装饰，装潢，布置；授勋

[记] 词根记忆：decor(装饰)+ate(动词后缀)→装饰，装潢

[搭] decorate sb. for 因…授予某人奖章等；decorate sth. with sth. 用某物装饰某物

[派] decoration(*n.* 装饰，装潢)

nationality [ˌnæʃəˈnæləti] *n.* 国籍；民族

[记] 联想记忆：nation(国家)+ality(表状态，名词后缀)→属于哪个国家→国籍

fleet* [fliːt] *n.* 舰队，船队 *a.* 快速的，敏捷的 *v.* 疾驰，飞逝，掠过

[记] 联想记忆：舰队(fleet)遇到问题赶紧逃跑(flee)

interfere* [ˌɪntəˈfɪə(r)] *vi.* 干涉，干扰，妨碍

[记] 词根记忆：inter(在…中间)+fer(搬运)+e→在中间搬弄是非→干涉，干扰，妨碍

[搭] interfere with 干涉…

signal [ˈsɪgnəl] *n.* 信号；暗号；标志 *v.* （向…）发信号；标志着

[记] 联想记忆：sign(签名)＋al → 用花哨的签名作为自己的标志 → 标志

rescue* [ˈreskjuː] *n./vt.* 营救，救援

[搭] rescue sb. from danger 营救某人脱险

proof* [pruːf] *n.* 证据，证明；校样，样张 *a.* 能防…的，耐…的

[记] 联想记忆：屋顶(roof)有了 p(棚)就能防雨 → 能防…的

afflict* [əˈflɪkt] *vt.* 使苦恼；折磨

[记] 词根记忆：af(向)＋flict(打击) → 向某人发出攻击 → 使苦恼；折磨

[搭] be afflicted with/by... 被…折磨

[同] torment(*vt.* 折磨)；torture(*vt.* 折磨)

log [lɒg] *n.* 原木；航海或飞行日志 *vt.* 记录

maritime [ˈmærɪtaɪm] *a.* 海的，海事的；海运的

[记] 联想记忆：mari(海)＋time(时间) → 海上的时间 → 海的，海事的

formula* [ˈfɔːmjələ] *n.* 公式；配方；准则

[记] 联想记忆：form(形式，形态)＋ula → 使具备形式、形态的方式及过程 → 公式；配方

[搭] mathematical formula 数学公式

therapy [ˈθerəpi] *n.* 治疗，疗法

[搭] radiation therapy 放射治疗；be in therapy 接受治疗

concession [kənˈseʃn] *n.* 让步，迁就；特许权；承认，认可

[记] 词根记忆：con(with)＋cess(行走，前进)＋ion → 带着某物一起走 → 让步

Word List 44

whisper [ˈwɪspə(r)] *n./v.* 低语

[记] 联想记忆：whi(看做 who) + sper(看做 speaker) → 谁在小声说话 → 低语

grant* [grɑːnt] *n.* 授予物；补助金，助学金，津贴；授权 *v.* 同意，承认；给予，授予

[记] 联想记忆：授予(grant)显赫的(grand)贵族爵位

[搭] take...for granted 想当然，认为…理所当然；award a research grant 得到一笔研究经费；grant a request 答应请求

relevant* [ˈreləvənt] *a.* 有关的，相应的；适当的，中肯的；有重大意义的

[记] 词根记忆：re(一再) + lev(举) + ant(形容词后缀) → 要不断举出相关的论据 → 有关的，相应的

[搭] relevant to 与…相关的，有关的，相应的；relevant details 相关细节

[派] irrelevant(*a.* 不相关的；不切题的)

unrealistic* [ˌʌnrɪəˈlɪstɪk] *a.* 不现实的，不切实际的

[记] 联想记忆：un(不) + realistic(现实的) → 不现实的，不切实际的

[搭] unrealistic ideas 不切实际的想法

enfranchise* [ɪnˈfræntʃaɪz] *vt.* 给予…政治权利(尤指选举权)；解放(奴隶)

[记] 联想记忆：en(使…) + franchise(选举权) → 使…有选举权 → 给予…政治权利

[派] enfranchisement(*n.* 给予权利；解放)

disregard [ˌdɪsrɪˈɡɑːd] *vt.* 不理会，漠视 *n.* 忽视，漠视

[记] 联想记忆：dis(不)+regard(关心)→不关心→不理会，漠视

convert [kənˈvɜːt] *v.* (使)改变信仰，皈依；(使)转变，(使)转化；改装

[记] 词根记忆：con(完全)+vert(转)→完全转变→(使)转变，(使)转化

[搭] convert...to/into... 把…转化为…

grasp [ɡrɑːsp] *vt.* 抓紧；掌握，全面理解 *n.* 抓住；支配；理解

[记] 联想记忆：他见到她宛如抓住(grasp)一根救命稻草(grass)

wealthy* [ˈwelθi] *a.* 富的，富裕的；充裕的

object* [ˈɒbdʒɪkt] *n.* 物体；对象；目标；宾语

[əbˈdʒekt] *v.* 反对，不赞成

[记] 词根记忆：ob(向)+ject(扔)→向某一方向扔去→对象；目标

tariff [ˈtærɪf] *n.* 关税，税率；(旅馆、饭店等的)价目表

defendant [dɪˈfendənt] *n.* 被告 *a.* 处于被告地位的；为自己辩护的

[记] 来自 defend (*v.* 辩护)

bankruptcy [ˈbæŋkrʌptsi] *n.* 破产；彻底失败

[记] 联想记忆：bank(柜台)+rupt(看做 rupture，破裂)+cy→柜台被打破，无法做生意→破产

connection [kəˈnekʃn] *n.* 连接；关系

[搭] in connection with... 与…有关，与…相关

airtight* [ˈeətaɪt] *a.* 密闭的；无懈可击的

[记] 组合词：air(空气)+tight(紧密的)→密不透气的→密闭的

unprejudiced* [ʌnˈpredʒədɪst] *a.* 无偏见的；公正的

leather [ˈleðə(r)] *n.* 皮革，皮革制品

[记] 联想记忆：天气(weather)对皮革(leather)的保存有影响

[派] leathery(*a.* 似皮革的；粗糙的)

unregistered* [ʌnˈredʒɪstəd] *a.* 未注册的

versus* [ˈvɜːsəs] *prep.* 与…相对，对抗

[记] 词根记忆：vers(转向) + us → 转向我们 → 与…相对

[同] against(*prep.* 与…相反；对)

wretch* [retʃ] *n.* 不幸的人

[记] 联想记忆：wre(看做 wreck，遇难) + t(看做 to，去) + ch(看做 China) → 保罗开车去中国，撞了！ → 不幸的人

acceptable* [əkˈseptəbl] *a.* 可接受的

antique* [ænˈtiːk] *a.* 古时的，古老的 *n.* 古物，古董

[记] 词根记忆：anti(前) + que → 以前的 → 古时的，古老的

[搭] an antique shop 古玩店

autobiography* [ˌɔːtəbaɪˈɒɡrəfi] *n.* 自传

[记] 词根记忆：auto(自己) + bio(生活) + graph(写) + y → 写自己的一生 → 自传

browse* [braʊz] *v.* 吃嫩叶或草；浏览 *n.* 嫩叶，嫩芽；吃草；浏览

[记] 联想记忆：brow(眉毛) + se → 像眉毛一样纤细的嫩叶 → 嫩叶

[派] browser(*n.* 浏览器；吃嫩叶的动物；浏览图书报刊者)

[同] skim(*v.* 浏览，略读)；graze(*v.* 放牧，吃草)

dot* [dɒt] *n.* 点，小圆点 *v.* 打点于；散布于，点缀

[记] 联想记忆：和 pot(*n.* 壶)一起记；壶(pot)上有许多可爱的小圆点(dot)

emotional* [ɪˈməʊʃənl] *a.* 感情(上)的，情绪(上)的；引起情感的，表示情感的；情绪激动的，易动感情的

[记] 词根记忆: e(出)+mot(动)+ion+al→动出(感情)→感情(上)的

[派] emotionally(*ad.* 在情绪上)

extrovert* [ˈekstrəvɜːt] *n.* 性格外向的人; 爱交际的人

[记] 词根记忆: extro(外)+vert(转)→向外转的人→性格外向的人

favourite* [ˈfeɪvərɪt] *a.* 特别喜欢的, 宠爱的 *n.* 特别喜欢的人或物; 亲信

hang* [hæŋ] *v.* 悬挂, 吊, 垂下; 吊死, 绞死

[搭] hang out with... 与…闲逛

harmony* [ˈhɑːməni] *n.* 相符, 一致; 和谐, 融洽;【音】和声

[搭] live in harmony 生活和谐; in harmony (with) (与…)和睦相处, (与…)协调一致

[派] harmonious(*a.* 和睦的; 协调的)

hospitable* [hɒˈspɪtəbl] *a.* 好客的, 殷勤的, 热情友好的; (气候、环境)宜人的; (对新思想等)易接受的, 开通的

inflate* [ɪnˈfleɪt] *v.* 使充气, 使膨胀; 使得意, 使骄傲; 抬高(物价), 使(通货)膨胀

[记] 词根记忆: in(进入)+flat(吹)+e→往里面吹气→使充气

influential* [ˌɪnfluˈenʃl] *a.* 有影响力的; 有权势的

[记] 来自 influence(*n./vt.* 影响)

insane* [ɪnˈseɪn] *a.* 蠢极的, 荒唐的; (患)精神病的, 精神失常的, 疯狂的

[记] 词根记忆: in(不)+san(健全的)+e→精神不健全的→精神失常的

inscribe* [ɪnˈskraɪb] *v.* (在某物上)写、题、铭刻; 牢记, 铭记

[记] 词根记忆: in(进入)+scrib(写)+e→刻写进去→(在某物上)写、题、铭刻

hostel* [ˈhɒstl] *n.* (青年)招待所; 学生宿舍

[记] 联想记忆: host(主人)+el→房间临时的主人→招待所; 学生宿舍

[搭] student hostel 学生宿舍; youth hostel 青年旅舍

substance* [ˈsʌbstəns] *n.* 物质；实质

[记] 词根记忆：sub(在…下面) + st(站) + ance → 站立的根本 → 实质

refectory* [rɪˈfektri] *n.* (学院)餐厅，食堂

fuse [fjuːz] *n.* 保险丝 *v.* 因保险丝烧断而断电；熔合；熔化

contemporary [kənˈtempərəri] *a.* 当代的；同时代的 *n.* 同代人

[记] 词根记忆：con(共同) + tempor(时间) + ary → 同时代的

[同] current (*a.* 当前的；现在的)

continuity [ˌkɒntɪˈnjuːəti] *n.* 连续(性)；持续(性)

advantage* [ədˈvɑːntɪdʒ] *n.* 优点，优势

tube* [tjuːb] *n.* 管道，试管；〈英〉地铁

[记] 联想记忆：立方形(cube)的管道(tube)

beneficial [ˌbenɪˈfɪʃl] *a.* 有利的，有益的

[记] 词根记忆：bene(善，好) + fic(做) + ial → 做好事 → 有利的，有益的

[搭] be beneficial to... 对…有益、有利；mutually beneficial 互惠的

[同] advantageous(*a.* 有利的)

[反] harmful(a. 有害的)；baleful(a. 有害的，恶意的)

inhibit [ɪnˈhɪbɪt] *v.* 抑制，约束；起抑制作用

[记] 词根记忆：in(不) + hib(拥有) + it → 使不能拥有 → 抑制，约束

[同] hinder(*v.* 阻碍，妨碍)；obstruct(*vt.* 妨碍，阻止)；impede(*vt.* 阻碍，妨碍，阻止)

[反] encourage(*vt.* 激励，促进)

damage* [ˈdæmɪdʒ] *n.* 损害；[*pl.*] 损害赔偿(金) *vt.* 损害

vibrate [vaɪˈbreɪt] *v.* (使)颤动

[派] vibrant(*a.* 充满活力的)；vibration(*n.* 颤动，振动)

inspire* [ɪnˈspaɪə(r)] *vt.* 鼓舞，激起；给…以灵感

[记] 词根记忆：in(向内) + spir(呼吸) + e → 吸气 → 鼓气 → 鼓舞

introvert* [ˈɪntrəvɜːt] *n.* 性格内向的人

pedestrian* [pəˈdestriən] *n.* 行人 *a.* 徒步的；缺乏想象力的

[记] 词根记忆：ped(脚) + estrian → 用脚走的人 → 行人

punch* [pʌntʃ] *v.* 穿孔，打孔；重击，猛击 *n.* 猛击；冲床，穿孔机；力量，效力

[记] 发音记忆："乒哧"(重击的声音) → 穿孔；重击

rectangle* [ˈrektæŋgl] *n.* 长方形，矩形

[记] 词根记忆：rect(直的) + angl(角) + e → 长方形的每个角均为直角 → 长方形，矩形

relative* [ˈrelətɪv] *a.* 相对的；比较的；有关的，相关的 *n.* 亲属，亲戚

[搭] close/distant relatives 近/远亲

[派] relatively(*ad.* 相对地；相当地)

sociable* [ˈsəʊʃəbl] *a.* 友善的，友好的；好交际的，合群的

[记] 词根记忆：soci(结交) + able → 好交际的

[搭] a sociable child 合群的孩子

spacious* [ˈspeɪʃəs] *a.* 宽广的，宽敞的

[记] 联想记忆：spac(e)(空间) + ious (多…的) → 空间很多的 → 宽广的，宽敞的

religion [rɪˈlɪdʒən] *n.* 宗教；宗教信仰

[记] 词根记忆：re(一再) + lig(绑) + ion → 反复用某种信念约束→ 宗教；宗教信仰

[派] religious(*a.* 宗教上的)

demographic [ˌdeməˈgræfɪk] *a.* 人口统计学的；人口的

[记] 来自 demography(*n.* 人口统计；人口学)

random [ˈrændəm] *a.* 任意的，随机的，随意的 *n.* 随机，随意

[记] 联想记忆：ran(跑) + dom(表领域) → 可以在各种领域跑的 → 任意的

[搭] at random 随机地，任意地；random selection 随机的选择；random sampling 随机取样；random access 随机存取

[同] irregular(*a.* 不规则的，无规律的)；arbitrary(*a.* 任意的)

[反] designed(*a.* 有计划的)；arranged(*a.* 安排好的)

repay [riˈpeɪ] *v.* 归还(款项)；报答

vacuum [ˈvækjuəm] *n.* 真空；[*pl.*] 真空吸尘器 *v.* 用吸尘器清扫

[记] 词根记忆：vac(空的) + uum → 真空

firm * [fɜːm] *n.* 公司 *a.* 坚实的，稳固的，坚定的

digital [ˈdɪdʒɪtl] *a.* 数码的，数字的

[记] 词根记忆：digit(手指，脚趾) + al → 用手指数的 → 数字的

humour [ˈhjuːmə(r)] *n.* 幽默，幽默感

[记] 发音记忆："幽默"

global * [ˈgləʊbl] *a.* 全球的，全世界的；整体的，全面的

[记] 词根记忆：glob(球体) + al → 全球的，全世界的

[搭] global warming 全球变暖；global village 地球村，世界村

cluster * [ˈklʌstə(r)] *n.* 串，束，群 *v.* 成群；群集

[记] 联想记忆：clu(看做 clue，线索) + ster → 由一条线索贯穿的 → 串，群

[搭] a cluster of... 一束…

handout [ˈhændaʊt] *n.* 传单，分发的印刷品；救济品

[记] 组合词：hand(手) + out(向外) → 从手里发出去 → 传单；救济品

endure [ɪnˈdjʊə(r)] *v.* 忍受；持久，持续

[记] 词根记忆：en(使) + dur(持续) + e → 忍受；持久，持续

helicopter * [ˈhelɪkɒptə(r)] *n.* 直升飞机

[记] 词根记忆：helic(螺旋) + opter → 带螺旋翼的飞机 → 直升飞机

lead to 导致，通向

sprawl* [sprɔːl] *n.* 四肢伸开的姿势或动作；(城市的)无计划发展 *v.* 伸开四肢坐、卧或倒下；杂乱无序地延伸

[记] 联想记忆：伸展手脚趴在地上(sprawl)潦草地写(scrawl)

crowded* [ˈkraʊdɪd] *a.* 拥挤的；塞满的

[记] 来自 crowd(*n.* 人群)

knob [nɒb] *n.* 球形把手；(机器等)旋钮

[记] 联想记忆：没有门把手(knob)，只能敲门(knock)

ideal [aɪˈdiːəl] *a.* 理想的，完美的；理想主义的；空想的；唯心的 *n.* 理想；理想的东西(或人)

[记] 词根记忆：id(看)+eal → 心里想看到的 → 理想的

[搭] an ideal companion 理想伙伴

[派] idealistic(*a.* 唯心论的，空想的；理想主义的)；ideally(*ad.* 理想地，完美地)

in comparison with 与…比较起来

midst [mɪdst] *n.* 中间

[记] 词根记忆：mid(中间的)+st → 中间

fluctuate [ˈflʌktjueɪt] *v.* (使)涨落，(使)起伏；(使)变化

[记] 词根记忆：flu(流)+ctu+ate(使…) → (水)流动 → (使)涨落，(使)起伏

[同] waver(*vi.* 摇摆，摆动)；vary(*v.* 变化)

neglect [nɪˈglekt] *n./vt.* 忽视；疏忽；遗漏

[记] 词根记忆：neg(不)+lect(选择) → 不去选择 → 忽视；疏忽

[搭] neglect one's duty 玩忽职守

[同] ignore(*vt.* 不理，忽视)；overlook(*vt.* 忽略)

drought* [draʊt] *n.* 干旱，旱灾

[记] 联想记忆：dr(看做 dry，干燥的)+ought(应该) → 干旱时到处都应该很干燥 → 干旱

hug [hʌg] *n./v.* (热烈的/地)拥抱

variability* [ˌveəriəˈbɪləti] *n.* 可变性，易变性

indication [ˌɪndɪˈkeɪʃn] *n.* 指示，象征

insert [inˈsɜːt] *v.* 插入，嵌入

[记] 词根记忆：in(进入) + sert(放置) → 放进去 → 插入，嵌入

Every little helps a mickle.

聚沙成塔，集腋成裘。

Word List 45

in addition to* 除…之外

certificate* [sə'tɪfɪkət] *n.* 证书，执照

[记] 词根记忆：cert(确认)+ific(做)+ate → 确认某人有做某事的资格 → 证书，执照

[搭] a teaching certificate 执教证书；a birth certifi-cate 出生证明；a marriage certificate 结婚证

severe* [sɪ'vɪə(r)] *a.* 严重的；严厉的；剧烈的

[搭] a severe consequence 严重后果；a severe storm 剧烈的暴风雨

[派] severely(*ad.* 严重地；严格地；激烈地)

diameter [daɪ'æmɪtə(r)] *n.* 直径

[记] 词根记忆：dia(穿过)+meter(测量) → 穿过圆的中心进行测量 → 直径

gesture* ['dʒestʃə(r)] *n.* 姿势，姿态；手势 *v.* 做手势

disclose [dɪs'kləʊz] *vt.* 揭露；透露；公开

[记] 词根记忆：dis(不)+clos(关闭)+e → 不关闭 → 揭露；透露；公开

[同] reveal(*vt.* 展现，揭示)；uncover(*vt.* 揭露)

[反] conceal(*vt.* 隐藏，隐瞒)；hide(*v.* 掩藏)

sheer* [ʃɪə(r)] *a.* 十足的；纯粹的；陡峭的

[记] 联想记忆：she(她)+er(表人) → 她是个十足的女人 → 十足的

successive [sək'sesɪv] *a.* 连续的

balance* ['bæləns] *n.* 平衡；余额 *vt.* 平衡

[记] 联想记忆：bal (看做 ball，球)+ance → 球操选手需要很好的平衡能力 → 平衡

[搭] lose balance 失去平衡

adjust* [əˈdʒʌst] *v.* 校准；调节；使…适应

[记] 词根记忆：ad + just（正确的）→ 使正确 → 校准；调节；使…适应

[搭] adjust to 适应，调节

require* [rɪˈkwaɪə(r)] *vt.* 需要；命令；规定，要求

[记] 词根记忆：re（再，又）+ quir（追求）+ e → 不断追求自己需要的 → 需要；要求

[派] requirement（*n.* 需要；要求）

fairly* [ˈfeəli] *ad.* 相当地；公平地；简直，完全地

precise [prɪˈsaɪs] *a.* 精确的，准确的；严谨的

[搭] to be precise 准确地说

[派] precisely（*ad.* 精确地；正好）

colour-blind* [ˈkʌləblaɪnd] *a.* 色盲的

trustworthy [ˈtrʌstwɜːði] *a.* 值得信赖的，可靠的

vomit [ˈvɒmɪt] *n.* 呕吐，呕吐物；催吐剂 *v.* 呕吐，恶心；喷出

[记] 联想记忆：v + o（形似嘴）+ mit（词根 mit 指“发送”）→ 张嘴发送 → 呕吐

[搭] vomit up 呕吐

wrestle [ˈresl] *v.* 摔跤；全力对付；用力移动

[搭] wrestle with 与…摔跤；与…斗争

adolescence [ˌædəˈlesns] *n.* 青春，青春期

[记] 联想记忆：ado（看做 adult，成年人）+ lescence（看做 licence，许可证）→ 青少年即将拿到成年的许可证 → 青春，青春期

captivity [kæpˈtɪvəti] *n.* 囚禁，拘留

[记] 词根记忆：capt（抓住）+ ivity → 被抓住 → 被俘 → 囚禁，拘留

commerce [ˈkɒmɜːs] *n.* 贸易，商业；交往，交流

[记] 词根记忆：com（共同）+ merc（交易）+ e → 贸易，商业

condensation [ˌkɒndenˈseɪʃn] *n.* 浓缩，凝结

[记] 来自 condense（*v.* 浓缩；凝结）

facial [ˈfeɪʃl] *a.* 面部的；面部用的

[记] 词根记忆：fac(面)+ial → 面部的

[搭] facial expressions 面部表情

herbal [ˈhɜːbəl] *a.* 草本植物的；药草(制)的 *n.* 草本植物志；药草书

[搭] herbal medicine 草药

hover [ˈhɒvə(r)] *v.* (鸟等)翱翔，盘旋；逗留在近旁，徘徊；彷徨，犹豫

[记] 联想记忆：在爱人(lover)身边徘徊(hover)

[同] linger〔*vi.* (因不愿离开而)继续逗留，徘徊〕; flutter〔*v.* (鸟等)振翼，翩然而飞〕

imprecise [ˌɪmprɪˈsaɪs] *a.* 不精确的，不严密的

[记] 联想记忆：im(不)+precise(精确的，严密的)→不精确的，不严密的

inactive [ɪnˈæktɪv] *a.* 不活动的；懒散的

initiate [ɪˈnɪʃieɪt] *vt.* 开始，创造，发起；接纳(新成员)，让…加入 [ɪˈnɪʃiət] *n.* (新)加入组织者

[记] 词根记忆：in(向内)+it(走)+iate → 向里走 → 开始；让…加入

longitude [ˈlɒndʒɪtjuːd] *n.* 经度，经线

[记] 词根记忆：long(长)+itude → 连接南北两极的长线 → 经线

procrastinate [prəʊˈkræstɪneɪt] *v.* 耽搁，拖延

[记] 词根记忆：pro(向前)+crastin(明天)+ate → 拖到明天再干 → 耽搁，拖延

rarity [ˈreərəti] *n.* 稀有；稀有的事物

seclude [sɪˈkluːd] *vt.* 使隔离，使孤立

[记] 词根记忆：se(分离)+clud(关闭)+e → 脱离，过着封闭的生活 → 使隔离，使孤立

ongoing* [ˈɒngəʊɪŋ] *a.* 进行中的 *n.* 前进，发展

[记] 组合词：on(在…中)+going(进行，进展)→进行中的

almond* [ˈɑːmənd] *n.* 杏树；杏仁

feed [fiːd] *v.* 喂养，为…提供食物；吃，以…为食 *n.* 饲料

[搭] feed into 向…提供；feed on 以…为食

scenery* [ˈsiːnəri] *n.* 舞台布景；风景，景色

[记] 词根记忆：scen(设置)＋ery(表场所，名词后缀)→设置景色的场所→舞台布景；风景

[搭] natural scenery 自然风景

stagnate* [stæɡˈneɪt] *v.* (使)停滞；不发展

[记] 词根记忆：stagn(=pool 池塘)＋ate→池塘的水不流动→(使)停滞

ozone [ˈəʊzəʊn] *n.* 臭氧

[搭] ozone layer 臭氧层

tap [tæp] *v.* 轻拍；利用，开发

owe* [əʊ] *vt.* 欠；把…归功于

ministry [ˈmɪnɪstri] *n.* (政府的)部

laser [ˈleɪzə(r)] *n.* 激光

[记] 发音记忆："镭射"→激光

individual [ˌɪndɪˈvɪdʒuəl] *a.* 个别的，单独的；独特的 *n.* 个人，个体

[记] 联想记忆：in＋divid(e)(分割)＋ual→在里面分割开的→个别的，单独的

[搭] individual interest 个人利益

[派] individually(*ad.* 各自地，单独地；独特地)；individualistic(*a.* 个人主义的)

association* [əˌsəʊsiˈeɪʃn] *n.* 协会

tempt* [tempt] *vt.* 引诱；吸引

[记] 本身为词根，意为"尝试"→受到诱惑而尝试→引诱；吸引

[同] entice(*vt.* 诱惑)

beneath* [bɪˈniːθ] *prep./ad.* 在下方

[记] 联想记忆：be＋neath(在…之下)→在下方

naturally* [ˈnætʃrəli] *ad.* 当然，自然；天生地

microscope [ˈmaɪkrəskəʊp] *n.* 显微镜

[记] 词根记忆：micro(微小的) + scop(看) + e → 用来看很小的东西 → 显微镜

estate [ɪˈsteɪt] *n.* 个人财产，(尤指)遗产；土地，地产，(尤指)庄园

[搭] estate agent 房地产经纪人；real estate 房地产

discourage [dɪsˈkʌrɪdʒ] *vt.* 使泄气，使灰心；阻止，劝阻

[记] 词根记忆：dis(消失) + cour(精神) + age → 使精神消失 → 使泄气

briefcase [ˈbriːfkeɪs] *n.* 公文包

[记] 组合词：brief(简洁的) + case(手提箱) → 简洁的手提箱 → 公文包

candidate* [ˈkændɪdət] *n.* 候选人，候补者；申请求职者；报考者

[记] 联想记忆：can(能) + did(做) + ate → 踏实能干才能当候选人 → 候选人

[搭] a candidate for …的候选人

melt [melt] *v.* (使)融化；(使)消散

[派] melting(*a.* 熔化的；融化的)

shrug [ʃrʌg] *n./v.* 耸肩

[记] 联想记忆：shru(形似拼音 shu，舒) + g(音似：胳) → 耸肩

frightened* [ˈfraɪtnd] *a.* 受惊的；受恐吓的

relax* [rɪˈlæks] *v.* (使)放松

[记] 词根记忆：re(一再) + lax(松开) → 一再松开 → (使)放松

[派] relaxation(*n.* 放松；休息)

aerospace [ˈeərəʊspeɪs] *n.* 宇宙空间；航空航天技术

[记] 联想记忆：aero(空气) + space(太空) → 宇宙空间

suppose* [səˈpəʊz] *v.* 假想，假定，猜想，推测；[用于祈使句]假定，让；[常用于被动语态]期望做(某事)，认为应该做(某事)

[记] 词根记忆：sup(在…下面)+pos(放置)+e→私下将某种猜测放在心中→假想，猜想

[搭] be supposed to do sth. 应该做某事

tenable * [ˈtenəbl] *a.* 站得住脚的；可防守的

[记] 词根记忆：ten(维持)+able(能…的)→能维持的→站得住脚的

sustain * [səˈsteɪn] *v.* 支撑，撑住，承受住；维持，保持；经受，遭受，忍耐

[记] 词根记忆：sus(在…下面)+tain(支持)→维持，保持

[搭] sustain a person's spirit 使某人振作；sustain growth 维持增长

[派] sustainable(*a.* 可持续的)

straw * [strɔː] *n.* 稻草；吸管

border * [ˈbɔːdə(r)] *n.* 边缘；边界 *v.* 与…接壤；接近，毗邻

[记] 联想记忆：b+order(命令)→听从命令不许出边界→边缘；边界

dispenser * [dɪsˈpensə(r)] *n.* 药剂师，配药师；分配者，施予者；自动售货机

[记] 词根记忆：dis(分开)+pens(付钱)+er(表人)→分开付钱的人→分配者

receiver [rɪˈsiːvə(r)] *n.* (电话)听筒；接收器

monopoly [məˈnɒpəli] *n.* 垄断，专卖；垄断商品，专卖商品

[记] 词根记忆：mono(单个)+poly(多)→独占某商品绝大多数的市场份额→垄断，专卖

bureaucracy [bjʊəˈrɒkrəsi] *n.* 官僚主义；官僚机构

[记] 词根记忆：bureau(桌子，引申为"政府的局")+cracy(统治)→官僚机构

construction [kənˈstrʌkʃn] *n.* 建造；建筑物；构造

endorse * [ɪnˈdɔːs] *vt.* 支持，赞同

embryo * [ˈembriəʊ] *n.* 胚，胚胎；事物的萌芽期

[记] 词根记忆：em+bryo(变大)→种子等变大→胚胎

［搭］in embryo 在胚胎阶段，在萌芽时期

［派］embryonic(*a.* 胚胎期的，萌芽期的)

silicon [ˈsɪlɪkən] *n.* 硅

intelligence* [ɪnˈtelɪdʒəns] *n.* 智力，理解力；情报

［记］词根记忆：intel（在…之间）+ lig（选择）+ ence → 作出明智的选择 → 智力，理解力

mature [məˈtʃʊə(r)] *a.* 成熟的；深思熟虑的 *v.* (使)成熟

［记］联想记忆：自然(nature）中的 n 换成 m，万物就变成熟(mature)

discard* [dɪsˈkɑːd] *vt.* 丢弃，遗弃

［记］联想记忆：dis(离开) + card(纸牌) → 出牌，把牌扔出去 → 丢弃，遗弃

membership [ˈmembəʃɪp] *n.* 会员身份；全体会员

roast [rəʊst] *a.* 烤过的 *n.* 烤肉 *v.* 烤，炙

［记］联想记忆：在海岸(coast)烤(roast)肉

Every day is not Sunday.

好景不常在。

Word List 46

computerize [kəmˈpjuːtəraɪz] *vt.* 使计算机化；用计算机做；用计算机储存(信息)

[记] 来自 computer(*n.* 计算机)

[派] computerization(*n.* 计算机化)

popularize [ˈpɒpjələraɪz] *vt.* 宣扬，宣传，推广；使普及，使通俗化

[记] 词根记忆：popul(人民)+ar+ize(使…)→使广为人所知→宣扬，宣传，推广；使普及

[派] popularization(*n.* 普及)

devalue [ˌdiːˈvæljuː] *v.* 使贬值；贬低

[记] 词根记忆：de(去掉)+val(价值)+ue→去掉价值→使贬值；贬低

[派] devaluation(*n.* 贬值)

ferry [ˈferi] *n.* 渡船；摆渡 *v.* 渡运

[记] 词根记忆：fer(带来)+ry→渡运

iron* [ˈaiən] *n.* 铁；烙铁，熨斗 *v.* (用熨斗)熨，烫平

[搭] iron sth. out 熨平(衣服等的皱褶)

bully [ˈbʊli] *n.* 恃强凌弱者 *vt.* 恐吓；胁迫，欺负

[记] 联想记忆：他仗着自己力大如公牛(bull)欺负(bully)别人

[同] intimidate(vt. 恐吓，威胁)；bluster(v. 威吓，吓唬)

storyline [ˈstɔːrilaɪn] *n.* 故事情节

[记] 组合词：story(故事)+line(线条)→故事情节

orbit [ˈɔːbɪt] *n.* 轨道；影响范围，势力范围 *v.* 沿轨道运行；围绕…运动

[记] 词根记忆：orb(轨道)+it→轨道

combat [ˈkɒmbæt] *n.* 战斗，搏斗 *vt.* 战斗，与…搏斗；防止

[记] 词根记忆：com(共同)+bat(打)→战斗

[派] combatant(*n.* 参战者，战士)；combative(*a.* 好斗的)

slothful [ˈsləʊθfl] *a.* 怠惰的，懒惰的；迟钝的

catastrophic [ˌkætəˈstrɒfɪk] *a.* 悲惨的；灾难性的

abide [əˈbaɪd] *v.* 停留，逗留；容忍，忍受

[记] 词根记忆：a + bide(停留)→停留，逗留

[搭] abide by 遵守，遵循

allure [əˈlʊə(r)] *n./v.* 诱惑，吸引

[派] alluring(*a.* 有吸引力的，迷人的)

[同] charm(*n.* 魅力)；attract(*vt.* 吸引)

oxygen * [ˈɒksɪdʒən] *n.* 氧，氧气

[记] 词根记忆：oxy(酸) + gen(产生)→产生酸的→氧，氧气

pervasive [pəˈveɪsɪv] *a.* 遍布的，弥漫的

[记] 词根记忆：per(完全) + vas(走) + ive(形容词后缀)→走遍的→遍布的，弥漫的

encroach [ɪnˈkrəʊtʃ] *vi.* 侵入，侵占，侵犯；侵蚀，蚕食(土地)

[记] 词根记忆：en(进入) + croach(=croch 钩子)→使进入钩子→侵入，侵占

fantastic [fænˈtæstɪk] *a.* 极好的；荒诞的，奇异的；不切实际的

[派] fantastically(*ad.* 极其)

[同] marvelous(*a.* 惊人的，奇迹般的)

[反] ordinary(*a.* 普通的，平常的)

abhorrent [əbˈhɒrənt] *a.* 可恶的，可恨的

[记] 词根记忆：ab(表加强) + horr(发抖) + ent(形容词后缀)→让人发抖的→可恶的，可恨的

inflict [ɪnˈflɪkt] *vt.* 把…强加给，使遭受，使承受

[记] 词根记忆：in(对着) + flict(打)→对着…打→把…强加给，使遭受，使承受

[搭] inflict oneself on sb. 打搅，搅扰

[派] infliction〔*n.*(强加于人身的)痛苦，刑罚〕

tilt [tɪlt] *v.* (使)倾斜，倾侧；(使)倾向于，偏向 *n.* 倾斜，倾侧

mosquito [məˈskiːtəʊ] *n.* 蚊子

offensive [əˈfensɪv] *a.* 冒犯的；使人不快的；无礼的；攻击性的，进攻性的 *n.* 进攻，攻击；攻势

[记] 词根记忆：of + fens(打) + ive → 打击别人 → 冒犯的；使人不快的

[派] offensiveness(*n.* 冒犯；无礼)

[反] inoffensive(*a.* 无害的)

extravagant [ɪkˈstrævəgənt] *a.* 奢侈的，铺张的；(言行等)无节制的，过分的，放肆的

[搭] an extravagant price 过高的价格

[派] extravagance(*n.* 奢侈，铺张)

[同] excessive(*a.* 过分的，过多的)；lavish(*a.* 过分慷慨的，奢侈的)

begrimed [bɪˈgraɪmd] *a.* 污秽的

ruthless [ˈruːθləs] *a.* 无情的，冷酷的，残忍的

[记] 联想记忆：ruth(怜悯) + less(无) → 没有怜悯的 → 无情的，冷酷的，残忍的

[派] ruthlessly(*ad.* 残忍地)

[同] cruel(*a.* 残酷的)

jargon [ˈdʒɑːgən] *n.* 行话，行业术语；黑话

[搭] legal jargon 法律术语

diverse [daɪˈvɜːs] *a.* 不同的，多样的

[记] 词根记忆：di(分开) + vers(转) + e → 转开 → 不同的，多样的

[搭] diverse cultures 不同的文化

[派] diversity〔*n.* 差异(性)，多样(性)〕

extinguish * [ɪkˈstɪŋgwɪʃ] *vt.* 熄灭，扑灭；消灭，使破灭

[记] 词根记忆：ex(没有) + ting(刺) + uish → 用针刺使没有 → 熄灭，扑灭；消灭

estrange [ɪˈstreɪndʒ] *vt.* 使疏远，使分离

neoclassical [ˌniːəʊˈklæsɪkl] *a.* 新古典主义的

biased [ˈbaɪəst] *a.* 有偏见的；片面的

grimy [ˈgraɪmi] *a.* 积满污垢的，肮脏的

enhancer [ɪn'hɑːnsə(r)] *n.* 增强剂；放大器

[搭] flavour enhancers 增味剂

ulterior [ʌl'tɪəriə(r)] *a.* 较远的；不可告人的，隐秘的，秘密的

[记] 词根记忆：ulter(远)+ior → 较远的；不可告人的，隐秘的

corrupt [kə'rʌpt] *v.* 腐化，腐蚀；使堕落；破坏，损坏；(计算机文件等)出错 *a.* 堕落的，腐化的；腐败的，贪污的

[记] 词根记忆：cor(完全)+rupt(断裂) → 完全断裂 → 腐化，腐蚀

stringent ['strɪndʒənt] *a.* (法律、规则等)严格的，苛刻的；(财政状况)紧缩的，短缺的，银根紧的；迫切的

[记] 词根记忆：string(捆绑)+ent(形容词后缀) → 捆绑起来的 → 苛刻的；银根紧的

novice ['nɒvis] *n.* 生手，新手；初学者；新信徒，初学修士(或修女)

[记] 词根记忆：nov(新)+ice → 新手

hinder ['hɪndə(r)] *vt.* 阻碍，妨碍

[记] 联想记忆：落在后面(behind)，阻碍(hinder)发展

[搭] hinder from 阻碍，妨碍

[派] unhindered(*a.* 不受妨碍的，不受阻碍的)；hindrance(*n.* 阻碍)

[同] impede(*vt.* 阻碍，妨碍，阻止)；encumber(*vt.* 阻碍，妨碍)；hamper(*vt.* 妨碍，阻碍)

impoverished [ɪm'pɒvərɪʃt] *a.* 穷困的，赤贫的；贫乏的，贫瘠的；枯竭的

[记] 词根记忆：im(在…里面)+pover(贫困)+ish(使…)+ed → 使处于贫困中的 → 穷困的，赤贫的；贫乏的

shallow ['ʃæləʊ] *a.* 浅的；肤浅的，浅薄的

[记] 联想记忆：顾影(shadow)自怜，真是浅薄(shallow)

inundate [ˈɪnʌndeɪt] *vt.* 淹没，泛滥；使不胜负荷，使应接不暇

[记] 词根记忆：in(进入)+und(波浪)+ate→卷入波浪→淹没，泛滥

erode [ɪˈrəʊd] *v.* 侵蚀，腐蚀；削弱，损害

[记] 词根记忆：e(去掉)+rod(咬)+e→咬掉→侵蚀，腐蚀

[同] corrode(*v.* 腐蚀，侵蚀)

doom [duːm] *vt.* 注定…失败(或遭殃、死亡等)，使…在劫难逃 *n.* 毁灭；厄运，劫数

alienate [ˈeɪliəneɪt] *vt.* 使疏远，使不友好；转让，让渡(财产等)

[记] 词根记忆：ali(其他的)+en+ate(使…)→使具备其他的性质→使疏远，使不友好

[派] alienated(*a.* 疏远的；被隔开的)；alienation(*n.* 疏远，离间)

[同] estrange(*vt.* 使疏远)

brazen [ˈbreɪzn] *a.* 黄铜制的，黄铜色的；厚颜无耻的

tortoise [ˈtɔːtəs] *n.* 龟，陆龟；行动迟缓的人

commiserate [kəˈmɪzəreɪt] *vi.* 同情，怜悯

[记] 词根记忆：com(带有)+miser(同情)+ate→带有同情之心→同情，怜悯

outlaw [ˈaʊtlɔː] *n.* 亡命之徒，逃犯，被剥夺法律权益者 *vt.* 宣布…为非法，使…成为非法

[记] 组合词：out(出)+law(法律)→超出法律范围→宣布…为非法，使…成为非法

pavement [ˈpeɪvmənt] *n.* 人行道；地面，路面

antiquated [ˈæntɪkweɪtɪd] *a.* 陈旧的，过时的；废弃的

coral [ˈkɒrəl] *n.* 珊瑚；珊瑚虫 *a.* 珊瑚色的，红色的

[搭] coral reefs 珊瑚礁

incinerate [ɪnˈsɪnəreɪt] *vt.* 焚化，焚毁，把…烧成灰烬

[记] 词根记忆：in(进入)+ciner(灰)+ate(使…)→使成灰→焚化，焚毁

renewable [rɪˈnjuːəbl] *a.* 可更新的，可再生的，可恢复的；可延长有效期的，可续期的

[搭] renewable raw materials 可再生原材料

shin [ʃɪn] *n.* 胫，胫部，胫骨 *v.* (手脚并用沿某物)爬

[搭] shin up/down sth. 爬上/下某物

enslave [ɪnˈsleɪv] *vt.* 奴役，征服，使受控制

[记] 联想记忆：en(使) + slave(奴隶) → 使成为奴隶 → 奴役，征服，使受控制

[派] enslavement(*n.* 奴役，征服)

timid [ˈtɪmɪd] *a.* 胆小的；羞怯的

[记] 词根记忆：tim(害怕) + id → 胆小的

[派] timidity(*n.* 胆小，羞怯)；timidly(*ad.* 胆小地，羞怯地)

[同] cowardly(*a.* 胆小的)；shy(*a.* 害羞的)

[反] bold(*a.* 大胆的)

vile [vaɪl] *a.* 糟糕透顶的，可恶的；恶劣的，卑鄙的

[记] 词根记忆：vil(无耻的) + e → 可恶的；恶劣的，卑鄙的

[派] vileness(*n.* 讨厌；卑劣)

diesel [ˈdiːzl] *n.* 柴油；柴油机；柴油车

[搭] a diesel engine 柴油机

guzzle [ˈɡʌzl] *v.* 狂饮，暴饮；大量消耗

[派] guzzler(*n.* 耗油量大的汽车；暴饮暴食者)

torment [ˈtɔːment] *n.* 痛苦，折磨；令人痛苦的东西

[tɔːˈment] *vt.* 折磨，使痛苦，烦扰；纠缠；戏弄，捉弄

[记] 词根记忆：tor(=tort 扭曲) + ment → 扭曲的状态 → 痛苦，折磨

[搭] in torment 在痛苦中

revive [rɪˈvaɪv] *v.* (使)苏醒，复活；重新使用

[记] 词根记忆：re(重新) + viv(生活) + e → 重新生活 → 复活；重新使用

[派] revival(*n.* 复活，复兴)

[同] restore(*vt.* 恢复；使复职)；revitalize(*vt.* 使恢复生机)

[反] languish(*vi.* 憔悴，枯萎；变得衰弱)

inhumane [ˌɪnhjuːˈmeɪn] *a.* 不近人情的，残忍的，不人道的

[派] inhumanity(*n.* 残酷的行为；不人道)

imperil [ɪmˈperəl] *vt.* 使陷于危险，危及

[记] 词根记忆：im(进入)+per(冒险)+il→使陷于危险，危及

diverge [daɪˈvɜːdʒ] *vi.* (道路、线条等)分开，岔开；(意见、观点等)分歧，相异；偏离，违背

[记] 词根记忆：di(分开)+verg(转)+e→分别转换方向→分开，岔开；分歧

[搭] diverge from the norm 与常态不符

[派] divergence(*n.* 分歧；偏离)；divergent(*a.* 分叉的；分歧的)

irrational [ɪˈræʃənl] *a.* 不合理的，不合逻辑的，荒谬的 *n.* 无理数

[记] 联想记忆：ir(不)+rational(合理的)→不合理的

[搭] an irrational fear 无端的恐惧

verbal [ˈvɜːbl] *a.* 口头的；言辞的，文字的，词语的；动词的

[记] 词根记忆：verb(言语)+al(形容词后缀)→口头的；言辞的，文字的

saline [ˈseɪlaɪn] *a.* 含盐的，咸的 *n.*【医】盐水

[记] 词根记忆：sal(盐)+ine→含盐的，咸的

[派] salinity(*n.* 含盐量，咸度)

disable* [dɪsˈeɪbl] *vt.* 使丧失能力，使伤残；使不能正常运转，使无效

[记] 联想记忆：dis(不)+able(有能力的)→使丧失能力，使伤残

seduce [sɪˈdjuːs] *vt.* 勾引，引诱；诱使，唆使

[记] 词根记忆：se(分开)+duc(引导)+e→引开→勾引，引诱

relocate [ˌriːləʊˈkeɪt] *v.* 重新安置,(使)搬迁,迁移

[记] 词根记忆:re(重新)+ loc(摆放)+ ate → 重新摆放 → 重新安置,(使)搬迁

angle [ˈæŋgl] *n.* 角;角度;观点,立场 *v.* 移向;使成角度移动;从(某角度)报道

[记] 词根记忆:angl(角)+ e → 角

[派] angular(*a.* 有角的;尖角的)

legitimate [lɪˈdʒɪtɪmət] *a.* 合法的,法定的;正当的,合情合理的 [lɪˈdʒɪtɪmeɪt] *vt.* 使合法

[记] 词根记忆:leg(法律)+ itim + ate → 合法的,法定的

[派] legitimately(*ad.* 合情合理地);legitimacy(*n.* 合法;正当)

[同] legal(*a.* 法定的,合法的);lawful(*a.* 合法的,法定的)

sedentary [ˈsedntri] *a.* (工作、活动等)需要久坐的;(人)惯于久坐不动的;(人或动物)定居的,不迁徙的;沉积的

[记] 词根记忆:sed(坐)+ ent + ary(有关的)→ 与坐着的状态相关联的 → 需要久坐的

[搭] a sedentary lifestyle 长期伏案的生活方式

water-borne [ˈwɔːtəbɔːn] *a.* 水运的,水传播的,饮水传染的

[记] 组合词:water(水)+ borne(bear 的过去分词,携带)→ 由水带来的 → 水运的,水传播的

kindergarten [ˈkɪndəgɑːtn] *n.* 幼儿园

molten [ˈməʊltən] *a.* 熔化的

[搭] molten lava 熔岩

processor [ˈprəʊsesə(r)] *n.* 加工机;加工工人;处理器

[记] 来自 process(*vt.* 处理)

saturate [ˈsætʃəreɪt] *vt.* 使湿透,浸透;使充满,使饱和

[记] 词根记忆:sat(充足)+ ur + ate(使…)→ 使充足 → 使充满

[搭] saturate with 以…使饱和

[同] drench(*vt.* 使湿透,使浸透);soak(*v.* 浸透,湿透)

trivialize [ˈtrɪviəlaɪz] *vt.* 使显得不重要，轻视，淡化

assault [əˈsɔːlt] *n.* （武力或口头上的）攻击，袭击；侵犯人身罪；冲击；抨击*vt.* 攻击，袭击；使难受

[记] 词根记忆：as(向) + saul(跳) + t → 跳向某人 → 攻击，袭击

[同] attack(*n./v.* 攻击，抨击)

Even Homer sometimes nods.

智者千虑，必有一失。

Word List 47

obscene [əbˈsiːn] *a.* 淫秽的，猥亵的，下流的；可憎的，可恶的；（数量）大得惊人的，骇人听闻的

[派] obscenely（*ad.* 猥亵地，污秽地）；obscenity（*n.* 淫秽的语言；下流的行为）

authentic [ɔːˈθentɪk] *a.* 真品的，真迹的；真正的，真实的，逼真的

[派] authenticity（*n.* 真实性）；authenticate（*vt.* 证明…是真实的）

[同] real（*a.* 真的）；genuine（*a.* 真实的）

[反] artificial（*a.* 人造的，假的）；fake（*a.* 假的）

righteous [ˈraɪtʃəs] *a.* 正义的，正直的；公正的；正当的

[记] 词根记忆：rig（直的；正确的）+ hte + ous（形容词后缀）→ 正直的；公正的

purify [ˈpjʊərɪfaɪ] *vt.* 使洁净，使纯洁，净化；提纯，精炼

[记] 词根记忆：pur（干净的）+ ify（使…）→ 使洁净，净化；提纯

[派] purification（*n.* 净化；提纯）

[同] cleanse（*vt.* 净化）；refine（*vt.* 提炼）

[反] contaminate（*vt.* 污染，玷污）

gregarious [grɪˈgeəriəs] *a.* 群居的；合群的；爱交际的

[记] 词根记忆：greg（群体）+ ari + ous（形容词后缀）→ 群体的 → 群居的；合群的；爱交际的

heartless [ˈhɑːtləs] *a.* 无情的，狠心的；无生气的，没精打采的

instil [ɪnˈstɪl] *vt.* 滴注；逐渐灌输；逐步培养（感受、思想等）

[记] 词根记忆：in（到…里面）+ stil（掉）→ 掉到里面 → 滴注；逐渐灌输

infringe [ɪnˈfrɪndʒ] *v.* 侵犯，侵害；违背，触犯(法规)；干涉，干扰

[搭] infringe a rule 违反规章；infringe a law 违法

comic* [ˈkɒmɪk] *a.* 可笑的，滑稽的；喜剧的 *n.* 喜剧演员

[搭] comic strip (常登载于报纸的)连环漫画

transplant [trænsˈplɑːnt] *vt.* 移栽，移种(植物等)；移植(器官等)；使迁移，使移居 [ˈtrænsplɑːnt] *n.* (器官等的)移植

[记] 词根记忆：trans(改变)+plant(种植)→改种到他处→移植

[派] transplantation (*n.* 移植；迁移，移民)；transplantable(*a.* 可移植的)

[同] graft(*v.* 移植；嫁接)

algebra [ˈældʒɪbrə] *n.* 代数

spur [spɜː(r)] *n.* 刺激(物)；激励；靴刺，马刺 *vt.* 刺激，激励，鞭策；(用马刺)策马加速

[记] 联想记忆：NBA 的马刺队(Spur)

barbaric [bɑːˈbærɪk] *a.* 野蛮的，粗鲁的；残暴的，残忍的；原始部落的

[记] 词根记忆：barbar(外来者)+ic(形容词后缀)→外来者的→野蛮的，粗鲁的；残忍的

delinquent [dɪˈlɪŋkwənt] *a.* 失职的；违法的；拖欠的 *n.* 违法者，罪犯(尤指少年犯)

[记] 词根记忆：de(分离)+linqu(离开)+ent(形容词后缀)→离开自己的岗位的→失职的；违法的

retaliate [rɪˈtælieɪt] *vi.* 报复，反击；复仇

perpetrate [ˈpɜːpətreɪt] *vt.* 做(坏事)，犯(罪)

prosper [ˈprɒspə(r)] *vi.* 繁荣，兴旺；成功

[记] 词根记忆：pro(在…前面)+sper(希望)→有希望的→繁荣，兴旺；成功

gorilla [gəˈrɪlə] *n.* 大猩猩

sluttish [ˈslʌtɪʃ] *a.* 懒惰的，邋遢的；放荡的

[记] 来自 slut(*n.* 邋遢女人，懒婆娘)

anchor [ˈæŋkə(r)] *n.* 锚；给人安全感的人（或物）；精神支柱；顶梁柱 *v.* 抛锚；使固定，系牢；使基于；主持（电视节目等）

[记] 发音记忆："安客"→船抛锚，客安心→抛锚

despoil [dɪˈspɔɪl] *vt.* 抢夺，掠夺；蹂躏，破坏

discourteous [dɪsˈkɜːtiəs] *a.* 无礼的，粗鲁的

[记] 词根记忆：dis（离开）+ court（花园，引申为"宫廷"）+ eous → 离开宫廷的 → 无礼的

gene [dʒiːn] *n.* 基因

[记] 发音记忆："基因"

[搭] a dominant/recessive gene 显性/隐性基因

lax [læks] *a.* 懒散的；松弛的，不严格的，马虎的

boost [buːst] *vt.* 使增长，使兴旺；鼓励，促进；为…作宣传，宣扬 *n.* 增加，提高；帮助，激励

[记] 联想记忆：自吹（boast）自擂，宣扬（boost）自我

[派] booster（*n.* 助推器；支持者）

smear [smɪə(r)] *v.* 胡乱涂抹；弄脏，弄污；诽谤，诋毁；变得模糊不清，把（图画等）弄得模糊不清 *n.* 污迹，污渍；（显微镜的）涂片；诽谤，诋毁

[记] 联想记忆：遭到诽谤（smear），发誓（swear）报复

lenient [ˈliːniənt] *a.* （执法时）宽大的，宽容的；厚道的，仁慈的

[记] 词根记忆：len（软）+ ient → 心肠软的 → 仁慈的

[派] leniency（*n.* 宽大；仁慈）

synthetic [sɪnˈθetɪk] *a.* 人造的；合成的，综合的 *n.* 合成物；合成纤维（织物）

[记] 词根记忆：syn（一起）+ thet（放）+ ic（形容词后缀）→ 放到一起的 → 合成的，综合的

[搭] synthetic material 合成材料；synthetic dye 合成染料

[派] synthetically（*ad.* 合成地，综合地）

enact [ɪˈnækt] *v.* 通过(法律)；扮演(角色)

[记] 联想记忆：en(使) + act(法令) → 使成为法令 → 通过(法律)

resent [rɪˈzent] *v.* 愤恨；对…表示愤恨，感到气愤

[记] 词根记忆：re(再，又) + sent(感觉) → 再一次痛彻心扉的感觉 → 愤恨

affluent [ˈæfluənt] *a.* 丰富的，富裕的

[记] 词根记忆：af(表加强) + flu(流) + ent(形容词后缀) → 不断流出 → 富得流油 → 富裕的

[搭] an affluent fountain 丰富的源泉

trunk [trʌŋk] *n.* 树干，躯干；大箱子；象鼻

[记] 联想记忆：卡车(truck)撞向树干(trunk)

coexist [ˌkəʊɪɡˈzɪst] *vi.* 共存

[记] 联想记忆：co(共同) + exist(存在) → 共存

aviation [ˌeɪviˈeɪʃn] *n.* 航空，飞行；航空制造业

[记] 词根记忆：avi(鸟) + at + ion(名词后缀) → 像鸟一样飞 → 航空，飞行

rampant [ˈræmpənt] *a.* (犯罪、疾病等)猖獗的，肆虐的，泛滥的；(植物)蔓生的，疯长的

prolonged [prəˈlɒŋd] *a.* 持久的，长期的

[记] 词根记忆：pro(向前) + long(长的) + ed → 向前拉长的 → 持久的，长期的

crushing [ˈkrʌʃɪŋ] *a.* 惨重的，毁灭性的；压倒的，决定性的

futile [ˈfjuːtaɪl] *a.* 无效的，无用的，无意义的；(人)没出息的；琐细的

[记] 词根记忆：fut(=fus 流) + ile → 流走的 → 无用的

edify [ˈedɪfaɪ] *v.* 陶冶，教化；启发，启迪

[记] 词根记忆：ed(吃) + ify(使…) → 使吃下去 → 陶冶，教化

vulgar [ˈvʌlɡə(r)] *a.* 庸俗的，粗俗的，下流的，缺乏教养的；大众的，通俗的

[记] 词根记忆：vulg(人们，大众) + ar → 大众的，通俗的

[搭] vulgar tastes 低级趣味；vulgar jokes 粗俗的笑话

[派] vulgarity(*n.* 庸俗，粗俗)

[同] coarse(*a.* 粗鄙的)

[反] exquisite(*a.* 高雅的)；elegant (*a.* 雅致的，高雅的)

core [kɔː(r)] *n.* 果心，果核；(物体的)中心部分；核心，要点，精髓 *vt.* 去掉核

[记] 词根记忆：cor(心)+e → 果心；核心

[搭] to the core 十足，彻底地

inborn [ˌɪnˈbɔːn] *a.* 天生的，先天的，天赋的

[记] 联想记忆：in + born(出生) → 天生的，先天的，天赋的

habitable [ˈhæbɪtəbl] *a.* 适于居住的，可居住的

[记] 词根记忆：hab(生活)+it+able(能…的) → 能让人生活的 → 适于居住的

ecological [ˌiːkəˈlɒdʒɪkl] *a.* 生态学的，生态的

stipulate [ˈstɪpjuleɪt] *v.* 规定，明确要求；(作为条件)讲定，约定

[记] 词根记忆：stip(一起按压)+ul+ate(使…) → 使一起按压 → 规定，明确要求

legitimize [lɪˈdʒɪtəmaɪz] *vt.* 使合法；赋予合法权利

[记] 词根记忆：leg(法律)+itim+ize(使…) → 使被法律认可 → 使合法；赋予合法权利

crystallize [ˈkrɪstəlaɪz] *v.* (使)结晶；(使)变明确

solar-powered [ˈsəʊləˌpaʊəd] *a.* 由太阳能驱动的

cosy [ˈkəʊzi] *a.* 舒适的，安逸的

roller [ˈrəʊlə(r)] *n.* 滚筒；滚轴

[记] 来自 roll(*v.* 滚动)

unsanitary [ʌnˈsænətri] *a.* 不卫生的(=insanitary)

condone [kənˈdəʊn] *v.* 宽恕，赦免；纵容，容忍

[记] 词根记忆：con(完全)+don(给予)+e → 完全给予 → 宽恕，赦免

bereave [bɪˈriːv] *vt.* 使丧失，剥夺

[记] 词根记忆：be(使…)＋reav(抢夺)＋e→使丧失，剥夺

faulty [ˈfɔːlti] *a.* 有错误的，有缺点的；不完美的

[记] 来自 fault(*n.* 过错)

enigma [ɪˈnɪgmə] *n.* 谜，谜一样的人或事

[记] 词根记忆：enigm(谜)＋a→谜

gill [gɪl] *n.* 鳃

spare* [speə(r)] *a.* 闲置的；备用的，外加的；空闲的 *v.* 省出，抽出（时间等）；饶恕，赦免；免去；不吝惜(时间、金钱等) *n.* 备用品；[*pl.*] 配件

[搭] spare part 备件，配件；spare time 闲暇时光

nursery* [ˈnɜːsəri] *a.* 幼儿教育的 *n.* 托儿所；苗圃

[记] 来自 nurse(*v.* 看护)

semantic [sɪˈmæntɪk] *a.* 语义的

[记] 词根记忆：sem(符号，意义)＋ant＋ic→有关符号的→语义的

barren [ˈbærən] *a.* (土地等)贫瘠的，荒芜的；不结果实的，不育的；无益的，无效果的

[记] 联想记忆：bar(=bare 光秃秃的)＋ren→荒芜的；不结果实的

[搭] barren land 不毛之地；a barren effort 无用之功

[同] fruitless(*a.* 不结果实的；徒劳的)；devoid(*a.* 全无的，缺乏的)；lacking(*a.* 缺乏的)

[反] fertile(*a.* 肥沃的，富饶的；多产的)；fecund(*a.* 多产的，丰饶的)

conductive [kənˈdʌktɪv] *a.* 能传导电(或热)的，导电(或热)的

eccentric [ɪkˈsentrɪk] *a.* 古怪的，反常的 *n.* 古怪的人

[记] 词根记忆：ec(=e 出)＋centr(中心)＋ic→偏离中心的→古怪的，反常的

[派] eccentricity(*n.* 古怪；怪癖)

[同] abnormal(*a.* 反常的)；peculiar(*a.* 奇特的)

[反] normal(*a.* 正常的)

inferior [ɪnˈfɪəriə(r)] *a.* 较差的，次的，低劣的；级别低的，较低的 *n.* 下级；下属，晚辈

[搭] inferior goods 劣质商品；an inferior officer 下级军官

[派] inferiority(*n.* 低等，劣等)

slacken [ˈslækən] *v.* (使)松弛，放松；放慢；萧条

mentor [ˈmentɔː(r)] *n.* 导师；顾问，指导者

[记] 词根记忆：ment(精神) + or(表人) → 在精神上影响他人的人 → 导师；顾问

pad [pæd] *n.* 软垫；便笺本 *v.* (用软材料)填塞；蹑手蹑脚地走

unblemished [ʌnˈblemɪʃt] *a.* 无瑕疵的，完好的

lounge* [laʊndʒ] *vi.* 懒洋洋地站(或坐、躺) *n.* 等候室；休息室

axle [ˈæksl] *n.* 车轴，轮轴

dietary [ˈdaɪətəri] *a.* 饮食的

[搭] a dietary expert 饮食专家；dietary habits 饮食习惯

hamper [ˈhæmpə(r)] *vt.* 妨碍，阻挠 *n.* 有盖的大篮子；盒装食物

[记] 联想记忆：左手提篮子(hamper)，右手拿锤子(hammer)

disparage [dɪˈspærɪdʒ] *vt.* 贬抑，贬低；轻蔑，轻视

[记] 词根记忆：dis(除去) + par(平等) + age → 剥夺平等 → 贬抑，贬低

corporal [ˈkɔːpərəl] *a.* 肉体的，身体的 *n.* (陆军或空军)下士

[记] 词根记忆：corp(身体) + or + al → 身体的

libel [ˈlaɪbl] *n.* (文字)诽谤，中伤；诽谤性文字 *vt.* 诽谤，中伤，诬蔑

[记] 词根记忆：lib(文字) + el → 以文字损害名誉 → (文字)诽谤

criterion [kraɪˈtɪəriən] *n.* 标准，准则

[记] 词根记忆：cri(判断) + ter + ion → 判断的手段 → 标准，准则

eco-friendly [ˌiːkəʊˈfrendli] *a.* 环保的

predator [ˈpredətə(r)] *n.* 捕食性动物；食肉动物；奴役他人者(尤指在财务或性关系上面)；剥削者，掠夺者

[记] 词根记忆：pred(掠夺) + at + or(表人或物) → 掠夺肉食 → 食肉动物

Easier said than done.

说时容易，做时难。

Word List 48

telegraph [ˈtelɪɡrɑːf] *n.* 电报机；电报 *v.* 打电报，发电报；(无意中)泄露，流露

[记] 词根记忆：tele(远的) + graph(写) → 以书写的方式带来远处的东西 → 电报机；电报

episodic [ˌepɪˈsɒdɪk] *a.* 偶然发生的，不定期的；由许多片段组成的，松散的

[记] 来自 episode(*n.* 片段；插曲)

trespass [ˈtrespəs] *vi.* 侵犯(某人的财产)；擅闯(某人的领地)；利用(某物)；冒犯，触犯

[记] 词根记忆：tres(=trans 越过) + pass(大步走) → 越过去大步走 → 侵犯；冒犯，触犯

millennium [mɪˈleniəm] *n.* 一千年，千禧年；(未来的)太平盛世

[记] 词根记忆：mill(千) + enn(年) + ium → 一千年

susceptible [səˈseptəbl] *a.* 易受影响的，易受伤害的；易受感染的；(人)敏感的，易动感情的；能经受…的，容许…的

[记] 词根记忆：sus(表加强) + cept(捕捉) + ible(能…的) → 容易被捕捉的 → 易受影响的，易受伤害的

[搭] be susceptible to 易受…影响，对…过敏；be susceptible of 容许…的，可能…的

[派] susceptibility(*n.* 易感性)

[同] allergic(*a.* 过敏的)；vulnerable(*a.* 易受攻击的；易受影响的)

[反] immune(*a.* 免疫的，不受影响的)

antiseptic [ˌænti'septɪk] *a.* 防腐的，抗菌的 *n.* 防腐剂，抗菌剂

[记] 词根记忆：anti（反）+ sept（腐烂的）+ ic → 防腐剂，抗菌剂

indolent ['ɪndələnt] *a.* 懒惰的，倦怠的；不活跃的，无行动的

[记] 词根记忆：in（不）+ dol（悲痛）+ ent → 连悲痛也感觉不到的 → 懒惰的，倦怠的

thrifty ['θrɪfti] *a.* 节俭的，节约的

[记] 来自 thrift（*n.* 节约，节俭）

nutritious [nju'trɪʃəs] *a.* 有营养的，营养丰富的

[记] 词根记忆：nutri（营养）+ ti + ous（形容词后缀）→ 有营养的，营养丰富的

dupe [djuːp] *n.* 上当者，受骗者 *vt.* 欺骗，愚弄

overfill* [ˌəʊvə'fɪl] *v.* 装得太多，装到满溢

[记] 组合词：over（过度）+ fill（装满）→ 装得太多，装到满溢

inviolable [ɪn'vaɪələbl] *a.* 不可侵犯的，不容亵渎的，不容破坏的

[记] 词根记忆：in（不）+ viol（违反，冒犯）+ able（能…的）→ 不可侵犯的

[派] inviolability（*n.* 不可侵犯，不容亵渎）

penalize ['piːnəlaɪz] *vt.* 惩罚，处罚；判罚；使处于不利地位

[记] 词根记忆：pen（惩罚）+ al + ize（使…）→ 惩罚，处罚

slander ['slɑːndə(r)] *n.* 诋毁，中伤，诽谤（罪）*vt.* 诋毁，诽谤

[记] 词根记忆：sland（=scandal 障碍物，绊脚石）+ er → 设置障碍物，使人绊倒 → 诋毁，诽谤

restore [rɪ'stɔː(r)] *vt.* 恢复，使复位；修复，整修，重建；归还，交还

[记] 联想记忆：重建（restore）在地震中被毁的商店（store）

[派] restoration（*n.* 恢复；修复）

virtuous [ˈvɜːtʃuəs] *a.* 有道德的，品性好的，品德高的；自命清高的；贞洁的

[记] 来自 virtue(*n.* 德行；美德)

superstitious [ˌsuːpəˈstɪʃəs] *a.* 迷信的；根据迷信的，由迷信引起的；受迷信思想支配的

[记] 词根记忆：super(在…之上) + stit(站立) + ious → 站立在他物之上的 → 迷信的；受迷信思想支配的

bead [biːd] *n.* 珠子；(水、血、汗的)小滴

[记] 联想记忆：忙于做面包(bread)的工人汗滴(bead)如雨下

malt [mɔːlt] *n.* 麦芽；麦芽酒 *v.* 把…制成麦芽；(谷物)变成麦芽

augment [ɔːgˈment] *vt.* 增加，提高，扩大

[记] 词根记忆：aug(增加) + ment → 增加，提高，扩大

[派] augmentation(*n.* 增加)

agile [ˈædʒaɪl] *a.* 敏捷的，灵活的，机敏的

[记] 词根记忆：ag(驱动，做) + ile → 敏捷的

tribal [ˈtraɪbl] *a.* 部落的，部族的；集团意识强的

[记] 来自 tribe(*n.* 部落)

precede [prɪˈsiːd] *v.* 领先，先于

[记] 词根记忆：pre(向前) + ced(走) + e → 向前走 → 先于

alleviate [əˈliːvieɪt] *vt.* 减轻，缓解，缓和

[记] 词根记忆：al + lev(轻的) + iate → 减轻

antibiotic [ˌæntibaɪˈɒtɪk] *n.* 抗生素，抗菌素 *a.* 抗菌的

[记] 词根记忆：anti(反) + bio(生命) + tic → 抗生素

overexploit [ˌəʊvərɪkˈsplɔɪt] *vt.* 过度开采

grill * [grɪl] *vt.* 烧烤；拷问，盘问 *n.* 烤架

inculcate [ˈɪnkʌlkeɪt] *vt.* 谆谆教诲，反复灌输

[记] 词根记忆：in(进入) + culc(踩踏) + ate → 为进入某人内心而踩踏 → 谆谆教诲，反复灌输

[搭] inculcate sb. with a sense of responsibility 谆谆教导某人要有责任感

brutal [ˈbruːtl] *a.* 野兽般的，残忍的；无情的，冷酷的

[记] 来自 brute(*a.* 残忍的)

[派] brutality(*n.* 残酷，兽行)

[同] cruel(*a.* 残忍的，兽性的)；bestial(*a.* 野兽的，兽性的，残忍的)；feral(*a.* 野蛮的，凶猛的)

avenge [əˈvendʒ] *vt.* 报仇，复仇，向(某人)报仇

[记] 词根记忆：a(对) + veng(惩戒) + e → 对某人进行惩戒 → 报仇，复仇

[同] revenge(*v.* 复仇)

invasive [ɪnˈveɪsɪv] *a.* 侵略的，入侵的；(疾病等)侵袭的，扩散的；切入的，开刀的

[记] 词根记忆：in(入内) + vas(走) + ive(形容词后缀) → 未经许可就进入的 → 入侵的；侵袭的；切入的

[搭] invasive surgery 开刀手术

upgrade [ˌʌpˈgreɪd] *n.* 向上的斜坡；增加，改善 *vt.* 使(机器等)升级，提高，改进；提拔，提升；改善

[记] 组合词：up(向上) + grade(等级) → 使升级，提高；提拔，提升；改善

[同] improve(*v.* 改善，改进)

commute [kəˈmjuːt] *v.* (乘公共汽车等)上下班往返，经常往返；交换，抵偿；减刑 *n.* 上下班路程

[记] 词根记忆：com(=with 以) + mut(改变) + e → 以一物改变另一物 → 交换，抵偿

[派] commuter(*n.* 上下班往返的人；通勤者)

[同] compensate(*v.* 偿还，补偿)

legislative [ˈledʒɪslətɪv] *a.* 立法的，有立法权的；根据法规执行的；立法机关的 *n.* 立法机关

differentiate [ˌdɪfəˈrenʃieɪt] *v.* 区分，区别；差别对待，区别对待

[记] 词根记忆：dif(分开)+fer(搬运)+ent+iate→分开搬运→区分，区别；差别对待

[派] differentiation(*n.* 区别，差别)

[同] discriminate(*v.* 区别；歧视)

sentient [ˈsenʃnt] *a.* 有感觉能力的，有知觉力的；知悉的

[记] 词根记忆：sent(感觉)+ient→有感觉能力的，有知觉力的；知悉的

pour* [pɔː(r)] *v.* 灌，倒；倾泻，涌流；喷发；不断涌现

[记] 联想记忆：穷(poor)困潦倒(pour)

hook* [hʊk] *n.* 钩，吊钩，钩状物 *v.* (使)钩住，挂住；钓(鱼)

[记] 联想记忆：书(book)在手，月如钩(hook)

[搭] hook up with sb. 与某人来往

tighten [ˈtaɪtn] *v.* (使)变紧；使更加严格，加强

[记] 联想记忆：tight(紧的)+en(使…)→(使)变紧

[搭] tighten up 变得更加严格

humane [hjuːˈmeɪn] *a.* 善良的，人道的，仁慈的，慈悲的；(指学科)促进文明或教化的，人文的

[记] 词根记忆：hum(人)+ane→有人性的→善良的，人道的，仁慈的

infiltrate [ˈɪnfɪltreɪt] *v.* (使)悄悄进入，潜入；渗入，渗透

[记] 联想记忆：in(进入)+filtrate(滤液)→使进入滤液→(使)悄悄进入，潜入；渗透

[派] infiltration(*n.* 潜入；渗透)；infiltrator(*n.* 潜入者；渗入者)

violate [ˈvaɪəleɪt] *vt.* 违反，违犯，违背；亵渎；侵犯，干扰

[派] violation(*n.* 违反)

glacier [ˈglæsiə(r)] *n.* 冰川，冰河

[记] 词根记忆：glac(冰)+ier→冰川，冰河

hereditary [həˈredɪtri] *a.* (尤指疾病)遗传的，遗传性的；可继承的，世袭的

[记] 词根记忆：her(=heir 继承人) + edit + ary → 遗传的，遗传性的；世袭的

[搭] a hereditary title 世袭的头衔；hereditary rulers 世袭统治者

discharge [ˈdɪstʃɑːdʒ] *n.* 排出(物)；获准离开，免职；履行，执行；(债务的)清偿 [dɪsˈtʃɑːdʒ] *v.* 解雇；释放；排出，放出；放(电)；完成，履行

[记] 联想记忆：dis(分离) + charge(职责；电荷) → 解雇；放(电)

refrain [rɪˈfreɪn] *v.* 抑制，克制 *n.* 反复句，(诗歌的)叠句；副歌；经常重复的评价

[记] 词根记忆：re(回，向后) + frain(笼头) → 笼头往后 → 抑制，克制

[搭] refrain from 克制

[同] restrain(*vt.* 抑制，控制)；abstain(*vi.* 戒除)

[反] indulge(*v.* 纵容，放纵)

supportive* [səˈpɔːtɪv] *a.* 支持的，支援的；赞助的；鼓励的；同情的

[记] 来自 support(*vt.* 支持，拥护；赞助)

accustom [əˈkʌstəm] *vt.* 使习惯于

[记] 联想记忆：ac(表加强) + custom(风俗，习惯) → 使成为习惯 → 使习惯于

inalienable [ɪnˈeɪliənəbl] *a.* 不可剥夺的，不可分割的

[记] 词根记忆：in(不) + ali(其他的) + en + able(能…的) → 不能让与他人的 → 不可剥夺的，不可分割的

savour [ˈseɪvə(r)] *vt.* 品尝，品味；欣赏；体会，体味 *n.* 味道，风味；情趣，吸引力

[记] 词根记忆：sav(=sap 品尝) + our → 品尝，品味；味道，风味

insidious [ɪnˈsɪdiəs] *a.* 潜伏的，隐伏的

[记] 词根记忆：in(进入)+sid(坐)+ious → 坐在里面的 → 潜伏的

pump [pʌmp] *v.* 用泵抽(水)；涌出，奔流 *n.* 泵，抽水机

[搭] pump sth. into sb. 强行向某人灌输；pump sth. out 大量生产

astronomy [əˈstrɒnəmi] *n.* 天文学

[记] 词根记忆：astro(星星)+nomy(法则；学科) → 研究星星的学科 → 天文学

[派] astronomical(*a.* 天文学的；天文的；巨大的)；astronomer(*n.* 天文学家)

hazardous [ˈhæzədəs] *a.* 危险的，冒险的；有害的

[记] 来自 hazard(*n.* 危险，冒险)

[搭] hazardous waste 有害废物

segregate [ˈsegrɪgeɪt] *vt.* 隔离，(使)分开

[记] 词根记忆：se(分离)+greg(人群)+ate → 使脱离人群 → 隔离，(使)分开

[搭] segregate from 与…隔离

[派] segregated(*a.* 隔离的)；segregation(*n.* 隔离)

[同] isolate(*vt.* 使隔离，使孤立)；separate(*v.* 分开，隔离)

[反] unite(*v.* 联合)

tillable [ˈtɪləbl] *a.* 适宜耕种的，可耕种的

[记] 联想记忆：till(耕作，犁地)+able(能…的) → 适宜耕种的，可耕种的

overgraze [ˌəʊvəˈgreɪz] *v.* 过度放牧

[记] 组合词：over(过度)+graze(放牧) → 过度放牧

embody [ɪmˈbɒdi] *vt.* (作品等)表达，体现；具体表现，使具体化；包括，包含

[记] 词根记忆：em(给予)+body(身体) → 给予身体 → 使具体化

[同] contain(*vt.* 包含，容纳)；incarnate(*vt.* 使具体化)

reciprocate [rɪˈsɪprəkeɪt] *v.* 回报，回应；报答

moribund [ˈmɒrɪbʌnd] *a.* 垂死的，即将灭亡的；即将结束的

[记] 词根记忆：mori(死) + bund(接近的) → 垂死的，即将灭亡的

isolated [ˈaɪsəleɪtɪd] *a.* 隔离的，分离的；与世隔绝的，偏僻的；孤立的，孤独的；个别的

[记] 来自 isolate(*vt.* 使分离)

[同] remote(*a.* 偏僻的)

modish [ˈməʊdɪʃ] *a.* 流行的，时髦的

[记] 词根记忆：mod(样式) + ish → 最新样式的 → 流行的，时髦的

maltreat [ˌmælˈtriːt] *vt.* 虐待

[记] 词根记忆：mal(坏) + treat(=tract 拉) → 往坏处拉 → 虐待

pine [paɪn] *v.* 难过，悲伤 *n.* 松树，松木

[记] 联想记忆：松树(pine)的叶子像根针(pin)

[搭] pine away (因思念等)憔悴，虚弱；pine for 怀念，思念；渴望

disobey [ˌdɪsəˈbeɪ] *v.* 不服从，违抗

[记] 联想记忆：dis(不) + obey(服从) → 不服从，违抗

moss [mɒs] *n.* 苔藓

versatile [ˈvɜːsətaɪl] *a.* 多才多艺的，多面手的；多用途的，通用的

[记] 词根记忆：vers(转) + at + ile → 可以向各个方向转的 → 多才多艺的，多面手的；多用途的，通用的

[派] versatility(*n.* 多才多艺；多功能性)

[同] all-round(*a.* 多方面的，多才多艺的)

grudge [grʌdʒ] *n.* 不满，积怨，怀恨 *v.* 勉强做；不情愿地给，吝惜

[搭] hold grudges 心存怨恨

pretentious [prɪˈtenʃəs] *a.* 自命不凡的，自负的；炫耀的；做作的

[记] 词根记忆：pre(向前)＋tent(伸展)＋ious → 向前伸展的 → 自命不凡的，自负的

enlist [ɪnˈlɪst] *v.* 征募；从军，参军；谋取(帮助、支持等)

[记] 联想记忆：en(使)＋list(名单) → 使进入名单 → 征募；从军，参军

curb [kɜːb] *vt.* 控制，抑制，约束 *n.* 路缘，(街道的)镶边石；马勒；起限制作用的事物

elaboration [ɪˌlæbəˈreɪʃn] *n.* 精心之作；详尽阐述

[记] 词根记忆：e(出)＋labor(做，工作)＋ation → 做出来的东西 → 精心之作；详尽阐述

snobbish [ˈsnɒbɪʃ] *a.* 势利的，谄上欺下的；自命不凡的

[记] 来自 snob(*n.* 势利小人，谄上欺下者；自命不凡的人)

magnet [ˈmægnət] *n.* 磁铁，磁石；磁体；有吸引力的人或物

prevalence [ˈprevələns] *n.* 普及，流行，盛行

[记] 词根记忆：pre(领先)＋val(力量)＋ence → 力量领先 → 普及，流行，盛行

bleak [bliːk] *a.* 寒冷的，阴沉的；阴郁的，暗淡的；没有希望的，不乐观的；荒凉的；索然无味的

[记] 联想记忆：寒(bleak)风呼啸而过，打破(break)黑夜的沉寂

[搭] a bleak wind 寒风；a bleak prospect 前景暗淡

[同] cold(*a.* 冷淡的)；raw(*a.* 阴冷的)；dismal(*a.* 阴沉的，凄凉的)

ecliptic [ɪˈklɪptɪk] *n.*【天】黄道 *a.* 黄道的，日(或月)食的

[记] 词根记忆：ec(没有)＋lip(离开)＋tic → 因离开而没有了 → 日(或月)食的

vicious [ˈvɪʃəs] *a.* 罪恶的，邪恶的；残酷的，残忍的；凶猛的；恶性的

[记] 来自 vice(*n.* 罪行；堕落，邪恶)

［搭］vicious circle 恶性循环；a vicious criminal 残忍的罪犯

［派］viciously(*ad.* 恶毒地；剧烈地)；viciousness (*n.* 恶毒；严重)

begrudge ［bɪˈgrʌdʒ］*vt.* 对…感到不满；嫉妒；勉强做，不乐意地做

diffuse ［dɪˈfjuːz］*v.* 散布，传播；(光等)漫射；(使气体或液体)扩散，弥漫［dɪˈfjuːs］*a.* 扩散的，漫射的；(文章等)冗长的，难解的

［记］词根记忆：dif(分开) + fus(倾泻) + e → 分开倾泻 → 散布；漫射；扩散

［派］diffusion(*n.* 扩散；传播)；diffused(*a.* 普及的)；diffuser(*n.* 扩散器)

［同］wordy(*a.* 冗长的)

Do as you would be done by.

己所不欲，勿施于人。

索 引

新东方大愚IELTS系列精品图书推荐

新东方独家引进

《剑桥雅思官方真题集 10》
（附 2CD）
剑桥大学考试委员会　编著

定价：110元　开本：16开　页码：184页

《剑桥雅思考试全真试题集 9》
（附 2CD）
剑桥大学考试委员会　编著

定价：110元　开本：16开　页码：176页

《剑桥雅思考试全真试题集 8》
（附 2CD）
剑桥大学考试委员会　编著

定价：110元　开本：16开　页码：176页

《剑桥雅思考试全真试题集 7》
（附 2CD）
剑桥大学考试委员会　编著

定价：110元　开本：16开　页码：176页

《剑桥雅思考试全真试题集 6》
（附 2CD）
剑桥大学考试委员会　编著

定价：110元　开本：16开　页码：176页

《剑桥雅思考试全真试题集 5》
（附 2CD）
剑桥大学考试委员会　编著

定价：110元　开本：16开　页码：176页

◎ 4套完整的学术类雅思全真试题
◎ 2套培训类雅思阅读与写作全真试题

请将读者反馈email至：bj62605588@163.com

新东方大愚IELTS系列精品图书推荐

《101 雅思制胜法则：学术类》（附 MP3）

Garry Adams, Terry Peck 编著

定价：45元　开本：16开　页码：312页

《101 雅思制胜法则：培训类》（附 MP3）

Garry Adams, Terry Peck 编著

定价：45元　开本：16开　页码：312页

《202 雅思技能强化训练》（附 MP3）

Garry Adams, Terry Peck 编著

定价：30元　开本：16开　页码：184页

《互动式三步搞定雅思 1001 词》

（附 CD-ROM）　**Keith Burgess** 编著

定价：28元　开本：16开　页码：160页

《404 雅思精编模考试题：学术类》

（附CD-ROM）

Donna Scovell, Vickie Pastellas, Max Knobel 编著

定价：34元　开本：16开　页码：224页

《404 雅思精编模考试题：培训类》

（附CD-ROM）

Donna Scovell, Vickie Pastellas, Max Knobel 编著

定价：35元　开本：16开　页码：224页

这套教材由澳大利亚雅思培训专家编写，自出版以来受到全球考生的广泛赞誉，是备战雅思考试的必选材料。这套教材主要包含：《101雅思制胜法则》，分为学术类和培训类两册，内含101条实用雅思备考技巧及大量的模拟练习；《202雅思技能强化训练》，包含针对雅思题型而设置的202道英语技能练习题及拓展练习；《404雅思精编模考试题》，分为学术类和培训类两册，内含4套完整的雅思模考题及针对雅思考试各题型的备考建议；《互动式三步搞定雅思1001词》，帮助考生通过识记、转述、应用"三步走"轻松记忆雅思常考词。